大学语文教育与文学素养

于 荣◎著

吉林出版集团股份有限公司

图书在版编目（CIP）数据

大学语文教育与文学素养 / 于荣著. — 长春： 吉林
出版集团股份有限公司， 2023.9
ISBN 978-7-5731-4318-1

Ⅰ. ①大… Ⅱ. ①于… Ⅲ. ①大学语文课－教学研究
Ⅳ. ①H193

中国国家版本馆 CIP 数据核字（2023）第 178338 号

大学语文教育与文学素养

DAXUE YUWEN JIAOYU YU WENXUE SUYANG

著　　者　于　荣

责任编辑　齐　琳

封面设计　林　吉

开　　本　787mm×1092mm　　1/16

字　　数　220 千

印　　张　14

版　　次　2023 年 9 月第 1 版

印　　次　2024 年 1 月第 1 次印刷

出版发行　吉林出版集团股份有限公司

电　　话　总编办：010-63109269

　　　　　发行部：010-63109269

印　　刷　廊坊市广阳区九洲印刷厂

ISBN 978-7-5731-4318-1　　　　　　　　　　定价：78.00 元

前　言

　　语文课程无论在小学还是大学，都是一门重要的基础性课程，其在培养学生语言表达能力、文学修养、民族自豪感、文化自信、人生观价值观形成等方面都有着十分重要的意义。语文教师的文学素养就像一股清泉，能够为学生的学习生活注入一份清新，让学生不仅喜欢文学、热爱文学，同时激发其主动追求文学的热情，最终指导他们学习与生活的前进方向。因此，语文教师一定要加强自身文学素养，不仅要有传统文化的底蕴，同时对于世界文化也要积极学习、不断探索、全面提升，这样才能在教学中更好地为学生服务。

　　本书基于大学语文教育与文学素养方面进行研究，先是以大学语文教育概述入手，介绍了语文教育教学的基本理念，接着详细地分析了大学语文课程、大学语文教材、大学语文教学过程、大学语文课堂教学以及大学语文教师，最后在大学语文素养系统以及大学语文教学文学素养研究方面做出重要探讨。

　　本书在撰写过程中借鉴了大量文献资料与前人的研究成果，在此一一表示感谢。但由于时间仓促，加之精力、水平有限，书中难免存在疏漏与不足之处，望专家、学者以及广大读者批评指正。

于　荣

2023 年 3 月

目　录

第一章　大学语文教育概述 ……………………………………… 1

　第一节　大学语文教育学的范畴 …………………………… 1

　第二节　大学语文教育的态度 ……………………………… 10

　第三节　大学语文教育教学的特点 ………………………… 16

第二章　语文教育教学的基本理念 …………………………… 22

　第一节　语文教育的人文关怀 ……………………………… 22

　第二节　语文教育的个性发展 ……………………………… 29

　第三节　语文教学的生活归属 ……………………………… 38

第三章　大学语文课程 ………………………………………… 44

　第一节　语文课程的内涵 …………………………………… 44

　第二节　大学语文课程观念的嬗变 ………………………… 48

　第三节　大学语文课程定位的坐标 ………………………… 54

　第四节　大学语文课程的性质 ……………………………… 61

　第五节　大学语文课程的设计 ……………………………… 67

第四章　大学语文教材 ………………………………………… 79

　第一节　大学语文教材的结构和功能 ……………………… 79

　第二节　大学语文教材的编制 ……………………………… 88

　第三节　大学语文教材的使用 ……………………………… 98

第五章　大学语文教学过程 ·· 105

第一节　语文教育过程的本质和节律 ·························· 105

第二节　大学语文教育的生态系统 ······························ 111

第三节　大学语文教育的五步教学法 ·························· 117

第六章　大学语文课堂教学 ·· 121

第一节　大学语文课堂教学的特征 ······························ 121

第二节　大学语文课堂教学的原则 ······························ 124

第三节　大学语文课堂教学的艺术 ······························ 134

第四节　大学语文课堂教学评价 ·································· 139

第七章　大学语文教师 ··· 145

第一节　大学语文教师的角色定位 ······························ 145

第二节　大学语文教师的专业修养 ······························ 152

第三节　大学语文教师的任务 ······································ 161

第八章　大学语文素养系统 ·· 173

第一节　语文素养系统的构成 ······································ 173

第二节　语文素养系统要素分析 ·································· 179

第三节　大学语文素养的价值取向 ······························ 193

第四节　大学语文素养养成的特征 ······························ 203

第九章　大学语文教学文学素养研究 ······························ 206

第一节　大学语文教学中文学素养缺失及对策 ············ 206

第二节　教师文学素养在语文教学中的体现 ·············· 212

第三节　语文教师的文学素养与文学教育 ·················· 215

参考文献 ·· 218

第一章　大学语文教育概述

第一节　大学语文教育学的范畴

本书中所指称的大学语文是在高等教育阶段对学生进行的语文教育。大学语文教育学就是对这个阶段的各种语文教育现象观察、研究并进而探索其教育规律的一门学问。其基本目标是学生能够在大学语文教育过程中历练语文能力并使自身得到发展；最高目标是学生能够传承我们民族的优秀文化并且养成努力创新的文化精神。

大学语文教育学的体系和人类社会、自然界的许多潜在规律相契合。它对众多学科知识和思想方法的吸纳、综合运用极为重视，致力于揭示语文教育系统中各要素的内涵及其内在联系，探索这个系统运动取得最大价值的种种可能性。因此，大学语文教育学要立足于我国的传统文化，从我国现实社会和未来发展的需要出发。通过总结语文教育实践的经验教训，把语文科学、教育科学、心理科学、社会科学等相互交叉、渗透、融合，建立大学语文教育理论体系。

大学语文教育研究包括三个层次的基本问题，即事实问题、价值问题和技术问题。事实问题包括语文教育的历史演变、基本特征、构成要素等基本事实，以及语文课程与教学的性质、状态、关系等客观属性。价值问题包括语文课程与教学目的的设定、意义判断和各种可行的教育途径之间的文化抉择。技术问题涉及语文课程的实现方式、设计程序和教学的操作手段等。这三个层次的问题常常纠结在一起形成错综纷繁的现象。我们不仅要描述这些现象，揭示这些现象的本质，而且要从学理上论证它们的科学价值、实践价值以及生命价值。

一、大学语文的目标、结构和过程

目标。目标是对活动预期结果的主观设想。它的价值在于为人的行为指明方向，聚合行为过程各要素的功能并提供一定的动力支持。彼得·德鲁克（Peter Drucker）是一位管理专家，他在《管理实践》中提出的"目标管理"虽然是谈企业管理的，但对语文教育具有指导价值。他认为，并不是有了工作才有目标，而是有了目标才能确定每个人的工作。如果一个领域没有目标，这个领域的工作必然被忽视。因此，管理者应该用系统的方法，将庞大复杂的事情和行为，整理为关键性的可控制目标的管理活动。"企业的使命和任务必须转化为目标。"[①]语文教育也一定是这样的，必须把庞大、广泛而又明显的任务和潜在交织的语文素养明确为一个个具体目标，这样，语文教育才不至于迷失方向。

语文教育目标明显地受到社会政治、经济制度、文化传统、意识形态的制约，因而，语文教育目标具有社会性。它既是语文学科的目标，也是社会的目标，还是人生的目标。因此，语文教育的目标具有多样性。培养的学生应该具有良好的文化修养和较强的运用语言文字的能力，在语文的应用、审美、探究等方面得到协调、全面、有个性的发展。语文教育目标的多样性体现在三个维度：知识与能力、过程与方法、情感态度与价值观。各个目标之间并非在一个目标实现之后才接着去实现另一个目标的线性关系。语文教育的各个目标之间形成一个相互联系着的网络。

知识与能力一直是语文教育的重点。古代语文强调识字和背诵；20世纪60年代认为，语文知识包括字、词、句、章，语、修、逻、文，语文能力包括听、说、读、写；20世纪90年代合称"双基"，而今把知识与能力作为语文素养的基础。

传统的观点认为过程就是教学过程，方法就是教学方法，这些似乎都只是教师的事。我们现在主张语文教育过程应当是学生"接受"和"探究"的和谐统一。要让学生享受学习过程，在体验和思辨的过程中学会学习语文，运用富有个性的语文学习方式养成主动探究的精神和能力。

语文是一门人文学科，学习的过程是一个情感体验的过程，是一个对社会、人生态度的思索过程，也是人生价值观不断形成的过程。情感态度

---

① 彼得·德鲁克.管理实践［M］.毛忠明，译.上海：上海译文出版社，1999.

和价值观不仅是语文教育目标的一个维度，而且是语文教育的内容和动力。所以，我们要摒弃单纯的静态的理性分析，用丰富的情感体验的方式努力激发学生的积极参与性。

结构。一切事物都有结构，结构是事物的存在形式。语文教育研究最为困难的大约是语文教育结构的问题。它的结构过于庞大和复杂，许多问题似乎边界不明。但是，语文教育研究应该把语文课程与人类历史、社会人生、众多学科教学相联系，从而构建大学语文教育的完整的结构体系。

控制论在对某一类问题进行整体研究时将它称为系统，把组成系统的要素及要素之间的关系称为系统结构。结构分析就是先确定系统由哪些基本要素组成，然后分析要素之间的某种稳定联系和组织方式，从而从整体上把握系统行为。要特别注意的是，要素之间的关系是普遍存在并相对稳定的，它有一定的保持自身存在的调节能力；而且，这种关系把要素组成一个整体。在文化领域，一种文化意义总是透过特定的结构关系表达出来，一种文化意义的产生与再造也是透过作为表意系统的各种实践、现象与活动来完成的。

由此看来，语文教育系统是一个由多种要素组成且各要素共生共长的运动系统。这个系统虽然外在地表现为某种技术的成分，但它实质上属于观念形态。从宏观上考察，语文课程的结构是由一个核心、三个维度、五个方面和两种基本课程构成的认知实践体系。"一个核心"是为了每一位学生的全面发展。其内涵是正视人存在的物质与精神、实然与应然的二重性，突出学生学习的主体地位；在语文学习的过程中帮助学生树立正确的人生观和价值观，为学生的终生发展奠定坚实的基础。"三个维度"是知识和能力、过程和方法、情感态度和价值观。这三个方面相互渗透，融为一体，共同构成一个人的语文素养。"五个方面"指识字与写字、阅读、写作、口语交际、综合性学习。两种基本课程是指必修课程和选修课程。如果从微观的角度观照语文教育，会发现它的内在结构如人的神经结构一样细密，功能极为复杂。各个结构要素的功能都不是孤立地进行的，而是在人的生命价值指令的直接或间接控制下，互相联系、互相影响、密切配合，使语文素养成为一个完整统一的有机体，从而发挥语文的文化交际和人格发展的功能。

过程。众所周知，任何事情都需要一个过程，但不同领域的过程具有不同的特征。日常工作的过程是一种手段，通过该手段可以把人、规程、方法、设备以及工具集合在一起，以产生所期望的结果。从经济学的角度看，任何一个过程都有输入和输出，输入是实施过程的基础、前提和条件，输出是完成过程的结果；输入和输出之间是增值转换的关系，过程的目的就是为了增值，不增值的过程没有意义。哲学中的过程是指物质运动在时间上的持续性和空间上的广延性，是事物及其矛盾存在和发展的形式。根据怀特海的过程哲学，在认知过程实际发生之前，根本无所谓主体和客体之分。主体和客体是在实际存在物相互作用的过程中逐步生成的，主体与客体的关系以及主体对客体的认识也是一个逐步生成的过程。过程是事物存在的方式，是事物生成、转变和发展并走向目的的必经环节和途径。"存在"在任何意义上都不能从"过程"中抽象出来。

上述各领域对过程的理解，对认识语文教育过程都具有指导意义。教育的价值产生于过程。每一个教育过程都大致包括浪漫想象、精确分析和综合运用三个环节。这是一种不断反复的循环周期，由浪漫想象、自由探索进入精确分析，然后走向综合运用。对大学语文教学过程的挑战不是在个体的头脑中存储事实、理论以及合理探索程序，而是产生各种语境，并使其中所形成的对话价值和意义能被最充分地认识；或去创造各种条件，并使该条件下的对话能跟个人或社会当前的实际追求联系在一起。一个人的能力和精神只有在对问题的研究中才能发生和发展。语文教育过程就是学生和世界在对话过程中"相遇"并相互生成的过程；是教师根据一定的社会要求、学科功能和学生身心发展的特点，指导学生通过理解教学内容从而感悟人生、认识世界，并在此基础之上发展自身精神力量的过程。语文教育过程是认识过程、心理过程、社会化过程的综合运动系统。学习主体在这个过程中"博学之，审问之，慎思之，明辨之，笃行之"[①]，在习练语文能力的过程中提升生命的高度。语文教育最突出的特征是感性和理性的统一，认识和实践的统一，精神和技能的统一，学科和社会人生的统一。语文教学过程首先在于引导学生获得感性知识，"闻""见""知""行"缺一不可。大学语文教育过程的特殊性在于要在形象的飞翔中达到形而上思辨的境界。

---

① 《礼记·中庸》第十九章。

二、大学语文的性质、功能和方法

性质。通常，性质是指一个事物所具有的区别于其他事物的根本属性，也就是事物固有的本质。但当事物遇上人，事物的性质就会因为人的介入而发生变化。这在对语文课程性质的认识上表现得尤为突出。有一种意见认为，性质是在对事物的适应和感觉中反映出的人性。人要适应事物或环境必然会从心理反应以及由于自身价值观和世界观影响而做出相应行为。这种观点在人文社会科学领域是很容易找到根据的。"存在即感知，事物的性质由心灵决定"①，乔治·贝克莱认为，像石头、房子、高山、河流、太阳等事物是因为被感知才存在的。所有这些事物都是存在于心灵内部的，在心灵之外没有任何东西可以存在。这种意见与王阳明的心学具有相通之处。贝克莱最终想要说明的是，万物的存在都依赖于上帝的存在。对于这种观点，我们可以理解为是他作为主教的职责所在。但是，这种观点对我们仍然是有意义的：事物存在的意义有赖于像我们这样的有感知能力的灵魂，或者说，心灵感知事物就是心灵感知观念。

人在对自然或社会事务的认识中赋予各种事物以含义，人类在传播活动中交流的一切精神内容都包括在意义的范围之中。一旦把事物的本质归为某个单一元素就无法完整地还原事物的整体，而以事物的某一因素说明事物的整体就限制了对事物的观察视野，不能清楚解释事物运动过程的复杂性，不能从更深刻、更细微的层面把握事物的本质。所以，任何一种事物的性质都应当从整体上来认识，充分注意到事物运动系统的完整性。

如果我们认同了事物的性质与人确实有关，并且同意从整体上完整地认识构成事物性质的多种元素，那么，一个事物的性质按照它与人的认识能力关系的不同可以分为三种。即与人的认识能力无特殊关系的、事物自身固有的科学性质，这种意义上的性质可以称为事物的第一性质；虽基于事物自身固有的某些属性，却主要是由于认识能力的局限而被"发现"或"赋予"的功用性的性质，这种意义上的性质可以称为事物的第二性质；由于认识能力特别是联想和想象能力的过度使用而被赋予的人为"性质"，这种意义上的性质可以称为事物的第三性质。比如，两性之间关系的性质已经在这样三个层次上被界定，分别是性、婚姻和爱情。这个类比虽然失之

---

① 乔治·贝克莱.人类知识原理［M］.关文运，译.北京：商务印书馆，2011.

于浅俗，却也可以清楚地说明事物性质的层次性。语文的性质在这三个层面上的界定就特别有意思。中华人民共和国教育部制定《普通高中语文课程标准（2017年版，2020年修订）》指出：语文是最重要的交际工具，是人类文化的重要组成部分。工具性与人文性的统一是语文课程的基本特点。照这种理解，文化是语文第一层面的性质，工具性和人文性分别属于第二、第三层面的性质。这种把握是全面、周详的。

其实，任何事物的现象与本质都是统一于物以及物与物的相互关系、相互作用之中。现象中体现本质，本质寓于现象之中，二者从来就没有分开过，被分开的只是个体的思维而不是现实。一个基本事实是，我们见到的都是一个个的具体的言语活动，都有自己特定的对象、目的和内容。有谁在现实生活中见过裸露着本质的抽象的"语文"？虽然本质是我们感觉到的现象的思维抽象，但这个本质不可能是感觉所能感觉到的，而是依靠思维推理分析出来的。在语文教育研究中不可过分拘泥或陶醉于对语文性质的追究，而应该注重研究具体的言语活动以及从事言语活动的人的生命活动。

功能。功能是指事物或方法所发挥作用以满足某种需求的一种属性。从广义上说，凡是满足使用者需求的任何一种属性都属于功能的范畴。功能作为满足需求的属性包括客观物质性和主观精神性两个方面，称为功能的二重性。《新牛津英语词典》认为功能是一种行为模式，通过此行为，某物实现了它的目的。① 这种解释揭示了某事物的功能在动态过程中的生成性，它注目的不是事物的属性而是它的能量。通过这个角度可以更好地认识事物的价值并有利于它的应用。

"功能"与"作用"两者虽然相似，但"作用"只限于现在和未来，"功能"却可以生殖，用佛家的话说是可以通于三世，因此两者并非完全相同。《阿毗达磨顺正理论》卷十四云："谓有为法，若能为因，引摄自果，名为作用，若能为缘，摄助异类，是谓功能。"② 这里将功能与作用做了清楚的区分。佛学把某事物的功能和作用区别开来，对我们认识语文的功能极有意义。语文的功能不可局限于当下的实际运用之一途，而应全面考察它对人的孕育和生成的力量。

教育界对语文功能的认识经历了教化功能—智能功能—人文功能的演

---

① Judy Pearsall. 新牛津英语词典［M］. 上海：上海外语教育出版社，2001.
② 玄奘. 阿毗达磨顺正理论（卷第1）［M］. 平江府碛砂延圣寺，1216-1306.

变。在我国古代，"化民成俗"是教育的基础和首要目的。"诗书教化，所以明人伦也。"为了实现教化的目的，"四书""五经"成为蒙学之后的主要课本。如《诗经》，孔子说："不学诗，无以言"，"诗可以兴，可以观，可以群，可以怨。迩之事父，远之事君，多识于鸟兽草木之名。"在古人的心目中，《诗经》是进行全面教化的生动教材。1912年，中华民国教育部颁布的《中学校令施行规则》指出："国文要旨在通解普通语言文字，能自由发表思想，并使略解高深文字，涵养文学兴趣，兼以启发智德。"这时已将"智"列于"德"之前，极为重视语文的智育功能。20世纪90年代以来，语文教育切实尊重学生的主体地位，开始重视人的发展这个根本性的问题。

语文教育具有多方面的功能，从不同的角度考察可以得出不同的结论。从历史的角度看，它具有文化传承的功能；从社会的角度看，它具有沟通凝聚的功能；从个人的角度看，它具有涵养和发展的功能；等等。如果从语文自身来看，它的功能也是多元的。最基本的几种功能是：认知的功能、发展的功能、交际的功能、想象的功能、皈依的功能等。语文是人学的一种。从这个意义上说，人有多少可能性，语文就有多少种功能。认识到这一点非常重要——在语文教育的过程中，常常有人把语文的功能弄得机械单一，语文因此形销骨立，失去它本来的风采和魅力。

语文的功能具有不可忽略的特殊性。作为一种商品的功能与功能载体在概念上有分有合，而语文则是合二为一的。麦尔斯在谈论商品的价值时说：顾客购买物品时需要的是它的功能而不是物品本身，物品只是功能的载体。只要功能相同，载体可以替代。这是功能与其载体在概念上的区分。但是，一种功能的实现不可能没有载体，所以功能与其载体又必须结合。在价值工程运作中，往往是某种功能与原来的载体分离了，经过创新方案与另一个载体结合起来，这就称为功能的载体替代。但是，语文的功能却是不可能寻找载体替代的。语文的功能和载体是不可分离的，甚至一种语言的翻译、一种文体的改写，严格说来也不是什么载体的转换，而是本体功能的迁移。你可以把锄头与使用者分离开，但是，你不能把舞蹈家的肢体与他的舞蹈分离开，更不能把一个人所表达的内容与他运用的言语分离开。

方法。方法是由目标决定的，方法是一种思维的现实。教学叙事和哲理思辨的结合是大学语文教育学研究的基本方法。它从哲学思想、教育理念和操作方法三个层次依次展开，这三个层次之间的关系如同土地、果树和果实之间的关系一样。一定的操作方法总是受一定的教育理念的支配，一定的教育理念也是由相应的哲学思想孕育诞生的。而哲学思想、教育理念只有转化为操作方法才能应用于语文教育实践，也只有通过具体的操作方法才能产生实际的效果。语文教育的方法蕴含着丰富的思想、感情，绝不是纯粹机械冰冷的技术。

语文教育学的研究方法不仅要求积累大量有关课程实际的资料并对之进行分析，而且要求理解其试图加以解决的课程现实问题及其意义。语文教育研究要有活力，其首要条件就是要干预语文教育的现实问题，"这种干预意味着既要从整个人类发展的广阔视野出发规定课程与教学问题，还要从具体社会的实际情况出发规定课程与教学问题"①。我们是站立在历史和未来的连接点上，把目光伸向社会、人生和文化三个领域。我们知道，研究的过程不能停留在对各种语文教育存在形态的直观叙述上，也不能搞成对语文教育现实及其历史发展的单纯的形而上的思辨。我们力求对各种具体材料做出相对系统的分析和解释，并且通过这种分析和解释形成对语文教育理论的构思。这个过程中的三个关键词是：描述、经验研究和观念化。

对大学语文教育事实描述的选择是至关重要的，这是大学语文教育理论形成的重要环节。"在社会现象方面，没有比胡乱抽出一些个别事实和玩弄实例更普遍更站不住脚的方法了……如果从事实的全部总和，从事实的联系去掌握事实，那么事实不仅是'胜于雄辩的东西'，而且是证据确凿的东西。如果不是从全部总和，不是从联系中掌握事实，而是片断的和随便挑出来的，那么事实就只能是一种儿戏，或者甚至连儿戏也不如。"②我们不能拿一个学生写不好请假条的"事实"来说明语文教育的重要任务是教给学生写好请假条。没有经典叙事的研究会失去现实的基础，不管它的体系构筑得多么完美，充其量是一种漂亮的乌托邦。我们选择描述的教育事实要具有典型性，典型的意义在于它能够解释本质，也能够包含规律。此外，描述还应尽可能地做到它所应当具有的开放性和多角度产生的层次性。描述的开放性是建立在充分的教学细节之上的，而层次性就不仅是观察角度的问题，还意味着观察者所拥有的精神高度。这对我们的想象力和创造性是一个严峻的考验。

---

① 徐继存.关于课程与教学论功能的思考[J].山东师范大学学报（人文社会科学版）2004（5）：79.

② 列宁.列宁全集（第23卷）[M].中央编译局，译.北京：人民出版社，1987.

　　对语文教育事实的搜集和整理离不开我们已有的概念和原理以及真正跨学科的方法论,特别是语言学、文学、教育学、心理学和社会学的观念体系。"寻求一个明确体系的认识论者,一旦他要力求贯彻这样的体系,他就会倾向于按照他的体系的意义来解释科学的思想内容。同时排斥那些不适合于他的体系的东西。……但是,经验事实给规定的外部条件,不允许他在构造他的概念世界时过分拘泥于一种认识论体系。"①汉森的观察渗透理论也认为,我们通常是带着由我们过去的经验和知识构成的以各种特殊语言和符号的逻辑形式加以着色的眼睛来"观看"的。"看"是我们所谓的渗透理论的操作。"渗透"的不仅局限为主体的背景知识,还有心理因素、社会文化因素、价值观念因素等。对于语文来说,还涉及人们的信念、欲望、意图、目的等多种因素。大学语文是跟社会人生一样复杂和广阔的。

　　这就是说,对一种经验的研究是存在危险的。研究中先验的观念是无法完全拒绝的,同时也不应该拒绝,我们要做的是在进行观察或经验调查时,及时进入研究对象的结构性的关系中,在各种联系中建立观念。大学语文教育研究应该时刻注意重建自己的研究思路。在概括、抽象,从个别走向一般的过程中,只要牢记自己的目标就不会迷路:语文教育研究是人的科学,是根据作为人的需要、利益、希望表明的价值和规范来进行的。研究者要肩负起学术建设和语文教育创新的社会责任。

　　在研究的过程中,我们常常要从现实回望历史。作为事物演变过程的历史并不总是过去式的存在,它还是面向未来能够孕育的开放性的存在。历史的道路上留下两行深深的脚印,一行是经验,一行是教训。它们无时不在提示着我们走向未来的道路。梁启超说:"史者何?记述人类社会赓续活动之体相,校其总成绩,求得其因果关系,以为现代一般人活动之资鉴者也。"②希腊语"历史"(historia)的原义就是"调查、探究"。历史具有明显的动态增殖性。柯林伍德说:"一切历史都是思想史。"③历史与伦理、哲学和艺术同属人类重要的精神资源。历史可使今人理解过去,作为未来行事的参考依据,人们总是可以用历史材料来谈论现实中的问题。

　　我国语文教育的历史极其漫长、曲折,它本身就在昭示着丰富的意义,对它的研究具有更大的价值,这种价值在当下更指向未来。总的来看,我

---

①　爱因斯坦.爱因斯坦文集(第1卷)[M].许良英,译.北京:商务印书馆,1977.
②　梁启超.中国近三百年学术史[M].北京:中国言实出版社,2020.
③　柯林伍德.历史的观念[M].南昌:江西科学技术出版社,2014.

国语文教育的进程和我国社会的进程紧密相连。从内容方面看，古代的语文教育文史哲不分，经史子集融为一体。语文的独立分科才只百余年。内容的选择是由教育目标决定的，而教育目标又受到社会体制的性质及其社会生产方式的制约。从方法来看，社会需要什么样的人就要采用相应的方法来培养。是熟读经书及其注疏并以此为标准，还是尊重学生的主体性，鼓励其独立思考和创造，这远不是一个语文教师所能决定的事情。从体例看，我国以文选为主的语文教育形式一直占主导地位，但各个时期的变体也不断出现。

语文教育绝不单纯是语文自身的事，它跟政治、经济、伦理等重大因素密切相关，特别是跟社会思潮息息相通。就最近的语文教育考察，因为全球化急剧推进，人们备感生存的无根和焦虑，因而急切呼告坚决捍卫语文的母体地位，以此保住民族精神的家园。因为市场经济在社会中心地位的确定，人们发现职业操守无底线的大面积溃败，因而主张语文教育要承担起人文精神的培育，试图以此拯救日渐沉沦的人性。当我们从这些斑驳、绚烂的历史中抬起头来眺望未来的时候，语文教育的道路似乎分明地正在从脚下向远方延伸。

第二节　大学语文教育的态度

一、语言就是我们存在的世界

我们生活在语言之中，语言就是我们存在的世界。语言既是我们赖以拥有世界的方式，又是我们所拥有的世界的界限。由于语言，我们才有了自觉的经验，混沌的整体才被确立为作为主体的"我们"和作为对象的"我们的世界"。而那些不能用语言表达的东西便不属于我们的世界，它们仍然处于混沌的黑暗之中。世界是在语言中敞亮的，我们是在语言中站立的。

语言的存在方式首要的是对在场和现实的记忆和描述，它带着生命的体温和灵魂的印痕，保持了一个民族对生活当中最核心、最本质部分的体验。这就是说，语言是一个经验和想象的世界，在经验或想象中跳跃着的是精神的火焰,存在的真相就在这火焰的映照下敞亮起来。语言从现实世界中来,又指向更广阔的想象的未来世界。每种语言都包含着一部分人类的整体概念和想象方式的体系,这种语言世界观又可以反过来影响人的思想行动。因而,我们运用语言,既是在寻找通往时间隐秘之门的努力和诉求,是对记忆的皈依和对现实的进一步融合,而且更重要的是,语言又激发我们建设了我们的世界和我们自己。通过语言,我们以一种超越式的方式顺利地返回事物的源头,细心地擦亮蒙昧尘垢遮蔽下的存在,不断唤醒被遗落在岁月角隅中的真相。

是语言诱导我们深入生活,体验生活的切肤之痛,使我们不再做一个俯视者和旁观者,而是真正融入其中,让世界的风景扑入我们的眼帘,让生活中的激流在我们的血管里奔涌呼啸。我们所说的不断赋予语言以新的含义,这实质上是一种对自我的不断否定和对存在的认识不断提升的过程。语言的运用过程和目标是把对人类和自身的精神疾病通过语言转化为写言说者的痛苦,在这对痛苦的勇敢承担的过程中,不断提升着自身和人类的灵魂。超越语言的意义在于突破我们已经拥有的世界而重新设想一个新世界。语言代表着人类的共同意志和利益倾向从而面向宇宙。语言为人类从混沌的宇宙中扩延着存在论意义上的领域。真正意义上的言说,是具有主体性的人跟世界的对话。

语言代表着存在的逻辑框架和精神实质,所以,言语的主体必须是得道之人,也必须是厚道之人。像所有的生灵必然来自于丰富的大地并最终回归于大地的怀抱一样,语言必然指向言说者的主体精神所能辐射到的范围。所以,我们要以语言的自觉来抵御漫无目的的语言狂欢,以内省的深刻来取代无意义的宣泄,以代天地立言来拒绝满足个体欲望的虚浮和欺骗。运用语言是一种特殊的认知实践活动。语言的真实来自于体验的真实,语言的质量取决于生命的高度。所以,运用语言的规则并不止于可分析的语法,而是极力捕捉主体精神与存在相遇中闪现的光辉。语言使用的终极法则是通过语言揭示存在的真相,并通过语言的使用不断地刷新和超越自身。

敏锐而正直的语文态度让我们的生命多情而坚韧,严肃的语文教育态度是让学生的生命能够感悟人生,能够担当起自己人生在世的使命。

二、语文教育应重视学生的精神成长

在语文教育过程中，虽然不能忽视学生的物质生命，但更紧迫的是侧重于学生的精神生命的建构。一个人的精神生命包括三个层面，即知识范畴、情感态度和价值观。这三个层面由表及里纵向排列，而在某个具体的认知过程中又交融渗透、相互催生。知识处于最外层，它标志着人对世界了解的程度。一个人的知识广阔代表着他与世界联系的广泛。如果掌握的知识过于狭窄和肤浅，则意味着生命和世界处于隔膜或断裂的状态。情感处于中间层，是人对世界的感受和体验。情感要在相关知识的支持下才可能产生，而情感的方向和强弱又受价值观的支配。价值观处于人的精神生命的核心，它为人的精神生命提供动力并决定着生命的方向。要特别强调的是，知识、情感和价值观是靠思维联结并因此获得生机的。离开了思维，三者将会陷入孤立封闭的状态从而走向破碎和沉寂。反过来，思维也离不开知识、情感和价值观的支撑，任何人的思维都不可能无所依凭、盲无目的地空转。所以，要培养一个丰富、强大的生命，要使一个人的精神积极和高贵，必须从知识、情感和价值观三个方面入手，又特别不能忽视贯穿于其中的思维能力的发展。一旦生命气象葱茏、生机勃发，那些平时悄无声息的词语就会变得神采飞扬，一起朝向理想的目标飞奔。反之，对于一个生命羸弱、精神萎靡的人来说，任何词语都显得呆头呆脑、暗淡无光。一个人言语的内容和方式在本质上是他生命的现实，精神的高度决定着言语的高度。可是，我们看到了大量的西绪福斯将大石推上陡峭高山的语文教学，每堂课都用尽全力，大石快要到顶时，石头就会从其手中滑脱，又得重新推回去，干着无效又无望的无休无止的劳动。

从语文教育要培养的学生听说读写四种技能来看，语文能力和生命的质量呈现鲜明的正比例关系，二者紧密结合而成为一个有机的整体。听和读，都必须弄清楚每个词所代表的事物，理解每个词中所包含的生命感悟。只有在生命之流中的词语才有意义，丰富、积极、开放的生命才能有效地听和读。一个人说的能力绝不仅仅只是嘴上的功夫，它决定于人的认识、思维、心态等复杂的生命要素。磨利嘴皮必先磨利思想，要把话说好必须先把头脑和心灵培养好。写作也不是做一个文字搬运工，写作是一种深刻的生命现实，是认识事物的过程和结果。言语的舒展是思想的流畅，言语的优美源于思想的精致。思想就是生命对事物的感受和判断。所以，运用语言的能力在本质上是一种思想的能力，它来源于心灵的力量，言语行为只是把外部世界跟思想结合在一起。语文活动实质上是一种深刻的生命活动。文采即生命的光彩，华章映射出精神的光辉。口若悬河、下笔如有神是思维的奔涌不息。因此，语文教育必须唤醒、壮大、升华学生的生命，使之敏感、坚定、深刻，语文教育崇高的使命是让学生的灵魂睁开眼睛看世界，让他们的精神站立起来朝前走。

那么，人的精神生命归根结底来自于何处？它的力量到底怎样壮大？

在人和世界的联系中，人和自然、人和社会、人和人以及人和自身的命运，都时常处于一种矛盾的运动中。这种矛盾一方面使人认识到自己的有限性，使人产生无助和恐惧等对生命力否定的情绪。另一方面在这种否定中又相应地激发起了人的超越的能力，激发起想象力朝着更高的理性超越。崇高的生命力在瞬间的退回后实行大幅度的起跳，它以反弹的形式实现对人的本质力量的确证，这是对人自身的有限性的超越。想象力在退回中意识到的应该是面向无限的一种勇气和精神，这就像黑暗中的一道闪电，或是荒野上的一条路，它通过分割混沌或大地而构成一种延异，从而揭开一个陌生和别样的世界。人在置身困境时，心灵的这种意义才会呈现出来，才会有对有限生命中的无限意义的执着、追索和探寻，才会努力超越自己的有限性，不断创新，不断献身。所以，应让学生多接触、了解他们生存的这个世界，认识自然和社会，洞察历史和现实，理解个体生命在世界中的真实存在及其意义。特别重要的是要引导学生用高贵的心灵之光去反观、照射这个世界上一切现存的事物，以自己丰富、强健的想象力实行对现实的超越。

我们所说的世界，一类是物质的，另一类是精神的；一类是眼前存在的，另一类是已逝的和未来的；一类是具体的可触摸的，另一类是想象的可意识到的。不管是哪一类，只要它们一跟人发生联系，就同时也跟语言发生了联系。世界存在于语言之中，对于人的精神生命来说，语言之外的世界是虚无的。人正是通过语言才跟生存的世界建立起了深刻而又广泛的联系。因而，语文教育在本质上是生命跟世界的对话，人的精神是在这种对话中成长的，语文能力也是在这种对话中形成和发展的。

总之，语文教育要依赖于生命教育才能实现。生命的丰富内涵是语文教育的内容、动力和终极目标。

三、语文教育要秉持坚定的理想精神

理想化不仅是一种高级的精神追求，对语文教育来说，理想化还是一种重要的科学方法。

如果说语文学科的基础是语言，语文教育的过程是言语，那么，语文教育的灵魂就是理想主义。语文是人类最重要的交际工具，是人类文化的重要组成部分。"交际"是主体和客体之间、主体与主体之间的对话和交流。客体一旦进入主体的视野，它就不再是纯客观的了，特别是在人文领域，客体往往映现出主体的本质力量的光辉，而主体是文化孕育出来的精神的载体，主体之间的交际无不显示出人的本质力量的对话性。"交际"在本质上是一种深刻的文化活动。文化是一种精神力量，是一种价值取向，是人类不挠不挠走向文明的悲壮的过程以及在这个过程中产生的辉煌的成果。文化的核心就是理想精神。它像火把、像太阳一样，照耀、引导着个体的人生以及人类社会前行的坎坷之路。人们才因此不避艰险努力创造，人类社会才因此日积月累拥有了灿烂的文明。没有理想的人生是黑暗冰冷的，没有理想的社会是混乱癫狂的，那么，没有理想的文化将是不可思议的。

语文教育的每一个环节都是在了解人类文明的进程，鉴赏人类进步的文化成果，从而深深地理解民族以及人类的历史和现状并展望未来，为自己及社会设计一个理想的蓝图，并为之努力奋斗。语文教育的外部活动是对人类文化成果的认知，内部活动是学习主体对文化成果中理想精魂的吸纳，并由此构建主体的文化人格，确立主体理想的人生目标。

语文教育的三维目标之一是情感态度和价值观。感情是人对事物的心理反应，价值是人评价事物的标准。情感态度和价值观是紧密相关的，一个人的情感态度取决于他的价值观。同样一个事物，会因为价值观的差异而在各人的心理上引起不同的反应。价值观建立的基础又是什么呢？应该是理想。就是说，价值观是受理想制约的，有什么样的理想就有什么样的价值观。理想的方向决定着价值观的方向，理想层次的高低决定着价值观层次的高低。

理想是一个人的精神追求。它包括道德理想、人格理想和社会理想。我们语文教育的目标，在道德方面是教学生做一个能够自我完善的人，善良，有责任感；在人格方面能够独立、坚定、进取；在社会方面则努力追求正义、文明和进步。在这种理想的基础之上，才能建立正确的价值观，知善恶，辨是非，有追求。才能够自主地区分出高尚和低下，懂得什么是永恒、什么是虚幻。如果能做到这些了，那么，他的感情才可能是纯粹的，才知道爱生育自己的父母，才可能关心别人，才知道热爱用文化的血脉滋养自己的民族，进而热爱脚下滚烫的大地，对国家、对人类的前途心怀忧虑，他才能够为正义的事业而终生奋斗。

人类理想还是语文教育内在、持久的动力。我们知道，一个字词代表一个事物或概念，运用语言并不只是字词无意识的排列、堆砌。运用语言的实质是寻找事物或概念之间的联系。这种联系既是事物或概念之间固有的，又是在主体意识的烛照之下发现的。如果没有主体意识的烛照，事物或概念"固有的联系"只能是处于幽晦的状态而不能为人所知，那么，许许多多的字词也就成了没有联系的散沙。

情感态度、价值观和理想精神共同构成一个人的主体意识，其中最核心的是理想精神，它既是运用语言的动力，又是运用语言的内存尺度。人类的任何实践活动都是人的本质力量的显现和确证，言语活动也不例外。言语并不是如水波光波一样的纯物理性的东西，而是情感价值以及理想的流动。当我们面对一群人物一些事件的时候，只有理想的光辉洒在它的身上，才能对它产生一种生动的感知，才能评判它的价值，才能对它发生某种心理的触动。思维飞扬起来，语言才可能飞扬起来。如果缺少了理想光辉的照耀，事物就如同处在漆黑的夜里，我们虽有眼睛却没法看到它——没法捕捉到它的灵性，那是跟我们的生

命相契合的神性之光。失去了理想，价值观是混乱的，感情是冷漠的，感觉也必是麻木的，所认识的一个个的字词也会变得懒惰呆滞，语言的运用就会艰涩、疲倦甚至不大可能。语文教育要发展学生的言语能力，发展言语能力要在言语实践中发展，理想是言语实践的动力。理想不仅重新赋予字词以个性化的生命，而且还决定着字词"排列"的秩序和方向。理想是一种了不起的精神力量。

在语文教育中高举理想的旗帜是由语文的性质决定的。理想作为语文教育的灵魂、目标、动力、方式和评价的重要尺度，几乎涉及语文教育的各个方面。只有灌注理想精神，语文教育才能活起来，效率才能高起来，培养的学生也才能真正成为人格健全、富有创造力的现代化的公民，整个社会才会逐渐成为一个和谐创造的社会，民族也才能够强大。

第三节　大学语文教育教学的特点

一、语文教育的人文性

语文属于人文学科，它与数学、物理、化学、生物等自然学科不同。自然科学的学科可以由原理、公式、定理、法则等组成。这些原理、公式、定理、法则是人们对客观世界的认识，具有客观真理性。语文则不同，一方面它对人们精神领域起作用，而且对人们精神领域的影响又是深远的。另一方面，许多语文材料本身就是多义的，具有丰富的内容和很强的启发性，人们对语文材料的反应往往也是多元的。

重视语文的熏陶感染作用，通过优秀作品的浸染，感化人的性情，提高人的人格和道德水准。语文对人的影响是深广的，有时是隐性的、长期的、潜移默化的，短期内不容易看出来，而且，常常是"有意栽花花不开，无心插柳柳成荫"，因而不能指望立竿见影，不能急功近利。如果像理科学习那样，围绕知识点、能力点做大量的练习，难以让学生领悟到语文丰富的人文内涵。

注意教学内容的价值取向。学生学习语文，接触大量语文材料的过程也是一个文化建构的过程。语文对人的影响往往是终生的，其影响之深广不可低估。语文课程应该从对人的发展负责、对国家未来负责的高度来选择教学内容。

尊重学生的独特体验。学生的多元反应是正常的，也是非常珍贵的。尊重学生在语文学习过程中的独特体验，是对学生的尊重和鼓励，也是对真理的尊重。这是由语文的特点所决定的。

二、语文教育的实践性

在人文学科中，语文与哲学、历史等学科有所不同。哲学可以由概念、范畴、法则、方法等构成一个知识体系，历史则是由大量的史实和历史观构成历史知识，而语文课程却具有很强的实践性。阅读与表达本身既是一种实践行为，又体现了实践的能力。着重培养学生的语文实践能力，包括识字、写字、阅读、写作、口语交际、搜集处理信息的能力以及良好的语感等。

重视学生的语文实践活动，使其在语文实践中培养语文实践能力。靠传授阅读的知识来培养阅读能力，不如让学生多读书；学生记住了一整套完整的写作知识，而没有写作的实践，也难以培养写作能力；学生背诵了许多语法规则，而没有在大量的语言实践中形成良好的语感，还是说不好话。这些都是显而易见的道理。这样的知识没有实践的环节是难以转化为能力的。因此，语文实践能力应主要在语文实践中培养，而不能片面强调"知识为先导"。

义务教育阶段不宜刻意追求语文知识的系统性和完整性。语文知识是需要的，但是诸如语法修辞之类的知识，在初中阶段不必讲授过多，也不必追求系统和完整。这一时期学生还处于感性的时期，应该让学生多接触感性材料，参加感性的实践活动，在实践中提高实践能力、把握语文规律。

语文课程要注意学习的生活化，这是与实践性联系在一起的。语文是母语课程，它与外语不同。学生进校前都有一定的语言基础，因而，不必像学外语那样从零开始，花很多力气去记忆大量的词汇，掌握语法规则。学生生活在母语环境中，生活中处处都是语文学习的资源，时时都有学习语文的机会。因而，应该充分利用这些资源，在生活中学习语文、运用语文，在实践中接触大量的语文材料，丰富语言积累，形成良好的语感，培养阅读与表达的能力。应强调日常生活中的习得，强调日积月累。在大学阶段，更要注重语文应用、审美和探究能力的培养，这是实践性的深化，可以更好地促进学生均衡而有个性的发展。

三、语文教育的民族性

语文课程应该考虑汉语言文字的特点，考虑这些特点对识字、阅读、写作、口语交际和思维发展等方面的影响。

汉语特别具有个性，它是具象的、灵活的、富有弹性的，可创造的空间特别大。汉语没有多少强制的规矩，应该说，它是一种真正从人的思维与表达的需要出发的以人为本的语言。这种语言适宜在模糊中求准确，用西方语言的条条框框来分析汉语实在是勉为其难。所以，传统的汉语教学词类讲虚实二分，句法重语序，修辞讲比兴二法。

汉语的文化性也特别强，尤其是它的词汇和词组系统具有非常深厚的文化底蕴。因此，我国文学以抒情性强而著称于世。中国的诗歌代表了中国的艺术精神，可以说，中国的文化就是诗性的文化。

中国语文重视积累、感悟、熏陶和语感，提倡多读多写；应该克服浮躁焦虑的心态，不能急功近利，不能期望立竿见影；不应照搬西方分析的思维方法，要重视培养整体把握的能力。

四、语文教学的过程

（一）语文教学过程内涵

语文教学是一个系统，它的各个子系统、各个要素相互联系、相互制约，形成纵横交错的坐标式网络。系统中的各种关系，并不是孤立的、静止的、杂乱的，而是联系的、动态的、有序的，是按照一定的内在规律发展变化的。语文教学过程就是其中的一个子系统。它以教学目标、内容、形式和方法等为横轴，以教学阶段、环节、步骤等为纵轴，构成纵横交错的坐标系。不同单元、不同课题、不同课时的教学过程，犹如在这种平面直角坐标系中形成一个个不同形态、不同规模的象限。

教学过程，也称为教学程序（教程），或教学流程。不同的语词表达相同的概念，都具有教学的进程、历程、经过、推进与演变等内涵。它反映了教学发展的各个阶段、各个环节之间的紧密联系，相对独立，并且是有规律的交替和推进。

第一个明确地提出完整的教学程序的理论和方案的，是德国的哲学家、心理学家和教育家赫尔巴特。他在19世纪上半叶，通过对儿童心理活动规律的研究，认为学生在教学过程中的一切心理活动都是观念的运动，提出教学程序要经过四个阶段。第一阶段，明了。主要由教师讲授新知识，并运用直观性原则，集中学生的注意力，使他们专心致志地学习，正确理解所学内容。第二阶段，联合（也作联想）。运用谈话的方式，使学生把新学知识同他们已有的知识和经验联系起来，促进新旧知识的同化，使学生深入理解所学知识。第三阶段，系统（也做概括）。指导学生深入探究和理解，对所学知识进行整理和贯通，使之系统化，寻求规律，归纳出原则或概念，得出结论。第四阶段，方法。指导学生独立思考，运用所学的系统知识进行练习或作业。赫尔巴特运用心理学来阐释教学过程，认为教学过程中"明了—联合—系统—方法"四个阶段，同儿童获得知识的心理过程中"注意—期待—探究—行动"几种心态是一致的。这种教学程序的理论后来风行欧美，盛行 50 余年，竟逐步形成"赫尔巴特学派"。赫尔巴特被公认为教学过程理论的首创者，成为近现代教育史上传统教育学派的开山鼻祖。

（二）语文教学过程的特征

语文教学过程是教师根据语文教学的目的要求和学生的身心发展特点，引导学生有目的有计划地学习语文知识、培养语文能力、开发智力、陶冶情操、完善人格的过程。从系统科学的观点来看，语文教学过程是由教师、学生、语文教学内容和语文教学手段等要素构成的动态系统，缺少其中任何一个要素都不能构成语文教学过程的系统。

语文教学过程具有明显的多层次性和复合性。从认识论、课程论、学生论、教师论等多视角，可以归纳出它的本质特征：

1. 语文教学过程是一种特殊形态的认识过程

语文教学过程首先是一个师生双边活动的认识过程。辩证唯物主义的认识论认为，认识从实践开始，实践—认识—再实践—再认识，循环往复，螺旋式上升，从必然王国走向自由王国。在语文教学过程中，教师的教既是一种教学语文的实践，又是一种对语文教学规律的认识；学生的学既是一种学习语文的实践，又是一种对语文知识和能力的提升，符合辩证唯物主义认识论的一般规律。同时，语文教学过程又是一种特殊的认识过程。

其一，它是有目的的认识过程。语文教学过程是在有经验的教师的组织下，按照既定目的，在特定教学制度和教学形式规范之下，有计划地引导学生主动完成的。这种认识缩短了摸索的距离，速度快、效率高。学生学习语文知识，不必再像前人认识语文规律那样去长期摸索，而是在老师的指导下，通过语文教材，以十倍、百倍、千倍的速度超越前人。

其二，它的实践具有一定的间接性。一般对事物的认识，大多事必躬亲、身体力行。而语文学习主要是学习书本知识、间接知识，并非都是直接体验。"一切真知都是从直接经验发源的。但人不能事事直接经验，事实上多数的知识都是间接经验的东西，这就是一切古代和外域的知识。""一个人的知识，不外直接经验和间接经验两部分。因此，就知识的总体来说，无论何种知识都是不能离开直接经验的。"①

2. 语文教学过程是具有专业特点的教学过程

首先，语文课是口头语言和书面语言综合的语言课。其次，文学是语言的艺术，文章借语言而表现。教学时，要使学生通过诵读课文受到形象感染，进而分析欣赏课文，认识形象的社会意义和现实意义。学习一般文章，同样必须符合文章学、文体学教学的规律，记叙文、说明文、议论文、应用文各有不同的教法，不能千篇一律、公式化、刻板化。最后，语文是具有工具性和思想性的基础学科。语文教学过程要体现学科特点。既然是工具，就要练习运用，因此教学中必须强调听说读写训练；既然有思想性，就要进行思想熏陶、审美教育，以此净化和美化学生的心灵。这样就能把双基训练和思想教育紧密结合起来。

3. 语文教学过程是促进学生发展的教育过程

语文教学过程还是使学生身心得到全面培养和发展的教育过程。语文是学校的一门主课，开设时间最长、课时最多，内容相当丰富，使学生受到的教育也最多最深。一方面，语文课是语言课，而语言与人的心理发展密切相关。听说读写的各种语言训练，可以从各个层面开发学生的记忆力、观察力、联想力、想象力、具体的和抽象的思维力等。另一方面，语文课里丰富多彩的知识教育、情感教育（审美教育）和品德教育，将使学生各种心理过程以及个性心理特征和行为习惯得到相应的培养和发展，产生以认知为基础，知、情、意、行全面发展的效应。

4. 语文教学过程是促使教师自我提高的过程

教师在语文教学过程中起着主导作用，引导学生积极主动地学习，并在教书育人中自我提高和自我完善，不断获得新知识，提高认识能力，锻炼育人本领。

5. 语文教学过程是语文教学信息的传输过程

凡是有序的符号系列都可以承载信息，以语文教科书为主的语文教学

---

① 毛泽东. 毛泽东选集 ［M］. 海口：大众书店，1946.

内容是教学信息的重要载体。

6.语文教学过程是一个错综复杂的动态过程

语文教学过程既是一个连续不断的思维流程，又是一个错综复杂的结构系统，表现为一种纵横交错的动态结构。它既有共同性，又有差异性；既有连续性，又有阶段性。整个语文教学过程是一个连续的教学流程，而其中又可以分为许多不同的教学阶段。它既有独立性，又有渗透性。教学阶段是相对独立的，而各个教学阶段之间，在教学内容和形式上可能又有交叉渗透。故它既有稳定性，又有变通性。

第二章 语文教育教学的基本理念

所谓理念，是指人们观察问题、分析问题和解决问题所依据的原理和观念，或者说是原则和准则。语文教学理念就是语文教学活动的指导思想和行为准则。语文课程的基本理念有四个方面的要求：一是要全面提高学生的语文素养，二是要正确把握语文教育的特点，三是要积极倡导自主、合作、探究的学习方式，四是要努力建设开放而有活力的语文课程。根据这四点要求，我们把语文教学的理念概括为三句话：人文关怀是语文教学的最高价值追求，个性发展是语文教学的根本指针，回归生活是语文教学的必然途径。

第一节 语文教育的人文关怀

语文教育要促进个体的身心和谐发展，要使个体在发展过程中获得精神上的价值和人生上的意义。也就是说，个体通过在语言上的学习和训练、文学上的熏陶和习染，不仅可以获得各种知识和技能，还可以体验到各种深刻的人类情感，唤起自身的主体意识，从而追问人生的意义，探询人生的道路，形成独特的人生态度。我们把语文教育的这种功能称为语文教育的人文关怀。

语文教育目标是整个基础教育目标的有机组成部分，对于培养德智体美劳全面发展的社会主义建设者和接班人具有重要的导向作用。语文作为一种兼具人文性和工具性的综合性学科，在人的发展过程中起着核心性的决定作用。同其他学科相比，语文教育除了要完成一般学科必须共同承担的智育任务之外，还要密切关注审美教育、人生观教育与人格教育，并以此作为自己的最高价值追求。语文学科这种人文关怀的功能是标示其学科独特性的根本要素，也是语文教育目标的最高追求。我们把语文教育的人文关怀的功能提到这么高的位置，一方面取决于对语文学科性质的深刻洞察，另一方面又取决于对人的最终发展目标的深刻认识。人的发展的最高境界是精神上的自由和解放、人格上的完善与独立，而所有为此目的所进行的知识的学习、技能的训练、能力的获得及社会生活的实践等工具性行为都必须服从这一最高目的。要实现从人作为发展手段的工具价值到作为发展目的的精神价值的飞跃，必须通过人文教育的洗礼。在现行基础教育体制中，语文教育只有自觉地承担起人文教育这一历史使命，把人文教育贯穿到整个语文教育过程中去，关注人的精神世界的构建和人格的养成，才能为人的全面发展开辟道路。

一、语文教育的人文精神价值

人文精神不是徜徉洋溢在语文教育本体之外的美丽动人的幻影，而是发自语文文本之中的人性之光。它飘忽不定、难以捉摸，是因为它只对那些敏感睿智、关注内心精神生活的心灵展现自己的魅力。它至刚至大、吐纳宇宙，是因为它超然于万物之上，寄身于纯真、至善、完美之境。

语文教育的人文价值，从静态的文本分析来看，文学与人生的关系是它的集中体现。

吴宓教授指出哲学是汽化的人生，诗是液化的人生，小说是固化的人生，戏剧是爆炸的人生。文学与人生这种水乳交融、血肉一体的内在联系，使文学成为人生的另一种存在，尽管它不是社会现实自身，却比社会现实更加真实、深刻、感人。人们更多的是从文学艺术创作这面镜子中发现并认识了人自身，因此，文学就是人学。[①]

文学把人的精神不断地引向光明和崇高，是文学在维护着人类那脆弱的社会良知和道德心，也是文学在不断地拓展着感性人生的丰富性与多元性，捍卫着人类理性的尊严和纯洁。因此，语文教育一定要重视文学作品的人文教育价值，把语文教育从工具中心论中解救出来，恢复其人文教育的本来面目。

语文教育的人文价值，从动态的教学过程来看，其人文性主要体现在师生关系的民主性、文本解读的多元性、写作训练的生活化上。只有以民

---

① 吴宓. 文学与人生［M］. 王岷源，译. 北京：清华大学出版社，1993.

主化的师生关系作为教学的前提，才能充分激发调动师生两方的积极性，使语文教学充满生命的张力，从而对文本展开开放性、多元化、个性化的阐释，释放出文学作品中深层的人性力量，引发情感上的共鸣，启迪思想上的解悟。

二、语文教育目标的人文追求

语文教育是人文精神之载体，因此，人文关怀理应成为语文教育之鹄。语文教育目标是一个有机的整体，按现在比较流行的观点来看，它由德育目标、智育目标、美育目标三部分构成，而这三个目标之内又有更细致的分目标。人文关怀同它们之间是一种什么关系呢？这是我们应该解决的根本性问题。

人文关怀作为语文教育的最高目标，它不等同于技术操作层面的教学要求，而是着眼于语文教育根本性的价值导向。也就是说，人文关怀与现行的语文教育目标体系不属于同一层面的问题。前者植根于语文教育本体论，后者立足于语文教育方法论；前者制约语文教育的根本价值取向，后者决定语文教育实践的进程与开展。因此，人文关怀不可能以技术化、操作化的方式单独地起作用，它只能以精神导引的方式进入语文教育目标体系，通过影响语文教育目标系统的内在调节与协作间接地发挥作用。

要坚持语文教育的人文精神的价值取向，语文教育的德育目标除了重视传统的政治品质、思想品质、道德品质、个性心理品质等发展目标之外，还要关注人的主体性发展、人格的完善、精神生活的和谐。在智育目标上，除了重视传统的知识、能力、智力发展之外，还要注意智力与非智力因素的协调发展、情感陶冶与生命体验。在美育目标上，除了重视传统的审美知识、审美能力的发展之外，还要尊重个体的审美经验、审美感受，激励个体的审美想象、审美创造以及倡导对人生的审美观照、对人格的审美塑造。也就是说，人文关怀是一切语文教育手段与工具的灵魂，人的精神发展是所有操作性目标的最终归宿。

语文教育人文关怀目标不是空洞的口号，它既具有悠久的精神价值传统，又具有生动具体的时代内涵。作为一种优良的文化传统，它孕育了生生不息的人类文明；作为一种新兴的社会思潮，它发出了振聋发聩的时代呼声。吴宓提出的文学教育具有的八个方面的作用，可以作为传统语文教育人文关怀目标的历史性总结：涵养心性、培植道德，通晓人情、洞悉世事，表现国民性，增长爱国心，确定政策，转移风俗，造成大同世界，促进真正文明。面对 21 世纪风起云涌的社会变革，人文精神的时代风貌也将经历时代性的变换。

英格尔斯提出现代人应具备的 14 个特征，归纳起来主要有三个方面：第一，现代人具有开放性，乐于接受新事物。他们准备和乐于接受他们未经历过的新的生活经验、新的思想观念，准备接受社会的改革和变化。他们思路开阔，头脑开放，尊重并考虑各方面不同的意见和看法。第二，现代人具有自主性、进取性和创造性。他们注重现在和未来，守时惜时。他们有强烈的个人效能感，对人和社会的能力充满信心，办事讲求效率。他们尊重事实和验证，注意科学实验，认真探索未知领域，不固执己见。第三，现代人对社会有责任感，能正确对待别人和自己。他们能相互理解，能尊重自己和别人。他们有可依赖性和信任感，不相信命运不可改变，而认为依靠社会力量能使人生活得更好。语文教育的人文性应着眼于 21 世纪创业者人文素养的培植。我们把新时代人文精神的内涵概括为以下八个方面：人格健康、高创造力、主体意识、求实求真、乐于竞争与善于合作、个性和谐、乐观开放、热爱生活。这八个方面是新价值观的具体体现，也是未来人才培养的方向和标准。以此为基础，语文教育的人文价值应包含以下几个方面：

（1）引导学生走近生活、观察社会、体悟人生，帮助他们形成乐观开放、乐于竞争与合作的人生态度。

（2）培养学生的人文品质，使其继承民族文化传统，汲取现代文化精髓，奠定文化底蕴。

（3）陶冶学生的情操，启迪学生的悟性，培养学生的批判思维和创造思维，使学生形成健全独立的人格。

（4）培养学生的主体意识，确立学生在教学过程中的主体地位，发挥学生学习的主动性、能动性与创造性。

三、人文意蕴的开掘

语文教育中人文价值目标的最终实现取决于语文教育实践的正确走向。从语文教育过程的展开来看，选择文质兼美的教材，提高语文教学过程的审美性，立足现实生活激发学生的自我表现与表达能力，是挖掘语文教育人文价值的有效途径。是否符合文质兼美的标准，是制约语文教育人文关怀目标实现与否的关键因素。选文是否具有深刻的思想文化内涵、广阔的文学视野、浓郁的人文情怀，直接决定着语文教育人文性的深度、广度和力度。桃李不言，下自成蹊。文质兼美的选文作为人文精神最好的寄寓之所，对培养学生的人文精神具有本源性决定作用。

我们认为，文质兼美应包含以下几层基本含义。

（一）文道兼美，一多并举

我们不仅要求选文的思想内容与语言表达做到有机统一，还要求选文在思想内容上具有深刻的文化意义、人文意蕴和审美价值，在语言表达上生动准确、隽永晓畅、富有个性。这样的文道观对于语文教材的选文标准才具有真正的实际意义。

文道兼美的选文标准，并不意味着把文道关系限定在狭窄的意识形态、伦理道德和正统文论的域界，而是应该一多并举。从"道"的标准来讲，"一"指的是教材选文应体现人类所崇尚的以真善美为代表的终极精神价值，"多"指的是选文要体现人类思想文化的丰富性、多元性和开放性。我们应以一种博大的文化胸襟和高远的发展眼光来看待文章的思想文化内涵，切忌鼠目寸光、意识狭窄。在选文中，既要有传统的政治伦理教化内容，还要有体现人类普遍的精神价值追求的内容；既要有以明道为旨归的皇皇之论，还要有抒发个人性灵的小品佳作。从"文"的标准来看，"一"指的是选文的语言表达，必须规范、准确，具有代表性、示范性，思想内涵必须源于生活、积极向上；"多"则是强调语言艺术特色的多样化、个性化和风格化，文化内容的开放化、立体化、层次化。唯其文思泉涌、灿烂其华，方能风行水上、自然成文、行而广远，也只有放眼宇宙，博采万物之精华，才能广开眼界、启人心智、有益身心发展。

（二）内外兼顾，和谐统一

教材选文，作为语言学习与文化陶冶的范本，应具有内外两个方面的价值，或曰本体价值与工具价值，即精神陶冶价值和语言教育价值。只有做到这两种价值的有机统一，才能体现文质兼美的全面要求。选文的语言教育价值体现在对学生听说读写等基本语文能力的培养上，而精神陶冶价值则立足于学生的精神发展、人格完善上。两者相辅相成、互为依存，因为，从文章本身的统一性来看，语言因素与思想因素是水乳交融、不可分割的。没有思想的语言表达没有实际意义，脱离了语言轨道，人的思想同样难以表达。从学生语文学习过程的综合性、复杂性来看，学生的语言发展同学生的思维发展、思想成熟、精神成长有内在统一性。它们之间相互影响、相互作用，和谐共存、共同发展。脱离开思想教育、精神陶冶的语言训练会使语文教育变得枯燥乏味、机械生硬，而脱离语言训练的思想教育同样会把语文教育变成迂阔的道德说教、政治灌输。因此，选文的这两种价值标准不可偏颇，应当兼顾。

（三）兼顾选文内外价值的和谐统一

除了独具慧眼外，还要具备科学的编辑加工能力。选文的编排、教材体例的选择、语文知识的穿插、课后作业的设计等环节，都应该体现选文内外教育价值的统一。既要避免唯知识智能训练为中心，也要防止唯主题思想分析推理至上。教材的编辑加工向来不被重视，只被看作是一种技术性的工作。其实这是一种错误的看法。它是提高语文教育价值、实现语文教育目标的重要途径，它需要以正确的哲学观、教育观、心理观为指导，以语文教育的内在规律、师生相互作用的互动模式为依据，并要对语文知识掌握、能力发展与精神发展的内在统一关系有深刻的洞察与理解。它既需要有哲学的眼光，又需要有科学的程序，还需要有艺术的手法。从选文到编排、从封面到插图、从设计到印刷，所有步骤都关系着教材的质量和生命。因此，文质兼美不只是一种对文本的内在要求，还是一种指导具体编辑工作的根本原则。

（四）开放思维，审美观照

人文精神从某种意义上讲又可以理解为人类对真善美孜孜不倦的价值追求。因为真善美代表了人类精神的最高境界。这种追求不仅仅包括对知识形态的科学、道德、美学领域的探索，它还指人类在获取这些知识的过程中所孕育滋生出来的科学精神、道德意识和审美体验。其中，审美体验不仅具有相对独立的价值意蕴，还是科学精神与道德意识所追求的最高境界。美存在于自然之中，而科学的发现，不仅指知识，还要关注审美体验。在道德与审美的关系上，审美同样是道德境界的需求。古人强调"文以载道""文以明道"，其用意也在于此。只有把抽象的道德规范和理念渗透到由文学语言所塑造的美好的道德理想人格形象中，才能使个体获得道德实践的驱动力。审美是沟通知识和德行的桥梁，是培养人文精神的必由之路。语文教育要走向人文关怀，就必须通过挖掘隐含在文本中的真善美精神价值以唤醒学生的求知、向善、爱美之心，通过审美教育塑造他们的人文精神。

（五）语文教育的审美观照，尤以阅读教学为重

语文阅读活动中的审美教育是美学在阅读活动中的具体应用。它的任务和作用是按照美的规律，用美的信息去激发、引导阅读活动的主体——学生的审美心理和情感，培养学生符合人类崇高理想的审美意识，帮助学生获得健美的心灵和高尚的审美情趣，使他们在开放的语文阅读活动过程中逐步形成正确的审美观念和健康的审美品质，把握辨真伪、识善恶、分美丑的正确的审美标准，提高学生的审美素质和审美能力，以培养全面发展的人。语文阅读活动与审美教育有着难解难分、血脉相承的特别关系。加强审美教育有助于提高语文阅读质量，深化语文阅读效果。语文教材编选的课文，大都是依照美的法则创造出来的"文质兼美"的典范佳作，是集中反映社会、艺术、科学、语言等客观美的结晶。文章精美的语言，展示出崇高的美的艺术境界，而好的艺术境界本身又丰富并增强了语言的艺术表现力。在阅读活动中，一方面可以抓住精彩传神的关键性字词语句，把学生引进它所展示的优美境界，使他们在美的艺术享受中受到熏陶，提高审美能力。另一方面，又可以抓住令人心灵颤动的意象、情境和形象，引导学生反过来深入体味、领悟文章中高超的语言艺术技巧，提高运用语言表情达意的能力。语文教师要充分利用文章的美学意境，创设审美情境，善于敏锐地发掘文章中的美点，揭示深蕴其中的审美情趣；要善于借助审美意象，启发学生的审美想象，根据文本的特点设计审美议题，以诱发学生的审美体验；还要确定审美目标，指导学生展开审美鉴赏活动。调动各种手段，把学生引入美的艺术境界，引导学生联想探求、观察体验，既对学生进行了审美教育，又把审美教育和语文阅读活动有机地交融在一起，使学生深入理解课文，提高阅读效果和质量。在这种活动中，教师要从各种不同的审美角度、不同的审美层面引导学生深入地分析和理解。这样既可以使学生受到审美教育，又有助于学生对课文从表层性的体味感知到深层性的领悟理解。

第二节 语文教育的个性发展

一、语文教育个性发展的内涵

人的发展的核心是个性的和谐发展。语文教育在学生的良好个性的形成与发展中扮演着主导性角色。传统语文教育在这方面存在着一定的缺陷，没有认识到语文教育对个性培养的重要意义，在教育理念和实践中都陷入了机械化的教育模式，过分追求语文教育的应试价值，忽视了语文教育在个性培养方面的积极作用。

斗转星移，教育日新，放眼海内外，个性教育已成为世界教育改革所关注的重大主题。"儿童中心教育学"认为，"每个儿童有其独特的特性、兴趣、能力和学习需要"①，儿童之间存在差异是"正常的"。因此，学习必须适应儿童的需要，而不是儿童去适应预先规定的、有关学习过程的速度和性质的假设，儿童中心教育学有益于所有的学生，其结果将有益于作为整体的社会。

我们认为，"儿童中心教育学"概念的重申，表明国际社会在宏观的教育理念和教育政策上确立起了个性发展的方向。那么，怎样理解个性发展？

（一）个性是完整的，创造力、想象力等品质是个性健全发展的表现

把一个人在体力、智力、情绪、伦理各方面的因素综合起来，使他成为一个完善的人，这就是对教育基本目的的一个广义的界说。因此，个性是道德、体力、智力、审美意识、敏感性、精神价值等品质的综合，是一种"复合体"，即一个完整的人，不能把某一种或某几种品质从完整的人中分离出来孤立地培养。所以，为了培养人的想象力和创造性，应首先培养"自由的人"，应该向青少年提供一切可能的美学、艺术、体育、科学、

---

① 黄志成."全纳教育"理论［J］.教学月刊（中学下旬版），2007（5）：21-21.

文化和社会方面的发现和实验机会，而不应该局限于短视的功利需求。

（二）个性是独立的、具体的、特殊的

尽管个性发展离不开与他人的交往，但每一个个性都首先具有内在的独立性。每一个人都有其独特的发展史，因此每一个人都是具体的、特殊的、活生生的。

每个人都有自己的历史，这个历史是不能和任何别人的历史混淆的。每个人都有自己的个性，这种个性随着年龄的增长而越来越被一个由许多因素组成的复合体所决定。这个复合体是由生物的、生理的、地理的、社会的、经济的、文化的和职业的因素组成的。

（三）个性发展内在地包含了社会性的发展，每个人的发展必然带来整个社会的发展

把个性发展与社会性发展、每个人的发展与整个社会的发展孤立起来、对立起来或并列起来，都是二元论思维方式的产物，都不能正确理解个性发展的本质。

（四）个性发展是一个无止境的完善过程

人和其他生物的一个重要区别是人的"未完成性"，即人的生存是一个无止境的完善过程和学习过程。终身学习不只是社会要求，还是个性发展的内在需求。由此看来，追求学习者的个性发展是世界教育改革或课程变革的重要趋势。从本原上看，每一个个性都是完整的，亦是独立的、具体的、特殊的。因此，培养个性应尊重个性的完整性、独立性。个性发展内在包含了社会性，因此个性的成长是在生活中、在持续的社会交往中进行的。个性发展是无止境的完善过程，因此终身学习应成为每一个人的内在需求。在我国，当代教育改革也在 20 世纪 80 年代后期把个性培养列为教育的主题与使命之一。要把发展人的个性作为教育的培养目标，因为教育在今天只有赢得了个性发展，才能赢得社会发展的未来。个性教育，就是真正的、具体的、独特的人的教育，就是使一个生物意义上的实体不仅获得社会性、文化性，更是获得自身独特性、自我确认性的过程。因此，语文教育凭借其自身的人文学科优势理应成为个性教育的核心，发挥中流砥柱的作用。

二、语文个性教育的作用

（一）语文个性教育的价值追求

语文个性教育的价值观是语文教育功能观的直接反映，语文教育有其独特的功能和价值，其功能和价值又具有多层次复合性。

功利本位与人文本位是最能概括当前各种对立观点的一对范畴。功利本位论强调把语文教育的功利性放在首要地位，把学生对汉语的听说读写水平和能力作为语文教育追求的根本目的，突出语文教育的工具价值。在此前提下，他们一般不反对语文教育的人文价值，甚至也十分强调语文教育的教化作用。人文本位论则认为语文教育的最大功用在于教化，最大价值在于弘扬人类和民族的优秀文化传统和人文精神，培养学生健康的人格。在此前提下，他们一般也不反对语文教育的工具追求和工具价值，甚至认为人类精神传递的前提是对语言文字工具的掌握。

语文教育的特点决定了语文教育的功能绝非单功能，而是复合功能。所谓复合功能，就是将语文教育的各种功能有机地整合为一体的功能。语文教育的复合功能由两大类要素组成，即由工具性要素和人文性要素组成为复合功能球形图，两类要素组合不存在孰先孰后、孰上孰下的问题。

工具性要素的主要内涵是：听说读写、知识方法、思维。人文要素的主要内涵是情思、审美、伦理、历史文化。工具性要素和人文性要素之所以能够合二为一，关键在于中介要素的作用，中介要素就是汉字和汉文，其作用就是语文教育过程。通过汉字汉语的教育，使要素的内涵发生联动和整合，使两大类要素产生有机连接和整合。汉语文教育的复合功能是一个有机的开放的组合系统，是一种弹性机制，它在信息交换过程中不断地做出自己的选择和应对，系统也会因此发生相应的变化。语文教育的复合功能铸就了我国民族的文化特性，发挥了全面综合的素质教育作用。语文的复合功能观念对于语文个性教育价值观的构建起着决定性的作用。语文个性教育的核心就是要通过语文教育促进学生的个性和谐健康发展。它打破了以往单功能观的狭隘视野，把语文教育置于一个更为广阔互动的历史文化背景之中，突出强调了语文功利性价值与人文性价值之间互为依存、相辅相成的血脉一体的内在联系，从而为人的个性发展铺就了一条更为切实、明确、广远的通道。

语文教育的多功能整合观很好地协调了语文教育的工具性价值和人文性价值、内在价值与外在价值，把个性教育与社会需求有机地结合起来，这对于培养符合社会需要的良好个性品质起到了积极的促进作用。因此，多功能复合的语文教育价值观是语文个性教育的重要理论基石，在当代具有重要的现实意义。在 21 世纪，语文个性教育的价值追求表现在受教育者的素质规格上就是要重视个人的自由发展，尤其是人格的健康成长。这一点具有世界性、终极性意义。通过教育，尤其是以人文性为核心特征的语文教育，重塑现代人的人格精神，是促使社会和个人协调发展、可持续发展的重要基础。

（二）语文个性教育在个体人格的塑造方面应发挥积极的作用

通过对自身的人文价值、文化底蕴、思想内涵的充分释放和展开，可以为个体精神的发展、人格形成创设一个良好的成长环境。语文个性教育在人格塑造方面要坚持以下三方面的价值追求。

第一，重塑人格基础，由关注知识技能转向关注个性整体发展，并主要关注精神世界的构建。语文教育要重塑人格的基础，必须正视这一现实，努力扭转这种不良局面与风气，重新把语文教育的重心放在对个性人格的塑造与培养上。要实现语文教育的根本价值，促进个性的和谐发展与人格的健康成长，必须做到两个转变：从理论上要转变对语文教育本体价值的认识，树立起牢固的多功能复合价值观，真正理解汉语文本体的质的规定性对语文教育多功能复合价值观的内在的决定作用；在实践上要处理好语文知识技能掌握与文学熏陶、精神启迪、审美体验等隐性因素的关系，使前后两种因素相互联系、相互支持、相互转化。一方面把语文知识、技能因素融入个体精神活动、人格意识、行为模式的整体中去，使其有所附加。另一方面，则把个体的精神世界建构在牢固的语文知识技能之上，为个性的发展打下坚实的语文基础和文化根底。

第二，重塑人格形成机制，由关注教学目标转向关注教育目的，将人文关怀贯彻到教学实践中去。现在的语文教学过分追求教学目标的细目化、可操作性、确定性、完整性等行为性标准，相对忽视了情感性、体验性、审美性、情境性等隐性目标。这种目标教学的偏颇在应试教育模式中表现得尤其突出，忽视了学生的主动性和创造性。我们知道，语文教育的目的着眼于个性的全面和谐发展，尤其是个体人格与精神的发展。它是整个语文教育的立足点，也是归宿，对于具体的教学实践具有终极性的决定意义与规范价值。语文教学目标则是为了便于实践操作而从教育目的中分化出来，它对加强语文教学的程序性、规范化具有实际的指导作用。但是，这并不意味着在教学实践中按部就班地完成了各种具体的教学目标就能够达到教育目的的要求。按照教学系统论的观点，教育目的的内涵要高于各种具体的教学目标。因此，个体个性的自由、充分发展，精神世界的积极构建，要以教学目标的实现为基础和媒介，又要超越其上，对其进行积极的转化、扬弃和提升，使其获得个性的特征、人格的意义。各种语文教学目标所规定的知识、技能、思想、文化等学习内容，必须通过个体自我意识的同化、顺应的整合、行为模式的内化与外显的转化，才可能真正地变成个性的有机组成部分。这一过程的实现，一方面要以各种具体语文教学目标的实现为前提，另一方面又要借助于特定的教育环境，通过个体的自我教育、自我发展、自我提升来实现。教育环境除了包括课堂学习，更重要的是心理氛围、情景诱导、教师的人格魅力及教学活动的潜在影响等隐性因素。因此，语文教育要重塑人格养成机制，必须标本兼治、内外双修，为个性的和谐发展创设良好的教育环境。

第三，重塑人格境界，由"功利人生"的定位提升到"审美人生"的设计。应试教育以其功利主义价值取向为主，忽视了语文教育的审美价值，把文学教育驱逐出语文课堂。语文教育要重塑人格境界，必须加强审美教育。因为只有审美教育，才能为个性的精神世界创造一个超越功利的自由发展空间，才能使个体认识到人生就是一件弥足珍贵的艺术品，从而唤醒他们热爱美、向往美、创造美的美好情感。因此，语文教育只有成为审美教育的过程，才可能充分展现汉语言文字及文学作品中的美感，把学生的精神引向纯净、高尚、理想之境。

三、语文个性教育的实践走向

语文个性教育价值观的确立为语文个性教育实践指明了方向。语文教育在教学实践中应始终坚持以个性的和谐发展、人格的健康成长为指向。个性的发展、人格的形成是多方面、多层次、多方位的，其中创造性是核心因素。从某种意义上说，个性教育就是创新教育或创造性教育。我们知道，个性独特性是个性得以确立的根本依据，个性教育就是要立足于客观存在的学生的个别差异，通过因材施教，充分调动每一个学生的积极性、主动性、创造性，让每个人都体会到成功的快乐，体验到作为学习主体的自主感、成就感，从而释放每个人的学习热情和创造能量，培养出个性鲜明、朝气蓬勃、积极进取、勇于创新的社会主体。只有承认学生的个性差异和客观事物的多元性，才能真正地培养出学生的创造性。因此，个性教育必定是创新教育，而创新教育又是促进个性发展的关键因素。语文教育多功能复合价值观决定了语文创新教育内涵的丰富性、多元性。一方面，作为工具学科，语文教育对培养学生独特的个人语言表达能力、语言风格具有促进作用。另一方面，作为人文学科，语文教育对培养学生独特的人格精神、审美意趣、道德素养又具有重要意义。因此，语文个性教育的创造性就是要培养学生的良好语感、独特的语言风格、语文思维创造性以及积极向上的创造性人格。

（一）语感教学与语言风格的养成

一个人的语言往往就是他的精神世界的表征，尤其是以文字为表达手段的书面语，更能较系统、全面、深刻地反映一个人的文化修养、价值取向、审美趣味以及精神追求。而语言风格又是标示一个人语言独特性的重要因素，它是一个人的符号化外貌。语言风格的形成有赖于个体语言的积累与语感生成，良好语感的获得是形成良好个人语言风格的根本前提。因此，语感教育是语文创新教育的重要内容。

（二）语感的性质及语感教学

什么是语感？语感是一种修养，是在长期的规范语言应用和训练中养成的一种对语言文字（包括口头语言、书面语言）比较直接、迅速、灵敏的领会和感悟能力。它具有敏锐性、直觉性、完整性、联想性和体验性。语感虽然具有模糊性、会意性等非理性化的特点，但可以将它做科学的、辩证的分解，分项确定其训练目标。从大处看，语感可以分为听感、说感、读感、写感。从语文理解的过程及方式的角度来看，一个人的语感能力大致可以分解为相互关联的两种判断力：一是语言对象在语言知识方面的判断能力，包括语音感、语义感、语法感和语气感，这是直觉性语感。二是语言对象在内容上真伪是非与形式上美丑的判断能力，它包括思想观念、情感意志、人格状态、审美鉴赏等，这是理解性语感。老一代语文学家把语感和语感教学看作是语文教学的本质和核心，是语文教学的最终目的。

（三）语感训练的途径和方法

语感之"感"源于所感之"语"。它是客观语言对象对人的语言器官长期雕琢、不断积淀的结果。因此，要培养准确、敏捷的语感必须注重语言的积累，加强语感的实践训练。

第一，培养学生对字词的感受力。要做到有效的语言积累，多看多记。多看，既看生活，又看书本；多记，就是要在理解的基础上背诵一定数量的名篇佳作。

第二，强调诵读。

第三，凭借生活经验获取语感。

第四，依靠对语言行为意义的感知。语感实际上是经由言语、通过言语又超越言语去感受语言使用者的内心情感和思维的能力。

语感分析训练是提高语言感受力、增加语言意象积累的重要手段。语感的分析侧重在对文本整体感性理解与把握的基础上，针对某些具有文学解读意味的句子或词语进行深层次的理性分析。语感分析最大的难点是把握语言的隐含信息、语言的自我表达。语言的自我表达能力是语文教学所要培养的重要技能，它集中体现了个体的语言个性、创造性和独特风格。

语言表达能力的培养并不仅仅是一种简单的技能训练，它是同个性的思想发展、精神成长、人格追求紧密相关的。促进语言表达能力的发展，必须从促进个性精神和谐发展入手。自我表现是个性精神发展的一个重要方面，它对个体的语言表达能力的发展起着决定性作用。激励学生勇于表现自我，敢于发表自己的见解，抒发自我的生活感悟，是提高个体语言表达能力的重要原则。

四、语文思维的创造性培养

语文能力的核心是思维能力，思维能力的最高层次是创造性思维。创造性思维是一种具有开创意义的高智能的思维活动。它既具有一般的思维基本性质，又具有自身的独创性、突破性和新颖性。

语文学科作为基础教育中的基础学科，对培养学生的创新意识和创造能力具有决定性的意义。这也是深化语文教育改革、实施语文素质教育、实现语文教育个性化的关键。培养学生创造性思维能力的途径和方法主要有：

（一）立足个性差异，培养求异思维

由于每个学生先天遗传特质和后天所受的教育及经历不同，心理发展又处于不同水平，思维能力便有较大的差异。所以，发展学生的创新能力，就必须承认学生的个性差异和客观事物的多元性。传统的语文教学往往忽视学生的个性差异，按照一种整齐划一的僵化模式对待个性迥异的学生。这不仅损害了学生的自主性和积极性，也抹杀了他们的创造欲望。因此，加强语文个性教育，就必须积极培养学生的求异思维，发展学生的个性，鼓励他们勇于创造。

（二）深挖教材内蕴，积极诱导启发

学生作为学习的主体，对同一篇文章的感受是不同的。教学切忌求同过多，而应尽量引导学生用发散的眼光，立体地、全方位地审视文章的立意、题材、结构和语言，尽可能地鼓励学生去感受体味、大胆想象，形成自己的独特见解。教师只有用全新的、多角度的眼光分析教材，才能开阔学生的视野，使他们运用与众不同的思维方式对问题进行分析、比较、抽象和概括。我们应鼓励学生去思考、去发现，从而在潜移默化中提高自己的鉴赏力、创造力。

（三）激发求知兴趣，鼓励创新精神

创造性思维能力的培养，是以激发求知兴趣为前提的。《论语》中有"不愤不启，不悱不发"的启发性教学原则。语文教学应坚持启发性原则，提问设疑，强烈激发学生的学习情绪，活跃思维，使学生振奋起来，产生积极探求新知的欲望。激发学生的学习兴趣，关键在于精心设疑。问题是创新之源，疑问是探究思索的动因。在语文教学中，基础知识训练、阅读和写作等均可通过精心设疑来激发学生的学习兴趣和创新精神。

（四）丰富想象能力，捕捉直觉灵感

直觉思维是人脑对事物及其本质和规律做出迅速的识别、敏锐的观察、

直接的理解和整体判断的思维过程，它是构成创造性思维活动的必要因素，培养创造性思维能力，就必须加强直觉思维能力的培养。

一要通过阅读教学，发展学生的想象能力。二要加强朗读和进行语感训练。汉语重视语言主体的心理因素，强调直观感受。这种直观感受正是直觉思维力强的表现。加强朗读，进行语感训练，正是凭借着阅读活动的经验直觉对言语做出敏锐感受，从而瞬时性地感知和领悟言语，是培养直觉体味语言的重要途径之一。三要创设情境，触发创新灵感。创设情境是触发创新灵感的有效手段，生活展示、实物演示、表演体会、音乐暗示等手段都是触发灵感的重要手段。在语文教学中应注意发挥这些因素的作用。

五、创造性人格的养成

语文创新教育不仅仅是语文创新能力的培养问题，创新人才培养的最核心问题其实是自由精神的培植、创造性人格的养成。创造性与其说是一种能力，不如说是一种精神气质、人格倾向。自由精神是一个人创造力的灵魂，它体现在教育管理者、教师与学生三个层面。创新教育不仅要求学生做好知识、技能及思想上的准备，还要求教育管理者和教师具有开放的意识、民主的管理、勇于探索的精神，使创造性成为教育的一种自觉的价值追求。培养创造性的关键是教师要站在学术的前沿，切实了解社会的发展及学生发展的需要，灵活多变地调整自己的教学计划与教学设计，以激发学生的创造力为旨归。教师要通过设置特定的问题情境，让学生感受到问题的现实挑战，诱发他们克服困难的内驱力、意志力和人格信念，从而使创新教育与人格的发展联系起来。

语文个性教育要通过语言载体，充分挖掘依附其中的人文精神、价值意蕴，去引导学生求真、求善、求美，培植其主体性，鼓励其培养自由创造精神，真正把创造性教育与个性的人格发展融合起来，使创造教育获得持久稳定的内驱力。

第三节　语文教学的生活归属

面对信息社会、知识经济时代挑战教育使命，课程脱离生活世界，学生缺乏承担社会义务的态度和参与社会实践的能力的现实，国内外一系列课程改革呼吁，把教育回归生活世界、培养学生社会实践能力作为强调的重点之一。

终身教育的宗旨是"四种基本学习"（"四个知识支柱"）：学会认知、学会做事、学会共同生活、学会生存。

传统教育过分倚重"学会认知"，然而教育新概念应谋求"这四个'知识支柱'中的每一个应得到同等重视"，谋求这四者的整合。这四个支柱中，"学会做事""学会共同生活"和"学会生存"集中体现了教育、课程回归生活世界的发展趋向。"学会做事"绝不只是熟练某些操作技能、学会某些重复不变的实践方法。

"学会做事"意味着要特别重视发展处理人际关系的能力，也就是说，"人格智力"在知识经济时代具有特别重要的意义。"学会共同生活、学会与他人一起生活"，是信息社会对教育的又一挑战，因为日益发展的信息技术既便于人与人的交往，但也可能造成"地球村"里人的孤独和疏离。因此，教育应采取两种相互补充的方法，既要教学生逐步"发现他人"，懂得人类的多样性和差异性，又要通过从事一些社会公益活动帮助学生寻找人类的共同基础。当人们"学会做事""学会共同生活"的时候，就能够在人类社会生活中"学会生存"。

教育在社会生活中的主体地位，指出"教育处于社会的核心位置"。认为教育是与家庭生活、社区环境、职业界、个人生活、社会传媒融为一体的，但教育并非被动适应纷繁复杂、良莠并蓄的社会生活，而要对社会进行主体参与式回归，要通过培养每个人的判断能力而对社会进行批判与超越。由此看来，回归生活世界是课程变革的重要趋势。回归生活世界的课程在目标上意味着培养在生活世界中会生存的人，即会做事、会与他人共同生活的人。

这种人既具有健全发展的自主性，善于自知；又具有健全发展的社会性，善于了解他人。回归生活世界的课程在内容上意味着要突破狭隘的科学世界的束缚，除了科学以外，艺术、道德、个人世界、自由的日常交往都是重要的课程资源，这些资源在教育价值上丝毫不亚于科学，而且只有当科学与这些资源整合起来的时候它才能在走向"完善的人"的心路历程上发挥作用。要秉持一种"课程生态学"的态度，寻求学校课程、家庭课程、社区课程之间的内在整合。

一、语文教学必须贴近生活

语文是最重要的交际工具，是工具性极强的基础学科。它既是人们交际的工具、学习的工具、生活的工具，还是人类文化的重要组成部分、文明程度的标志、历史文化的结晶。在当代的信息社会，语文能力更成为一个人获取、加工、输出信息，进行思维创新的重要工具。语文教学必须贴近生活，这是由社会生活所具有的独特的语文教育作用所决定的。

首先，丰富多彩的社会生活是语文课文的源头活水。语文课在学生面前打开了现实生活的一扇窗口，通过它的选择和过滤，学生可以自由地观察这个千变万化的世界，洞察生活的秘密，领悟人生的真谛。所以，生活是语文的来源，是学生学习的内容，语文教育不应忽视学生的自主发展对社会生活的内在需求。

其次，现实生活为学生的语言交际活动提供了直接体验的情境和基本的发展动力。儿童最初的语言能力是从现实生活中习得的。语言能力在某种程度上可以说就是一种基本的生活能力。现实生活为学生言语交往设置了特定的对话情境，激发了学生交流的欲望，使学生的言语交流能够获得一种持续的稳定的内驱力。在生活中学生所进行的这种语言上的交流深刻地反映了个体语言学习的内在规律：语言学习需要特定的情境来提供背景信息的支持以创造交流的可能性；同时，语言交流又必须是有所指的、定向的，交流的动力来自某种生活情境内产生的思想和思维上的碰撞或冲突。正是现实生活中所存在的各种矛盾、冲突和问题，才引发了学生语言交流的动机，促进了其思想的发展以及语言水平的提高。

所以，语文教学要重视生活情境在教学过程中的暗示、激励作用，为语言能力的发展铺设一个坚实的生活基础。

最后，语文的工具性决定了语文教学的生活化方向。语言作为理解的工具，不仅为个体与个体之间的思想情感交流创造了可能，提供了手段，而且在个体与历史、个体与传统之间架起了一座沟通的桥梁，个体通过它把历史与文化灌注进自己的精神生活和生命意识之中。历史和传统之所以能够进入当代并影响到个人生活，就是由于语言的作用。

语文教育既要满足个体生活的工具性需要，又要关注个体精神生活的发展，在生活中沟通历史传统与现实，探索理想的人生价值，构建生命的终极意义。所以，语文教育必须贴近生活、关注生活。

二、语文教学必须植根生活

学生语言学习的规律表现在三个方面：一是语言的发展与思维的发展紧密相连、相辅相成，而思维的发展起源于动作与活动，是一种经验的建构过程。二是语言的习得必须借助于特定的生活情境，语言能力不是一种抽象的形式，它必须包含实质性的生活经验与价值体验。三是语言的学习是实践性的，它的途径不应局限于课堂教学，而应面向生活实际，因为生活的变化对语言学习具有实质性的影响。这三个基本规律，基本上体现了语文教学与生活之间的密切联系。

认知心理学的研究成果已经证明，儿童的语言与思维的发展同儿童自身的动作与活动具有实质性的联系。从发展过程来看，人的思维的发展要经历动作思维、形象思维与抽象思维几个阶段，个体在与环境相互作用的过程中思维能力不断地由低级阶段向高级阶段发展。在儿童思维发展的早期阶段，儿童自身的动作是沟通环境与主体之间意义联系的桥梁。儿童通过自身动作，在动作中进行思维，借助于动作表达思维的成果，在成人语言的引导下，儿童逐步把语音刺激与动作建立起稳定的联系，从而使思维获得了最初的语言表现形式。随着儿童动作的复杂化以及活动范围的日益扩大，儿童的形象思维开始产生，并不断地向前发展，形成抽象思维能力。儿童的语言能力也相应地从感性水平发展到理性水平。在这一过程中，儿童不断地修正所习得的概念，从而使语言能力不断地发展变化，逐步形成一定的语感。教师要使学生所习得的语言获得实质性意义，具有经验上的价值，就必须加强语言学习与生活经验的联系，在生活经验中使语言及概念获得稳定、准确、真实的意义，从而使个体的思维水平不断地由动作思维、形象思维向理性思维转化，不断地由即时性、联想性向推理性过渡。也就是说，生活经验在思想与语言之间架起了一座沟通的桥梁。因此，语言学习在本质上与生活相连，只有通过生活，并在生活中学习语言，才可能真正培养学生的听说读写能力，使其获得真正的发展。

语言学习必须借助一定的生活情境，才能形成积极有效的思想沟通。语言学习之所以需要一定的情境，是因为情境能创造语言交流的可能性，还可以提供语言交流所必需的背景信息，此外它又构成了语言交流的动力基础。学生掌握语言的过程其实是一种心理图式不断建构的过程，这种建构需要特定的生活情境提供契机。在特定情境的诱发和刺激下，个体才可能形成一定的问题意识和思维定向，促进思维的发生和发展。思维的过程其实就是概念的运算过程。因为生活情境变动不居，个体的思维活动就会处于不断地适应与调整状态。思维的适应与调整的过程，就是内部言语不断地生成、转化、运作、发展的过程。

从生活的发展变化对语言学习的影响来看，语文教学必须联系现实生活，使学生的语言发展获得源头活水，变得生气勃勃。语言系统相对于社会生活，是一个相对静止的封闭的系统。社会生活不断发展，尤其是现代信息社会瞬息万变，必然对语言系统产生重要的影响，促使其做出相应的反应、调整和变化。除了语言学习自身的规律要求语文教学要生活化外，在语文教学中学生对各种文化知识的掌握、对价值观念的习得、对精神世界的探究等方面都要求学生具有深厚的生活经验作为基础。因为生活的切实经验不仅提供了各种学习的初步的感性知识基础，还孕育了学习的直接兴趣与心理动力，培植了学生基本的生活态度与价值观念。因此，生活化是语文教育走向深入的必然选择。

三、语文教学必须聚焦生活

语文学科课程向生活化发展的方向，应该由原来的重视语文知识的教学转向对语文能力的培养，特别是对生活实践中运用语言能力的培养，这是编写语文教科书应掌握的重要原则。语文教材通过广泛取材、兼收并蓄、沙中淘金，成为社会生活的聚焦、人生智慧的结晶。在编写语文学科教材时，应充分提高语文教材的生活价值、发展价值，处理好以下几个关系。

（一）处理好语文知识序列、个体心理发展序列和个体生活序列的关系

理想的语文教材应该是语文知识序列、个体心理发展序列与个体生活序列的有机统一。三者之间应是相互渗透、相互促进、相辅相成的关系。也就是说，语文教材的编写既要考虑到语文知识的系统性、逻辑性和完整性，又要考虑学生心理发展的阶段性、递进性、反复性，还要考虑学生实际生活的需要与社会生活的需要。

语文教育的一个根本任务就是要发展学生的语文能力，而学生语文能力的发展是同认知能力，尤其是思维能力的发展紧密相连的；而个体的思维能力的发展又具有普遍的序列性和规律性，即要经历动作思维、形象思维与抽象思维的过程。因此，学生语文能力的发展也必然具有一个基本的序列，这个序列理应成为我们设置语文知识与技能阶段性目标的依据，成为不同学段语文教材选文的标准。另外，学生的实际生活经验对语文的学习具有重要影响。不同年龄阶段的学生具有不同的亚文化特征，往往形成不同的生活经验序列。

我们应以学生的心理发展序列为基础，以学生的实际生活序列为指导，以语文知识的可接受性为标准，以语文能力的发展为目标，设计生活化的语文教材。

（二）要处理好阅读、写作与生活的关系

阅读和写作并不是一一对应的线性因果关系，而是由量变到质变的过程。阅读是学生感知、吸收、消化并理解语言材料的过程，它是写作的必要准备。因此要提高学生的写作能力，就必须扩大学生的阅读量，开阔学生的视野，使学生积累大量的语言材料，获得丰富的语感刺激，形成一定的思维能力。写作不仅需要学生有阅读能力，还需要以个体的生活感悟作为触媒或催化剂；否则，语言就失去了生命力与创造性，写作就会陷入痛苦的技术制作之中。学生只有通过对生活的独到的观察、切身的体悟、深刻的反思，才可能激活头脑中已有的知识经验、事物形象和语言材料，才可能文思泉涌、下笔千言、一气呵成。因此，语文教材一方面要扩大信息量，加大阅读的力度，另一方面要设计一些引导学生观察社会、体验生活、思考人生的课堂语文活动，以激发学生写作的欲望，创造学生写作的契机。

（三）要处理好语文知识学习与语文能力发展的关系

语文课程生活化，意味着要在语文知识与语文能力之间架构生活化的桥梁，使语文知识的学习为语文生活能力的发展服务。学生语文能力的发展并不是单纯地由语文知识转化而来的，它还要借助于个体的生活经验、语言交际的经验以及模仿他人语言的学习经验等多方面的因素的支持和作用才可能获得发展。因此，语文课程生活化要在坚持语文知识基础地位的同时，加强对语文能力的训练，突出语文生活经验对语文能力发展的重要作用。

（四）要处理好文言文和白话文的关系

语文课程的生活化，要以白话为主体，但这并不意味着否定文言文的生活经验价值。文言文作为古典文化的载体，它是历史生活生动、逼真的写照，具有极其丰富的生活教育价值。因此，语文课程生活化不但不应排斥文言文教学，还要在适当的范围内加强它。

文言文内容的选取要充分尊重历史的真实性与现实性，不可以政治功利主义的眼光武断地、不负责任地对经典文献进行肆意的歪曲、附会与篡改，使文言典籍中的传统精神遭到肢解和割裂。文言文的教学要采取渗透原则。文言与白话之间存在着千丝万缕的内在联系，白话中有不少有生命力的文言，因此，在白话文中渗透文言文教学，不仅是可能的，而且是可行的。文言文教学要从现行的以语言文字的学习为中心的课程目标转化为以古典文化的学习为中心的课程目标，处理好语言与文化之间具有的既有机统一又分主次本末的关系。对于学生来讲，文言文主要是认读经典的工具，对文言表达能力不做要求，因此，切不可以枯燥的古典语言文字学的要求和标准设计语文课程，以免误导学生对文言文的学习。

我们所追求的是使学生通过文言文的学习，获得基本文言阅读能力和对传统文化经典基本思想的掌握，并在学习过程中获得传统文化的陶冶、习染和精神的教育，而不是培养专门的古汉语文字学家。

第三章 大学语文课程

第一节 语文课程的内涵

一、课程的内涵

"课程"一词最早出自唐代孔颖达的《五经正义》，他为《诗经·小雅》中的"奕奕寝庙，君子作之"作疏说："教护课程，必君子监之，乃得依法制。"从我国古籍记载看，"课程"一词的含义既包括教学科目，又包括这些科目的教学顺序和时间。对课程含义的这种界定影响深远，直到现在，在人们的日常理解和一些教育学教科书中也还认为课程即学科。

在英语国家，"课程"一词对应的英文是"curriculum"，它的词根源自拉丁语的动词"currere"，意为"奔走，跑步"，其名词意为"跑道"（racecourse），隐喻"一段教育过程"。最早采用英文课程一词的英国教育家斯宾塞所指的课程也是教学科目，跟我国古代"课程"的含义相近。1918年，美国学者博比特在《课程》中认为，课程不仅包括学科教学内容，还有对教学内容的安排、进程、时限等；课程不限于学科知识体系，还包括情感、意志、技能体系。课程是以一定的教育目的为指导的涉及学生学习的广泛的活动。[①]

课程在教育活动中是处于基础和核心地位的，课程问题是学校教育带有全局性、根本性的问题，但由于教育观念的分歧，人们对课程内涵的界

[①] 约翰·富兰克林·博比特.世界教育思想文库 课程［M］.刘幸，译.北京：教育科学出版社，2017.

定众说纷纭。据美国学者 IA.C 鲁尔统计，课程这个术语至少有 119 种定义。施良方将课程定义归纳为典型的六种：一、课程即教学科目。二、课程即有计划的教学活动。三、课程即预期的学习结果。四、课程即学习经验。五、课程即文化再生产。六、课程即社会改造的过程。丛立新又将对课程本质属性的认识概括为三种：一、课程是知识，二、课程是经验，三、课程是活动。① 现在，我国对课程比较一致的看法是："学校的课程是旨在根据教育目的指导学生的学习活动，由学校有计划、有组织地编制的教育内容。它由观念、知识和能力结构与之相应的学生的活动所组成。课程的实质是从一种文明积累起来的文化发展中抽绎出来的，是在对持续变化的社会需要深入了解的基础上对社会文化的不断提炼、改造和序列化。学校教育活动就是要以课程为轴心而展开，才能实现培养目标。"②

　　课程是学校教育中一个关于教育内容及其组织形式的概念。"课程理论研究的是为学校教育提供哪些最有价值的教学内容和怎样有效地组织这些内容，以使受教育者形成合理的素质结构。"课程论不仅以教育内容即"教什么"的问题为研究核心，同时还涉及教育目标的设定以及教育活动的设计和安排，即"为什么教"和"怎样教"的问题。在课程论中，社会、文化、学生之间的关系，是核心的原理问题。传承文化精华，促进学生发展，体现社会价值，是课程论最基本的价值主张。

　　课程包括内容、目标、形态、功能、结构等五个要素，或者说课程是这五个维度构成一个多面体的运动形态。课程在内容上呈现为一种"教育性经验"，包括作为人类基本的文化成果的科学知识（间接经验）和学生在各种课内外学习中获得的亲身体验（直接经验）。在组织形态上，既表现为静态的书面的计划（包括课程计划、课程标准、教科书等），又表现为动态的生成过程（教师对课程的个性化理解，重新建立课程的微观结构）。在目标上，既重视预设的、期待的理想的水准，更关注真实、实际的教育影响。在结构类型上，以学科课程为主，但须加强学科课程的综合。同时提高活动课程和选修课程的地位。更为重要的是，要让教师与学生参与课程建构，使制度层面的"计划课程"成为一种真实的、鲜活的、富有生命力的动态生成的课程。

① 詹姆斯·B.鲁尔.社会科学理论及其发展进步[M].郝名玮，章士嵘，译.沈阳：辽宁教育出版社，2004.

② 范立元.对二十一世纪课程改革的新思考[J].外国中小学教育，1994，（2）：19-22.

二、语文课程与语文学科的关系

"学科"的构成必须满足两个条件：一是某一门（或几门）科学的基础知识体系，这是它的内容要素。二是适合于学校教学的组织结构，这是它的组织要素。也就是说，把某一门或几门科学的知识体系纳入学校教学的范围就形成了学科。学科指"一定单位的教学内容"，课程的范围显然大于学科。学科偏重于指某一门科学的基础知识体系，而科学的基础知识体系只是课程内容的一个重要方面而不是课程的全部。课程包含学科，此外还包括学校安排的各种课内外教育教学活动以及有意创造的各种教育因素。课程不仅包括各门学科的知识体系，还包括能力、态度、情感等教育目标体系。课程也不只是教学内容本身，还有对教学内容的安排以及实现进程等规定。

同样，"语文课程"与"语文学科"也是不能等同的，"语文课程"的内涵显然比"语文学科"的内涵丰富。"语文课程"不仅包括"语文学科课程"，还包括"语文活动""语文综合性学习"等课程类型。语文课程也不只局限于以语文教科书为对象的课堂教学内容，还可涉及其他可利用的语文教育资源。语文课程目标也不只是语文知识、语文技能等语文学科工具性的教学目标，还有语文习惯、语文态度、语文情感等人文教育性目标。语文课程不仅包括教学目标、教学内容，还包括通过理解教学内容实现教学目标的教学过程。

语文课程包括语文教学目标的设定、语文教学内容的选择、语文教学方式的组织三个层面。它既表现为一种静态的书面文件，如语文课程标准、语文教科书、语文教学指导书等物质性的文字资料，更表现为教师在教学时对课程内容的进一步理解与创造性的建构，还表现为学生在语文学习活动中所获得的独特的个性化语文体认与经验。所以，语文课程既是一种静态的语文学习材料与教学目标体系，带有预先计划性；又是一个教师理解、学生体验，二者互动不断生成的过程，它具有鲜明的建构性、实践性和发展性。

三、语文课程的类型

从不同的角度观察语文课，可把它分为显性课程与隐性课程、学科课程和活动课程、分科课程与综合课程、必修课与选修课等。我们这里从纵横两个方面认识语文课程的丰富性。

从横向看，语文课程包括语文学科课程、语文活动课程、语文综合探究课程三种类型。

语文学科课程以间接语文经验（语文教科书为其载体）为课程内容，以课堂教学为主要实施形式，具有传授语文知识、发展语文能力、培养人文意识和人文精神的课程功能。它是语文课程的主要形态。

语文活动课程以学生的语文实践活动为课程内容（如办刊、演出、辩论等），以学生获得直接的语文经验、提高学生的语文实践能力为课程目标。它是语文课程的重要组成部分。值得注意的是，语文活动课程不应该只是语文学科课程的课外翻版（诸如语文知识竞赛、命题作文竞赛之类），也不只是语文课堂教学的简单的课外延伸，它应该有其自身的独立价值。

语文综合探究课程是指学生在教师指导下从自然现象、社会现象和自我生活中选择和确定有关语文或与语文有关的研究专题，采用科学探究的形式，在研究过程中主动获取知识、运用知识、解决问题的学习活动。这种课程具有综合性的特点，有利于学生建立各种知识的横向联系，在知识的整合中提高解决问题的能力，同时，也具有培养学生科学精神、创新能力的课程功能。这是语文课程中的一种特殊形态。

语文学科课程体现着语文课程的个性，而语文活动课程与语文综合探究课程是基础教育课程的共性在语文课程中的体现。

语文课程的纵向形态包括：国家计划的语文课程、教师理解的语文课程、课堂建构的语文课程、学生经验的语文课程。

国家计划的语文课程。即国家统一规定的以"语文课程标准""语文教科书"等书面计划和材料为载体的语文课程。它体现了国家对语文课程的统一要求，是语文课程的整体框架，是语文教学开展的基本指南。

教师理解的语文课程。指语文教师根据"课标"对语文课程的个性化的理解和处理。它一方面要受到"国家计划语文课程"的制约，但更多的是考虑在预想的教学情境中学生的语文学习的需要，并依据这些写出教学计划（学期计划、单元计划、课题），制订教学方案，最具体最典型的就是"说课"的形态。

课堂建构的语文课程。课堂建构的语文课程是将教师理解的语文课程置于课堂教学的真实情境中，由教师向学生传递，学生向教师反馈，双向互动、不断修改补充，实现教师理解的语文课程向学生经验的语文课程转换，使教师的语文理解与学生的语文经验实现重合，这种动态生成的语文课程就叫课堂建构的语文课程。这种语文课程具有可观察性、可评价性，是一种现实的语文课程。它以教师理解的语文课程做基础，但已不完全是教师原来的理解，它有删有增，往往随机而成。

学生经验的语文课程。即不同的学生个体在语文课堂教学和其他语文活动中获得的对语文的独特体验。它既表现为学生语文学习的过程，又表现为学生语文学习的结果。这种课程要求每一个学生都参与到课程实施中来，成为学习的主动者，成为课程的实践者，在参与实践的自主活动中，获得对知识的个体性建构和经验的改造与重组。这种课程形态具有个体化的特征。

语文课程既以横向的三个层面构成一个整体，又以纵向的四个层次显示它的动态生成。

第二节　大学语文课程观念的嬗变

为了看清楚大学语文课程建设的道路，我们有必要先回顾一下对它定位的历史，看看前人是怎么认识的，希望能够从中获得借鉴和启示。

我国古代的教育把文、史、哲融合在一起，并没有独立的语文学科课程。最早设立国文科的是张焕纶 1878 年在上海创办的正蒙书院。《正蒙》为北宋张载所著，以批判佛教、道教，弘扬儒学为己任，书名即取纠正蒙昧之意，一说取从童蒙立志做圣人之意。正蒙学院课程设置有国文、时务、格致、数学、外语等。国文以"俗语译文言""讲解与记忆并重"为特色。1902 年，清政府颁布的《钦定学堂章程》规定学堂按年级设立"字课""读经""作文"等语文教育课程，但未能实施。1904 年的《奏定学堂章程》史称"癸卯学制"，规定初等小学设"读经讲经""中国文字",高等小学和中学设"读经讲经""中国文学"科。

1920年,陈启天发表了《中学的国文问题》,首次提出中学国文教学的主目的、副目的。主目的有:"要能说普通言语""要能看现代应用文和略解粗浅美术文""要能做现代的应用文";副目的有:"要启发思想,锻炼心力""要了解和应付人生和自然"。①主目的是对语言文字的理解、运用能力的培养;副目的是在强调实现主目的的同时,养成良好德行与趣味。主目的强调国文的工具性,副目的体现其教育性。这种观点代表了20世纪二三十年代对语文教育目的的共同认识。1924年,黎锦熙在其教学法专著《新著国语教学法》中提出国语教学的四大目的,即自动的研究与欣赏、社会上的应用、艺术上的建造以及个性与趣味的养成。②前三个目的是关于语言形式方面的,在于培养学生读写听说的能力;第四个目的是语文实质内容方面的,在于传授知识、发展智力、修养德行。1925年,朱自清发表了《中等学校国文教学的几个问题》,反对只以本科知识与技能为主的教学,指出国文教学的目的包括两方面:一是养成读书思想和表现的习惯或能力,二是发展思想,涵育情感。③这个时期的语文课程目标就是这种以语言知识规律的学习为主,其他目标为辅的形式,既重视语文的工具性又不忽视人文的涵养。

从1961年起,中央总结"教育大革命"的教训,"提出并强调要加强各学科的基础知识教学和基本技能训练"("双基")。随后,上海语文教育界把语文"双基"内容概括为"字、词、句、篇、语(语法)、修(修辞)、逻(逻辑)、文(文学)"八个方面。由于目标明确、操作性强得到了广泛认同,被称为"八字宪法"。80年代,提出发展学生的观察力、想象力等智育目标。国家教育1990年颁布的《全日制中学语文教学大纲》(修订本),就总体而言,其价值取向是工具性的,把语文当成是掌握知识、训练能力、培养政治思想的工具。

陈钟梁在1987年曾预言:"现代语文教学的发展趋势,很可能是科学主义思想与人文主义思想的结合指导改革开创一个新局面,以实现语文教学科学的艺术化与语文教学艺术的科学化。"④所谓科学主义与人文主义的

① 陈启天.中学的国文问题[J].少年中国,1920(1).
② 黎锦熙.新著国语教学法[M].商务印书馆,1925.
③ 朱自清.中等学校国文教学的几个问题[J].教育杂志,1925(7):17.
④ 陈钟梁.语文学习[J].1987(8).

融合，即在语文教育中既追求教学的科学理性，又重视语文的人文精神。科学理性表现为自我反思和批判的精神、怀疑的精神、科学的方法等；人文精神表现为对生命的关切和对个人独特价值的尊重、对自然和文化传统的关怀等。

大学语文学科的开设几乎是与中国现代教育的发展同步进行的。1898年7月3日，京师大学堂开办，辛亥革命后改称北京大学。京师大学堂是中国近代史上第一所国立综合性大学，它既是全国最高学府，又是国家最高教育行政机关，统辖各省学堂。京师大学堂课程设置分普通学科和专门学科两类，普通学科为全体学生必修课，其中包括经学和文学。《钦定京师大学堂章程》将大学堂分为预备科、大学专门分科和大学院三级。预科开设的课程中有"经学""诸子""词章"与"作文"等。大学专门分科设七科，包括文学。《奏定学堂章程》在大学专门分科增设了经学科，分周易、尚书、毛诗、春秋左传、春秋三传、周礼、仪礼、礼记、论语、孟子、理学。京师大学堂开设的经学和文学的内容与后来大学语文的内容基本一致，其目的是"文学为国民教育之根本"，用它实行国民教育。

1914年，北京大学成立了教科书编委会，由沈尹默任国文教材的主编。此后国文一直作为北大预科的一门必修课。清华大学也于1928年把国文设定为所有大一学生的必修课。西南联大时期，国文也是全校必修课，包括"范文阅读"与"作文"两个部分。教材包括文言文与语体文（现代白话文）两部分。罗庸在《国文教学与人格陶冶》中说："教育本来以培养学生自发的向上心为其目的，所以内心的陶冶是教育的基础，而行为的规范和政治的训练乃是外面的功夫。所谓'乐由中出，礼由外作'。""因为国文课本的内容，比较可以滋润青年们枯竭的心灵。所以在现制度下的学校，对于学生心理的陶冶，国文教师实负有很大责任。"[①] "大一国文"课重在审美修养，重在陶冶学生的审美情操和能力，从而达到完善学生人格的目的。至30年代，全国的大学基本上都在大学一年级开设国文课，教学内容多由教学者自选，写成讲义散发。无论是讲授文言文还是白话文，着眼点多在"语言文字"上。

从全国的情形看，这一时期的各高等学府普遍重视语文通识教育，但对课程的定位却有不同认识，主要有三种代表性的观念：第一，强调思想

---

① 罗庸. 国文教学与人格陶冶［M］// 赵志伟. 旧文重读——大家谈语文教育. 上海：华东师范大学出版社，2007.

熏陶，附带语文能力训练。代表人物是魏建功。他认为，"大学国文内容方面也是中国学术思想，也是中国文学，而形式方面主要是语文训练"。① 这是立足于语文高等教育与语文基础教育应具有不同功能的思考才提出如此主张的。第二，强调语文能力训练。代表人物是朱光潜。他认为，"大学国文不是中国学术思想，也还不能算是中国文学，他主要地是一种语文训练"，"大学国文就应以训练阅读和写作两种能力为标准"。② 第三，强调语文能力训练与思想熏陶并重，但归宿应为语文能力训练。代表人物是郭绍虞和叶圣陶。郭绍虞认为，"国文教学或重在思想之训练，或重在技巧之训练，原如车之双轮、鸟之双翼，不可偏废"；③ 叶圣陶认为，大学国文课程要实现两个目的，即以语文能力训练为主，连带而及思想熏陶。④ 这三种不同意见发展成后来半个多世纪难以平息的争论，各种意见都有大量坚定的支持者。

大学语文是一门综合性和实践性很强的学科，其内容和形式都有丰富的意蕴，从不同的角度观察自然会得出不同的结论，如果再考虑到每个人的学术背景和所在的社会语境，人们很难对这门课程进行统一而又准确的定位。

1949 年后，从中学到大学，凡"国文"都改为"语文"，"大一国文"改为"大学语文"。一些综合性大学开设大学语文学科，采用郭绍虞、章靳以主编的教材。1952 年以后，我国教育体制进行了院系调整，成立许多单科性的院校。大学语文不仅在理、工、农、医、法、商等单科院校里不再开设，连在保存下来的多数文理合校的院系里也被取消。

1976 年，复旦大学校长苏步青等老一辈科学家、教育家提出要给理工科学生补语文课，呼吁重新开设大学语文课。1978 年秋，南京大学校长匡亚明有感于"现在的很多大学生，语文水平较低"而开设大学语文课，大学语文课定位为给大学生补习语文课。此后，许多大学都相继恢复开设了大学语文，但当时"大学语文"的基本性质还是"工具"课，目的在于提高理工科学生语言文字的阅读、理解、表达能力，为学好专业课服务。

1980 年 10 月，在上海召开的大学语文教学讨论会讨论了大学语文的教学目的和教学要求，制定了教学大纲，拟定了教材篇目，成立了以徐中

① 魏建功.魏建功文集（第4卷）［M］.南京：江苏教育出版社，2001：125.
② 朱光潜.朱光潜文集（第9卷）［M］.合肥：安徽教育出版社，1993：103.
③ 郭绍虞.大一国文教材之编纂经过与其旨趣［J］.国文月刊，1948（12）.
④ 叶圣陶.给初学写作者［M］.长沙：湖南教育出版社，2008.

玉为主编的教材编审委员会，成立"大学语文教学研究会"。1981 年，由徐中玉、钱谷融主编的《大学语文》①出版，这门课再度成为许多高校的公共必修课。国家实行高等教育自学考试制度后，这一学科也被列为各类自学考试必考的公共课之一。有人认为，真正意义上的语文高等教育是从这个时候开始的。

这个时期对大学语文课程的定位依然不能统一，存在三种有代表性的意见：一是强调其工具性，认为这门课应以培养应用写作能力为重点。二是强调其审美性，认为应以提高文学素养、审美修养为重点。三是强调其人文性，认为应以传承民族文化、提高人文素质为重点。

徐中玉主编的 1981 年版《大学语文》侧重于对学生进行审美熏陶，语文训练被放到了隐性层面；1996 年版《大学语文》明确地阐述了自己的语文教育观念，认为大学语文课程所讲授的作品，"总求能体现高尚的理想、人格和积极上进的精神，深刻反映历史与现实社会生活中为人们所密切关注的问题，表现真挚的思想感情、智慧理性、审美价值，并且具有民族特色和文学家的创作个性"。而开设大学语文课程的目的，则是要用这些内容"导引和潜移默化地感染青年学生"。大学语文课程应该达到"增强人文精神的培育""看到人和人格的力量""有助于突破思维定式"等重要作用。"同时，自然也要进一步提高他们对本国语文较高水准的理解与表达能力。"徐中玉确立的这种语文教育观念很快被中国高校广泛接受，至今仍然有着深远影响。

中共中央办公厅、国务院办公厅印发了《国家"十一五"时期文化发展规划纲要》提出："高等学校要创造条件，面向全体大学生开设中国语文课。"2007 年教育部高教司转发的《高等学校大学语文教学改革研讨会纪要》也提出："在高等教育的课程体系中，大学语文应当成为普通高等院校面向全体学生开设的公共必修课。"此后，教育部、国家语委、高校中文学科教学指导委员会等相关主管部门多次就加强语文教育的政策、措施、思路以及大学语文的课程定位、教材建设、师资培训等问题提出意见。大学语文作为文化素质教育的一门重要学科，肩负着提高青年学生的文化素质、传承中国文化的重任。语文教育的意义被提升到建设中华民族的共同精神家园、加强民族凝聚力、提高国家文化软实力的高度来认识。在这种背景下，全国大多数高等学校都开设了大学语文课，大学语文教育成为

① 徐中玉，钱谷融.大学语文［M］.上海：华东师范大学出版社，1982.

社会关注的热点问题。

　　然而，此时全国的大学语文教育却受到严峻挑战，遭遇到了前所未有的种种尴尬局面：在许多高校，大学语文正在被或已经被各种新兴的热门课程所取代，大学语文逐渐被边缘化，而大学语文在教学中表现出的种种弊端又严重影响到这门课发挥它应有的作用。为了改变大学语文的尴尬状况，一些学者转向将大学语文课开为大学人文课，还有一些学者提倡以大学文学取代大学语文。凡此种种，都涉及对大学语文课重新定位的问题。各家各派的教材编辑者给出了"大学语文"课程的不同定位，都在探索着大学语文的出路。

　　多数意见是把大学语文定位为人文素质教育课程，突出大学语文的人文性，教学目标定位在提高学生人文精神和人格上。而有的为大学语文寻找的出路竟然是取消大学语文——"大学没有必要学语文"。能够全面认识大学语文课程功能的意见很少，导致偏执和浅陋四处招摇。

　　回顾大学语文课程开设的历史，我们不难发现一个基本的事实，人们对这门课程的定位一直摇摆不定。这种状况必然导致教学目标不明、教学方法不当，不但影响教学的效果，也使教师关于这门课程的学术研究难以深入，这不能不促使我们认真审视该课的现状，于是有人提出"回归语文本位"教育观念。20 世纪以来哲学的"语言学转向"也促使人们对大学语文课程进一步加深认识。语言不仅仅是表达思想的手段，也构成了人的思想，人的语言就是思想本身。所以，"高等学校的语文教育，就承担着经由有效的教育教学活动从根本上培育学生自觉的语文观念和母语意识的历史使命。"[①]"大学语文课，应当着眼于帮助学生在新的高度上形成语文意识，深化学生对语文基本要素及其内在联系的自觉把握。"[②]

　　课程定位是课程建设中最为基础、最为重要的问题，这门课程究竟是一门什么样的课，它能对学生具体起到什么样的作用，直接关系到这门课的课程设置、教学内容、人才培养目标以及教学方法等实质问题。

---

①　李瑞山.母语高等教育意义论要［J］.南开大学学报，2007（1）.
②　徐行言.母语高等教育的现状与对策研究［M］.南京：南京大学出版社，2008.

第三节 大学语文课程定位的坐标

一、大学语文的学科归属

在国家制定的科学研究体系中，教育学是一级学科，课程与教学论属于教育学的二级学科。按照这个划分，大学语文教育应该属于课程与教学论下面的三级学科。

大学语文课程是一门综合性应用理论课程，它运用教育学、社会学、人类学、语言学、文学、文章学、心理学、哲学、美学、人才学等原理分析大学语文教学现象，旨在揭示大学语文教育的本质、特点和规律，指导大学语文教学实践。我们从这个学科归属来讨论大学语文的定位。

为了辨明这个问题，笔者认为首先要找到思辨的逻辑起点——应该从教育的对象"人"说起。

"人"是人文社会科学研究及其理论建构的基础，而作为基础的人是极为复杂的。从文化的意义上看，人除了具有符号性、开放性和未完成性之外，在本质上，人性的结构具有显著、深刻的二重化特征。人是物质的又是精神的，人以肉身的形式存在又有灵魂的追求。人是个体的又是社会的，人以独立的自身存在与自我展开意识决定行动，同时，人又是一切社会关系的总和，他的意识和行动无不受到各种社会关系的制约。人是自然生物的又是历史文化的，人的自然生物性是肥沃的土地，而历史文化则是饱满的种子，人的成长过程就是人的自然生物性的各种潜质被历史文化激发和赋予的过程。人是实然之人又是应然之人，他既是现实的经验的存在，又是理想的超验的存在。正如马克思所说："人双重地存在着，主观上作为他自身存在，客观上又存在于自己生存的这些自然无机条件之中。"① 人的二重化的存在揭示了人性结构的立体性和复杂性。特别应该注意的是，"人的二重化"显示了人性结构内部的紧张关系，但是，这绝不是人性构

---

① 马克思，恩格斯．马克思恩格斯全集（第46卷）[M]．中央编译局，译．北京：人民出版社，1992.

成要素的对立和断裂，而是意味着人性各要素之间存在着许多巨大的场域，也可以说是一个网络。这种场域不等同于一般的领域，而是在其中有内含力量的、有生气的、有潜力的存在。它的意义在于揭示了人的心理需求及其动力来源。这种动力作用驱使一个人克服排斥力，沿着吸引力方向，朝着心理目标前进。

教育面对的是人，教育的世界是人的世界，因此，任何教育理论都必须建立在这种对人性全面观察的基础上。对人的认识的片面化必然导致教育观念的偏执和肤浅。不幸的是，我们经常可以看到，不仅在这个时代中的人患上了一种"时代的精神分裂症"——"在'完整的人的生活'的范围内只把某一个别环节绝对化，这属于我们时代的精神分裂症"，而且由此导致了教育的"精神分裂"。或者只知道单纯传授知识、训练能力，或者一味地造就人格。表现在语文教育上，或者极端的工具论，或者空泛的人文性，或者人兽不分地机械地训练或者高僧面壁式的感悟。失去了一半的人性观察导致失掉了另一半的教育，而这种失掉了另一半的教育，培养的与其说是失掉了一半人，不如说还不是真正意义上自由自觉活动的人。这些都不是真正意义上的教育。

真正的教育要克服"人"的静态概念的缺陷。"要按照受教育者的各种给定情况，向受教育者传授已拥有的文化知识，使他们具有时代的历史的规定性。从这一方面的意义上说，通过教育培养的人是给定的、规定的。他以拥有某种知识、能力、道德品质、行为规范的现实的实然方式而存在。但是，教育究竟不同于灌香肠，只需朝里面灌满各种现实规定性即可了事。教育的本质属性更应当表现为：它要使受教育者能够在已有的各种现实规定性中奋起，去追求新的自我、新的世界；使得一切文化、知识、道德规范等的接纳，在他们身上得以产生生成性的变化，转化为创造的潜力；使得受教育者能以一种批判的向度去面对、掌握、审视……现实生活，现实世界……孕育出人的发展的无限生机。"①

作为人文学科的大学语文教育，是使用现象与实在、命运与自由意志等概念并用感情性和目的性的语言表达。它要求认识主体具备把握意义世界的主观感悟能力，而这种能力的形成与个体的生活经历、生命体验密切相关。它的目的在于通过对人类文化与社会本质、发展规律的研究，丰富

---

① 鲁洁.实然与应然两重性：教育学的一种人性假设[J].华东师范大学学报（教育科学版），1998（4）：1-8.

人类精神世界，提升生活质量，指导改造社会的实践活动。它不仅注重发展学生的言语表达能力，而且注重探讨与人类生存、发展、幸福有关的价值与意义。

从上述理解，我们感觉到大学语文具有二重性，从人的物质生存需要来看，它是一门工具课程；从人的精神发展来看，它又是一门人文课程，二者在语言和人性这两个支点上站立起来并获得圆满、充实的生命。

二、大学语文与大学生的成长

大学从中世纪诞生之时起，就设有四院：文学院、神学院、法学院和医学院，并且文学院居于首位。到了 19 世纪初建立的柏林大学，文学院即为哲学院，且"赋予哲学院以中心地位"。直到现在，世界顶尖大学不仅有人文学院，并且它在大学中享有崇高的地位。这种地位不只是一个名义，不只是有其历史渊源，而且有其深刻的现实意义。优秀的教育家们明白，人文教育不仅是人才培养的根本保障，也是发展科学所不可缺少的保障因素。人文科学及其相应的人文课程，不仅给人以做人的德行，而且给人以做学问的智性；不仅教人成为人，而且给人以智慧。人能"使自己的生命活动本身变成自己意志的和意识的对象"。教育是基于人本身的意义而发生的，如果能够认识到这一点，就不难明白作为人文科学的大学语文具有的特性和功能，以及所应当肩负起的神圣使命。

高等教育的目标永远是人性的完善、人的全面发展。维特根斯坦说："想象一种语言，就是想象一种生活方式。"① 我们活在世上，其实就是活在语言之内，超出语言之外，任何一种生存都无法想象。语文不是任取任弃即用即丢的工具，语文不是独立于人的生命的外在的东西，而是与人的生命融为一体，是人生命的组成部分。学习语文就是探究生命的意义。人创造了语言，同时又被语言所塑造，人类的一切无不表现于语言；人在语言中感受生命的实存性和具体性。人在语言中如鱼得水，走进语言就像走进了自己的家，而失去语言也就如同失去了家。蔡元培先生在 1930 年答《时代画报》记者问时说："读了一首诗、一篇文章以后，常会有一种说不出的感觉，四周的空气变得更温柔，眼前的对象变得更甜蜜，似乎觉到自身在这个世界上有一种伟大的使命。这种使命不仅仅是使人人有饭吃，有衣裳穿，

---

① 维特根斯坦.哲学研究［M］.汤潮，范光橡，译.上海：三联书店，1992：7.

有房子住，同时还要使人人能在保持生存以外，还能去享受人生。知道了享受人生的乐趣，同时更知道了人生的可爱，人与人的感情便不期然而然地更加浓厚起来。"①这就是语言之属人的本质，也是语文教育于人之素质养成的根本意义。西方古代"自由七艺"的前三项文法、修辞、逻辑都是语文的内容；在古代中国，语文教育和语文学习更是士子学人一生的事业。无论东方还是西方，从古至今，都深悟语言育人之道。

大学语文作为主要的母语教育还具有特殊的作用。一是培育大学生民族精神的成长，二是促进大学生思维能力的成熟。

洪堡特说："民族的语言即民族的精神，民族的精神即民族的语言。二者的同一程度超过人们的任何想象。""语言的所有最为纤细的根茎生长在民族精神力量之中"，"语言与人类的精神发展深深地交织在一起，它伴随着人类精神走过每一个发展阶段——局部的前进或者后退。从语言中可以辨识出每一种文化状态。"②一个民族的所有文化信息都积蓄封存在本民族的语言之中，熟练掌握母语才能成为具有民族文化素养的人；深刻感受民族语言的生命，才能产生民族文化的心理认同，进而传承民族文化的精神。

一个人是否有智慧主要体现在思维上，而思维是指运用语言来表达观念到形成新的构成的过程。一个人的母语水平直接影响他的思维品格和思维速度。对创新思维更要有高水平的母语载体。思维敏捷、出口成章、口若悬河、伶牙俐齿是以母语水准为后盾的。一个人的口才，其组成因素中母语水平占很大的比重，口头表达能力往往是母语水平最好的证明。"如果你只是要成为一般法律工作者，语文学好学坏关系不大。如果你要成为大律师、大法官，则必须语文第一、法律第二。同样的法律条文，你知我也知。但当场的反应敏捷、雄辩滔滔，靠语文不靠法律。对适用法律的透彻解读也是靠语文，对材料的组织，条分缕析，也主要靠语文。"③至于新闻、外贸、外交，均如此，以致苏步青认为，语文是上大学最重要的基础课程。诗词是多用形象思维的，对理工科学生惯以逻辑思维也是极好的补充。

知识的学习、运用和生产，依赖于人的创造能力。创造力来源于发达

---

① 蔡元培.中国伦理学史［M］.北京：中国和平出版社，2014.

② 威廉·冯·洪堡特.论人类语言结构的差异及其对人类精神发展的影响［M］.姚小平，译.北京：商务印书馆，1999.

③ 王步高.我国大学母语教育的现状及其对策研究［M］.南京：南京大学出版社，2007.

的思考能力和坚定的个性。世界各国母语教学都把培养学生的思考力和个性作为重要的目标。丰富的言语形态是人们日益扩大的认知活动的产物，同时，在学习运用这些言语形态的过程中，人的智能也得到有效的开发。听说读写的过程、搜集和运用材料的过程、发现问题和解决问题的过程，无一不是复杂的积极思维活动。言语的过程就是运用和增强思考力的过程；发展言语的能力，提高言语的质量，也就是发展和培育学生的个性的过程。除了言语，人们实在是没有第二条更好的途径。这就要求言语的形式和内容贴近学生的生活，密切联系生存的实际状况，加强多种学科的交叉融合。

柏格森认为，人类意识之所以能挣脱无意识，获得自由，在于人有聪明绝伦的大脑，有语言和社会生活。人脑使人类建立起无数运动机构，不断让新习惯代替旧习惯，并通过无意识本身的分裂来控制人的身体，获得运动所需的平衡。语言使意识具体表现出来，从而把意识从完全依存于物质的状态中解放出来，否则物质的洪流将拖住意识，直至最终将其吞没。而社会生活则像语言储存思想一样，储备和保存了前进的力量，从而稳定了个人能够达到的平均水平，并通过这种首创精神避免普通人沉沦，使杰出人物更上一层楼。正是语言、人脑和社会生活为意识揭示可能性，为人的自由选择提供了可能。柏格森深刻地揭示了人的意识获得自由的根源。

三、语文教育内容和方法的层级性

人生的每个阶段都有每个阶段不同的人生任务。语言生活是人类最为重要的社会生活之一，跟人的物质生活和精神生活密切相关。这就是说，人生的每个阶段有每个阶段的语言生活，作为发展人的言语能力的语文教育，在人生的不同阶段应该有不同的任务和不同的方法。从语文学科内部发展规律来看，也并不是总在一个平面上漫步的，而是一步一个台阶地上升。一个人学习语文的目的、内容和方式在他生命的不同阶段一直在变化、在提升。因此，"人生每个阶段的语言教育应考虑三方面的问题：第一，此阶段人的心智水平能够接受什么样的语言教育。第二，前阶段已经完成了哪些语言教育。第三，哪些教育是为后面的人生阶段教育做准备的，哪些教育是作用终生的。"

"大学阶段是高级语言能力的培养阶段，起码需要考虑如下几点：第一，能够运用口语和书面语自如交际，且具有一定的文学鉴赏能力。第二，外语能力有较大提高，甚至开始学习第二外语。第三，具有一定的语言科学素养，树立科学的语言观，对语言生活现象能够合理看待。第四，较为熟练地使用现代语言技术。第五，能够借助语言学促进专业学习，具有解决本专业语言问题的意识和初步能力。例如，法学、医学专业的学生，应有一定的应用语言学素养；哲学专业学生，应有一定的语用学、语言哲学、语言逻辑学的素养；计算语言学、发展心理学等专业的学生，应有一定的语言结构分析能力；理工科学生应有一定的术语学素养；等等。"①这里提出的大学阶段的"高级语言能力"除了外语能力，包括这样几个方面：在言语水平上能够"自如交际"，在观念上"树立科学的语言观"，在语言工具上能熟练地使用现代语言技术，在功用上能促进专业发展。这几个方面的内容应该是大学语文所应当承担起来的任务。

汉语教学从初级到高级发展的一个显著特征是从以语言为主到以内容为主的课程转变。中学语文教育的内容重在认识人生，大学语文教育的内容则是理解世界。大学语文的学术方向是研究人本身或与个体的精神直接相关的文化世界的学问，它包括文学、哲学、史学、艺术、语言学、心理学、宗教学等相关的学科知识，主体是文、史、哲、艺等文学、文化名著的研读，它是一种评价性、体验性的学问。它还包括学生所学专业的学科知识，如商务、法律、美术等专业知识。大学语文的内容不仅要精神化，还要专业化。与中学语文相比，教学内容更侧重于综合性和人文性，更着重于学生的学术视野拓展和人文精神提升。

大学语文教育的主要目标应该是通过对人类思想、文化、价值和精神表现的探究，进一步拓展学生的人文视野和学术视野，更加注重知识的探究过程和探究方法的获得，形成创造性学习研究和思考的能力，获得熟练的语文应用能力，能够运用高雅语言进行有效而又复杂的沟通，以适应当代社会需要而又全面发展的高质量人才。大学语文教育的终极目标是通过关于人类生存意义和价值的体验与思考，为人类构建一个意义世界和精神家园，使心灵和生命有所归依。

大学语文的教学方法具有鲜明的学术性。徐中玉说："大学语文与中学语文之不同，是在其研究性、深入性和创新性上。大学语文不是中学语

---

① 李宇明.语言能力需要终身培育: 序李君《大学语文教材研究（1978-2008）》[J].北华大学学报（社会科学版），2013（1）：2，161.

文教育量的补充，之间有着本质的区别。"①汉语文教育最缺少的是培养学生对外在事物的独立评判能力，尤其是深刻、缜密、严谨的独立评判能力。大学语文不应让学生停留在做出对客观事物的描述、再现、复制的阶段，忽视作为独立主体对外在事物的个性、深刻、创新而又缜密的评判。应当重视对外部事物、现象等的主观印象和评价，在与各种人物、事物与物象的价值联系中建构自己的评价体系，在自主人格和自由思维的基础上养成独立评论能力。

总之，大学语文要有大学气象，要澡雪大学精神、洗炼大学方法。蔡元培说："大学者，研究高深学问者也。"②明德、亲民、至善，致知、格物、心正，修身、齐家、平天下。大学语文正是这样一门让人在精神上变得博大的学问。实现人格养成便是我们所思考的大学语文课程的宗旨和目的。以全人类文化的经典建构起一代青年的精神世界。中国儒家的仁、智、礼、义、信人格追求，"为万世开太平"的担当，孔子"知其不可为而为之"的执着精神，孟子"舍我其谁"的勇于担当的英雄气概，道家的逍遥、无待、虚静，墨家的尚贤、尚同、节用、非攻，西方的自由、民主、平等、博爱等。人的自由是西方文化的核心价值，也是其文化特征，由此而生发出尊重生命、尊重自然、尊重他人生存方式的种种行为规范，都是人类共同的精神财富。

四、外国大学母语教育的定位

世界各个国家的母语教育课程都被确定为核心课程。其基本理念：一是面向全体学生，努力追求高质量的母语教育水平。二是把培养公民的国家观念、责任意识作为母语教育的重要指导思想。三是凸显学生个性，促使学生主动发展。四是在语文教育中，强调文学的情感熏陶与语文运用能力的培养双重发展。五是注重在语文教学中开展探究性学习。六是强调语言学习与其他不同领域的知识相结合。七是重视母语教材的文化构成，力求教材内容贴近现实生活，注重现代科学技术的介绍和学科知识间的融合交叉，强调文理沟通和综合实践能力的培养。

综上所述，在学生的发展、社会的需要、学科的性质以及国外母语教育构成的多维坐标中，我们对大学语文课程的基本定位是：人类优秀文化

① 徐中玉.中国文论的民族特色 徐中玉文艺学文选［M］.济南：山东文艺出版社，2021.

② 蔡元培.中国伦理学史［M］.北京：中国和平出版社，2014.

特别是我国古典文化的精华是大学语文课程教育的基石，培养大学生创造精神和创造能力是大学语文课程教育的灵魂，发展大学生人格修养和从业的言语技能是大学语文课程教育的价值取向，在体验和探究的过程中锻炼大学生熟练的语文能力是大学语文课程教育的展开方式。

第四节　大学语文课程的性质

一、对语文教育"两种追求"的反思

关于语文的教育目标，几十年来纷争不断，"思政中心论""语言工具论""语识中心论"和"语感中心论"此起彼伏。这些纷争在实质上反映了语文教育的两种不同追求：一是主张工具论的科学主义，二是主张艺术论的人文主义。科学主义追求教学目标的单一化、教学程序的系列化、教学方法的模式化以及教学评估的标准化。人文主义追求语文教学的社会化、人格化与个性化，认为课堂不仅是学生获得知识的场所，也是学生体验人生的地方。语文课应当是知、情、意的统一体，制定教学目标只能起到消极的束缚作用。

"两种追求"迥然不同地表现在：一方面，在大学语文教材的编写和课堂教学的实践中，普遍存在"泛人文"现象。离开学科特性，无视语文的功能，教材删去了表达能力的练习，内容全部成了文学史的知识和文学欣赏的知识，"语文没有语文的体系"。教学抛开文本，架空语言，忽视能力，鄙视训练，张扬个性人格，强化感情体验，陷入人文的过度阐释，造成语文的实用性减弱，语文能力下滑，语文功能瘫痪。一味放纵学生所进行的"个性表达""独特感受""情感体验"，已经成了无本之木的非语文行为。另一方面，"科学主义"依然盘踞在语文教育的角落，以为语文就是纯粹的工具，教材没有文化，语文常常被上成一堂知识传授课，心中只有这个法那个式，唯独就是没有"人"，没有情感，没有人文。他们习惯以科学主义的手段把优美的文学作品肢解得支离破碎，干着焚琴煮鹤的勾当。

我们今天可能很容易看出来，两种意见都只强调语文的一个方面而不是对语文的全面认识。许多学者逐渐认识到，语文是人们交流思想、学习、工作和生活的最重要的交际工具，而且语文这个工具是负载文化的，这是语文区别于其他工具的本质特点。从教育发展规律和社会发展要求来看，语文教学必须改变非此即彼的状况，实现科学与人文的有机整合。语文教学既不属于单纯的科学主义，也不属于单纯的人文主义，而是二者的相关要素的和谐融合。我们必须树立并坚持一个完整的，既包括人文主义教育目标又包括科学主义教育目标的教育目的观。完整的教育同时包括"学会做事"与"学会做人"两大部分。"学会做事"必须接受科学教育，养成科学精神；"学会做人"必须接受人文教育，养成人文精神。

大学语文教学一要体现其工具层面，进一步强化学生的听说读写能力，特别要重视应用文写作能力的培养。二要体现其人文素养层面，学生通过对古今中外经典作品的阅读和鉴赏，深入领会作者的思想情感，从而受到情感的陶冶，培养健康美好的情怀，提高人生境界。三要体现其文化层面，大学语文承载着传播传统和现代优秀文化的任务，教学中教师应该给学生梳理出比较清晰的知识体系，开拓学生的视野，使学生发现中国文化中所具有的人生智慧以及对今天的社会建设依然值得汲取的思想资源。正像洪堡特指出的："我们决不应该把语言看作与精神特性相隔绝的外在之物。……人们在语言中可以更明确、生动地感觉和猜测到，遥远的过去仍与现在的感情相维系，因为语言深深地渗透着历代先人的经验感受，保留着先人的气息。"[①]

大学语文包含的内容门类繁多，诗词歌赋和文章，文史文论和文学作品，史实史论和人物，哲学、政治、经济、军事、天文、地理和品德修养、治学方法，当然更少不了语言文字和文化精神。虽然以人文科学内容为主，也不乏自然科学方面的内容；既以中国的为主，也有些国外的东西；既重古典精华，也不薄今日美文。大学语文的内容虽广泛但并非杂乱无章，它有三条主线贯穿其中：一条线是可以提高学习者的语文能力，以各种文本研读组织语文实践活动，在这个过程中发展学生阅读、写作和口语交际的能力。另一条线是能够丰富大学生的文化素养，通过对优秀文学作品的批评涵养大学生的文化精神。第三条线是培养锻炼学生掌握语文的方法，使

① 威廉·冯·洪堡特.论人类语言结构的差异及其对人类精神发展的影响[M].钱敏汝，译.西安：陕西人民出版社，2006.

学生能够熟练并且习惯于在言语中想象、探索和创造。用这三条线贯穿起来的内容广博的大学语文才是完整的和富有生命力的语文。这是由阅读教学、写作教学和口语交际教学三位一体的课程结构。明确三条途径，避免陷入虚无融合的境地。

二、大学语文课程的性质

人们对语文课程性质的提法比较重要的有：工具性、思想性、知识性、文学性、审美性、技能性、实践性、基础性、综合性、人文性、言语性、科学性、民族性等。人们谈及的各种性质并不是同一个平面上的。通过长时间的讨论，现在大家获得的比较一致的认识是：语文是最重要的交际工具，是人类文化的重要组成部分。语文课程性质的核心应该是工具性与人文性的统一。

现代社会要求公民具备良好的人文素养，具备创新精神、合作意识和开放视野，具备包括阅读理解与表达交流在内的多方面的基本能力。它应该建立在传授语文知识基础之上，通过对学生语文能力的培养，潜移默化地对学生渗透人文精神的培育。如果人为地割裂语文工具性和人文性的统一，那么，语文教材的编写和教学方法的采用都会滑向偏执、狭隘的泥潭，进而戕害语文的生命，最终导致学生的思维能力和言语表达能力滞后于自身生命的成长，桎梏了其未来文化使命的践行和社会角色的担当。由于语文课程的综合性特征，决定了它的性质不是单一的而是多重的。为了深入理解大学语文课程的性质，我们有必要讨论语文课程中的三个关键词：人文、工具、文化。

"人文"一词最早见于《易经》："文明以止，人文也。观乎天文，以察时变；观乎人文，以化成天下。"早在春秋时代就形成了文史哲浑然一体的学术传统，人文学科相对发达，以农业文明为基础的文化伦理特质明显，带有鲜明的民族特色，处于古代文化的核心地位。人文学科的英文词 humanities 源出于拉丁文 humanists，意即人性、教养。原指与人类利益有关的学问，如对拉丁文、希腊文、古典文学的研究，后泛指对社会现象和文化艺术的研究。

"人文"不仅包括具体的文学、历史、哲学和艺术等各种知识门类，还外化为一种精神气质，核心的是对人的尊重和关怀，对人的生存状况和人类的命运具有终极价值的思考和探索，是对真、善、美等理想价值的追求。人文教育则是通过人格教育、道德教育以促进人的身心发展为宗旨的教育。其目的是满足个人与社会需要的终极关怀，是求善，解决"应该做什么样的人"的问题。因此人文教育不仅是一个知识体系，还是一个价值体系、伦理体系，同人的精神世界相关。科学需要人文导向，求真需要求善导向，人文教育能给我们辨别是非的眼睛和评价真伪善恶的标准。

语文课程的"人文性"在很大程度上是就其文学、文化教育的课程内容而言的。它着眼于语文课程对于学生思想熏陶感染的文化功能和课程所具有的人文学科特点。文学教育、文化熏陶不仅是历来语文教育的课程事实，也应是语文教育的价值取向，它是语文课程作为人文学科课程的本体功能。

语文课程在所有人文课程中具有较强的人文教育优势。人文教育任务在语文课程教学中体现为：传播汉语言文字所承载的民族文化，以及在教学中发挥民族文化的作用，养育学生的人文情感、健全的人格和完善的个性。包括：追求语文教学的社会化、人格化与个性化，强调语文课堂不仅是学生获得知识和技能的场所，也是学生体验人生的地方，语文课程应实现知、情、意的统一。与其他课程相比，语文课程教学的内容决定其应承担较多的人文教育任务。如选入语文教科书的是一篇篇文质兼美的文章，学生不仅要掌握其语言表达的艺术，还要领悟其中蕴含的人文美。语文能力不只是语言能力。要达到交流沟通的目的，单凭语言形式是不能解决问题的，语言形式负载的思想内容往往起着重要作用。

总之，语文课程的人文性是通过文学教育、文化熏陶来关注学生的生命价值、文化素养和精神成长过程。人文性是语文课程最重要的属性。

工具。语文课程的工具性是就其语言学科内容的特性而言的，它着眼的是语文课程培养学生语文运用能力的实用功能和课程的实践性特点。语文课程的工具性是指语文本身是表情达意、思维交际的工具，同时，语文可以传承文化，传达社会价值观，从而维系社会的正常运作。语文课程的工具性还表现为语文是学习其他课程的工具。张志公说："语文是个工具，进行思维和交流思想的工具，因而是学习文化知识和科学技术的工具，是进行各项工作的工具。"① 在这个意义上，语文学科是一种基础工具学科。

但是，一个具有完美"工具性"的事物，必须将"人文性"与"科学性"共同纳于体内并形之于外，才能充分展现其"工具性"，才在事物链

---

① 张志公. 名师导学: 初中语文综合讲座［M］. 北京: 北京工业大学出版社, 1995.

条或系统里具有存在的价值。语文的工具性和思想性是不能分割的。如果从表达的角度来看，这个问题的答案就更明确了。你用主谓宾表达什么？你能说一句没有意思的话吗？能写一篇没有思想感情的文章吗？如果能，那就是在制造废话。我们一个正常的人，在正常的社会里从事正常的工作，过正常的生活，我们所进行的任何言语活动总是跟我们的认识、跟我们的思想和感情交织在一起的、不可分离的，它们实质上就是一回事，都是我们人的生命活动。张志公虽然主张语文是个工具，但他同时又说："语言现象涉及三种事物：人、语言、思想……所以在进行语文教育时就离不开语言材料所包含的思想内容。语文这个工具跟其他工具有相同的一面，这就决定了语文教学必须教学生切切实实地在训练中学会操纵和使用语文工具，也就是着眼于掌握字、词、句和篇章的运用能力，不容许离开这种训练去空讲大道理、空讲理论知识；它跟其他工具又有相异的一面，这又决定了语文教学必须把训练学生运用字、词、句、篇章的能力和训练学生理解语言所表达的思想的能力结合起来，不容许把二者割裂开来、对立起来。这样看来，语文教学强调基本功，强调多读多练，强调'文道统一'，这正是由语文这个工具的性质决定的。"①

语文教育在本质上是一种"立人"的教育。蔡元培说："教育者，养成人格之事业也。使仅仅为灌注知识，练习技能之作用，而又不贯之理想，则是机械之教育，非所以施于人类也。"②在语文教育实践中，如果从"立人"的高度来看待语文课程的"工具性"，就能避免和克服工具理性和科学主义给语文教育带来的种种弊端，并赋予"工具性"以"人文"的内涵。"人文"不是某种抽象的东西，它既关注人的"终极"价值，也关怀人的现实生活意义和生存境遇。而语文课程的工具性主要是就语文教学对受教育者适应生活的意义而言的，是指语言学习是个体适应现实生活、促进其他学科学习、从事各种工作的工具。作为学生适应生活的工具，语文教学必须培养学生正确理解和运用祖国语言文字的能力，加强语文教学的实践性、应用性、生活化。"生活化"使语文教育的"工具"价值与"立人"教育结合起来了。我们要"立"的人首先是要具有现实生活能力的人。在语文教学生活化实践中，要引导学生在广泛的社会实践中学习语文、应用语文，通过反复的科学的练习，使学生的耳、口、眼、手、脑都得到全面的训练，

---

① 张志公.名师导学：初中语文综合讲座［M］.北京：北京工业大学出版社，1995.
② 蔡元培.中国伦理学史［M］.北京：中国和平出版社，2014.

使他们的语言能力和思维能力都得到协调的发展。也就是说，语文作为工具不仅仅具有适应现实生活的功用，还具有促进个体精神发展的功用，因为语文教育生活化不仅仅着眼于个体对生活的适应，更致力于个体创造新生活能力的发展。如生活情景模拟语文训练和语文研究性学习等活动，从中不仅提高了学生适应生活的能力，还培养了学生的创新意识、合作意识等精神层面的东西。

如果我们从更广阔的背景来探讨语文课程工具性与人文性的统一，我们就会看到语文课程工具性与人文性的统一符合现代社会"科学"与"人文"融合统一的现实要求和历史趋势。显然，工具性的基础是工具理性和科学精神，人文性的基础是价值理性和人文精神。工具理性与科学精神给人类社会带来了巨大进步，同时也产生了许多不容忽视的负面影响。这些负面影响促使人们从人文的角度进行反思，用人文的视点来纠正科学的偏差，用人文精神与价值理性来抑制科学主义和工具理性的极度膨胀。科学与人文从对立走向融合已成为时代精神的趋向。用这种时代精神来审视语文课程，我们就会发现，如果只重视语文的工具性，语文教学将陷入科学主义的泥坑；如果我们只重视语文课程的人文性，语文教育将沦为人文主义的乌托邦。只有语文课程工具性与人文性的高度整合，才是语文教学的正确道路。

文化。说语文是文化的重要组成部分，不如说语文本身就是文化。"文化"就是"人化"。文化的中心是人，是人的本质力量的显现和对象化，是人性在自由自觉的境界上对自身力量的体认和确证，是人类走向文明时带血的呐喊和身后留下的深深的足迹。

文化的本质是立人。文化是立人之本。文化的精神价值所在，永远是背后那个超越物欲、空灵高尚的精神境界。以优秀的文化育我仁爱之心，养我浩然之气，铸我铮铮傲骨，使我们的内心充实、有力，做一个谔谔有为之士。这是人文精神的终极价值。从人性的结构上来看，就是净化、提升人的自然属性，抑制、消解人的反主体性，而尽最大可能来唤醒、振奋、鼓舞人的主体性，并使之发扬光大，从而使我们的内心充实、和谐，使我们的生命坚定、有力，富有创造性。每一个生命都应该是一轮新鲜的太阳啊！

文化可以使我们发现自己，文化就是人的精神性的显示，同时也是人达到更高水平的人类本性的道路。人按其本性来说，本质上是能够无限地扩张到他自己作用范围的地方。所谓天才，也无非是能够最早充分地认识自己的价值，从而以最直接的方式完成了生命由瞬间到永恒的有效转化。文化使人性在自由自觉的境界上体认到自身，实现由自然人向文化人的转变和超越。人生就在这个过程中发热、闪光。反之，没有文化滋润的生命将是枯萎的，没有文化照耀的生命将是暗淡无光的，其价值将大打折扣。

语文教育就是要解决人跟世界的关系问题，它的最终目的是建立起主体跟世界的广泛而深刻的联系。语文是人获得意识自由的必要条件，还是社会成立和发展的基础。在三者之中，语文是纽带，是桥梁。语文在使人获得成长的同时又把他们联系起来，组成一个有秩序有活力的人类社会。

第五节　大学语文课程的设计

课程设计是对课程的各个方面做出规划和安排。课程设计有三个层次：宏观层次的课程设计是对课程体系的整体编制，解决课程的一些基本理念问题，包括课程价值、根本目的、主要任务、内容选择、基本结构等，我国颁发的教学计划或课程计划就属于这样的设计；中观层次的课程设计是对具体课程的编制，就是将宏观的课程设计具体化为各门课程的教学大纲或课程标准，并以教材为物质载体表现出来；微观的课程设计是教师对于课程的再设计，即学科教学设计。大学语文课程设计主要研究中观层次的课程设计问题，也就是大学语文课程标准的编制问题。我们为此讨论几个关键的问题。

一、大学语文课程观念的现代化

大学语文课程不能再纠结在什么工具性、人文性、基础性、审美性等盲人摸象的片面中，也不能只在浩如烟海的典籍和网络中粘贴一堆文章来充当大学语文。大学语文课程建设要走向开阔和开放，不仅应将课程看作是计划化、组织化了的具体科目，而且应将它理解为学生校内外生活经验的总和。这种经验既来自学科的课堂教学，也来自学校的制度、组织以及师生关系和校外活动等方面。它不仅是组织好的一门学科，而且应当有更广泛的外延。课程的知识也不仅仅是本学科的学术性知识，还应当包括那些与社会生活密切联系并与大学专业发展密切相关的其他学科的学术性知识。

特别应当提出的是，大学语文课程应贯彻积极语用学的基本精神。语用学主要研究言语行为，是对语言学的新发展，构成言语教学论的理论基础。语用学是结合一定的语境而对言语行为的意图、意义和交际价值所做的动态研究，语境、背景、话题、交际方、话语是其基本要素。语用有消极语用和积极语用之别。如果一个人的语用行为只是停留在复述、再现、描摹层面，就是一种"消极语用"。尽管某个人在说话，其实是别人的思想借其嘴巴而"复述"出来的，说话人被异化成对"他者"思想的复述，这实际上是人和语言的分离。所谓积极语用，是表达主体基于独立人格和自由思维而以个性言说、独立评论和审美表达等为形式特征，因而富于创造活力的主动完整的表现性言语行为。我们要通过母语教育使学生习得由心灵所主宰的语用能力。

一般言语行为的表达效果由三个要素的乘积所形成，就是：言语动机、言语情感、言语能力。言语行为的表达力是由这三个要素的乘积构成而不是它们的机械累加或堆积。语用主体的动机、情感和语用能力三要素之乘积决定了语用行为的效果。如果听说读写观缺少对学生思想能力的必要重视，将语用行为仅仅视为一种外部感官的言语行为，就只能陷入一种技术主义教育的泥淖。这是忽视生命主体思维和情意元素的技术主义的狭隘思路。言语行为从来不是人的感官的简单技术行为，而是一种智慧生命的心灵闪光，是宇宙之精华、万物之灵长的思想和情感能量的释放。古往今来，唯有语言的表达力才是实现主体与外部世界的联系，最后达成人自身价值的最主要能力。语文课只有让学生"享受"母语，才可能"人""言"合一、目标到位。因为这里隐含着哲学上的一个重要命题：语用即"我"，"我"即语用。20世纪哲学的一个主流趋势就是通过语用行为去研究并发现心灵的奥秘。所谓人的价值，必然是在语用（尤其是表达）中体现出来的，没有了语用就是失去了"人"的思想现实，就是失去了人自身。

二、明确大学语文课程的任务

第一，全面提高学生的语文素养。语文课程必须充分发挥自身的优势，弘扬和培育民族精神，使学生通过优秀文化的浸染，塑造热爱祖国和中华文明、献身人类进步事业的精神品格，形成健康美好的情感和奋发向上的人生态度。应增进课程内容与社会发展、科技进步和学生成长的联系，引导学生积极参与实践活动，学习认识自然、认识社会、认识自我、规划人生，乐于表达，善于沟通，促进大学生的全面发展。

第二，正确把握语文教育的特点。语文教育的特点一是人文性，二是实践性，三是民族性。语文课程具有丰富的情感内涵，它对学生的情感、态度、价值观的影响必然是广泛而深刻的，所以，不能不重视语文课程的熏陶感染、潜移默化作用，不能不注意教学内容的价值取向。将语文课程与自然科学类的课程进行比较，可以看到，语文课程中具有大量具体形象的、带有个人情感和主观色彩的内容。人们对于语文材料应该有理解一致的地方，否则人际交流就无法进行。但是在很多情况下，由于个人的知识背景、社会经验、体悟角度等方面的差异，面对同样的作品，特别是文学作品，人们会有不同的理解或感受。因此，语文教育需要提倡师生之间的平等对话，也需要注意尊重学生独特的情感体验和有独创性的理解。

语文教育的过程是学生读写听说不断实践的过程，是学生在语文实践中受到熏陶感染的过程。同时，因为是母语课程，所以实践的对象不应限于书本，而应该让学生接受丰富的语文学习资源，重视各种语文学习实践机会，注重应用，加强与社会发展、科技进步的联系，加强与其他课程的沟通，以适应现实生活和学生自我发展的需要。通过语文的实际运用，帮助学生养成认真负责、实事求是的科学态度。

语文教育是母语教育，自然具有民族性的特点。在教学中要重视培养良好的语感和整体把握的能力，这个要求符合我们的母语特点和学习规律。

第三，重视审美与探究能力的培养，促进学生均衡而有个性地发展。审美教育有助于促进人的知情意全面发展。文学艺术的欣赏和创作是重要的审美活动，科学技术的创造发明以及社会生活的许多方面也都贯串着审美追求。未来的社会更崇尚对美的发现、追求和创造。语文具有重要的审美教育功能，语文课程应关注学生情感的丰富和发展，让学生受到美的熏陶，养成自觉的审美意识和高尚的审美情趣，培养审美感知和审美创造的能力。

未来社会要求人们思想敏锐，富有探索精神和创新能力，对自然、社会和人生具有更深刻的思考和认识。大学生思维渐趋成熟，已具有相当的阅读表达能力和知识积累，发展他们的探究能力应成为语文课程的重要任务。应在继续提高学生观察、感受、分析、判断能力的同时，重点关注学生思考问题的深度和广度。

第四，积极倡导自主、合作、探究式的学习方式。改变学习方式实际上是改变一种习惯，要由过去的接受式学习变为自主、合作、探究式学习，要把学生看作学习的主体、发展的主体。

自主学习，是指学习主体有明确的学习目标，对学习内容和学习过程具有自觉的意识和反应的学习方式。合作学习，是指学生在学习群体中"为了完成共同的任务，有明确的责任分工的互助性学习"。现在的社会越来越需要强调合作意识和团队精神，应该让学生在学习中学会合作。探究学习是指学生独立地发现问题、获得自主发展的学习方式。学生在探究学习中自己发现问题，探索解决问题的方法，通过各种学习途径"获得知识和能力、情感和态度的发展，特别是探索精神和创新能力的发展"。探究学习的主要特征是"问题性、实践性、参与性和开发性"。

第五，努力建设开放而有活力的语文课程。语文课程应植根于现实，面向世界，面向未来。要拓宽语文学习和运用的领域，沟通与生活的联系，注重跨学科的，特别是与大学专业相结合的学习，运用现代科技手段开阔视野、提高学习效率，获得现代社会所需要的语文实践能力。语文课程要走向民主，走向开放，由专家走向教师，由学科走向学生。课程不只是文本课程，更是实践体验课程。它不再只是特定知识的载体，更是师生共同探求新知的过程与平台。实行课程改革，要增强课程的资源意识。语文课程的开放和有活力，还要体现出个性要求。

三、确立大学语文课程的目标

西方的学者倾向于将教学目标看成教学的预期结果或效果，或指教学在学生身上引起的行为方式的变化。布卢姆认为："目标就是预期的结果。"[1]泰勒认为："形形色色行为方式的变化，就是教学目标。"[2]我国学者大都把教学目标和教育目的联系起来，认为它是教育目的的学科化和具体化，是教学活动所达到的预期结果，它着眼于教师的教学活动所引起的学生学

---

[1] 本杰明·布卢姆.成才之路：发展青少年的天赋[M].刘菁，译.北京：北京出版社，2021.

[2] 弗雷德里克·温斯洛·泰勒.科学管理原理[M].居励，胡苏云，译.成都：四川人民出版社，2017.

习行为的变化。总之，教学目标存在于教学活动之前，是课程设计对教学结果的主观预测，而且是学生要达到和实现的结果。大学语文教学目标是大学语文课程对大学语文教育活动结果的一种期望或设计。它确定于教育活动之前，带有一定的主观性，但是，它绝不是教育者的臆断，而是在教育规律的基础上，依据学习者的发展、社会生活的需求和学科功能等制定的。大学语文的教育目的也必须服从于国家人才培养的总体目标。

任何教育都是一种有目的的实践活动，既有物质的功利的目的，也有精神的修养的目的。一般来说，任何课程都难以彻底摆脱它的直接目的，即满足学生自身生存和发展的需要。因而，学生自身生存和发展的需要是教学目标的基本来源之一。

在以科技经济和自由竞争为特征的当代社会，人们的交往日益频繁，关系日渐复杂，竞争也日趋激烈，大学生不仅要拥有丰富健全的知识结构和专业技能，还要成为一个身心全面发展的"完整的人"。大学生希望通过大学语文课程的学习提高自己的综合素质，尤其是语言能力、应用写作能力和文学修养方面的提高。同时，明显技术化的社会和日趋激烈的生存竞争也要求大学生具有健全的人格和强大的心灵的力量。新技术革命不仅带来了人类生活方式的现代化，还引发了人的观念和思维方式的更新，人们思维方式的改变、视野的拓宽使人类更加重视创造性思维，富创新精神。在我们这个时代，人类文明正经历着巨大的转变。美国社会学家约翰·奈斯比特在《大趋势——改变我们生活的十个新方向》①中提请人们注意的跟语文直接相关的是：信息社会是真实的经济存在而非抽象的思想；在这个文字密集的社会里，我们比以往更需要具备基本的读写技巧，但是我们的教育制度却在制造日益低劣的产品；新信息时代的技术并非绝对的，它的成败取决于高技术与高情感平衡的后果。大学语文教学目标的确定要适应时代的发展，满足当代大学生的需求。

未来理想人才的人格和能力应具有以下要素：②

独立、理性地选择价值目标的能力（形成生命、信仰、尊严、文明、创造、社会接受等有关的积极价值观并建立合理价值关系）

广泛的社会经验和完整的生活概念（高度社会适应性的基础）

---

① 约翰·奈斯比特，帕特里西娅·阿伯丁.九十年代世界发展十大趋势［M］.师晓霞，译.北京：中国经济出版社，1991.

② 邰启扬.语文教育新思维［M］.北京：社会科学文献出版社，2001.

高度敏感性（对变化的敏感和对可能性的敏感）

自我定向能力（独立性、自我引导与自我负责）

主动适应能力（迎接挑战与逃避挑战）

对不明确情境的耐受性（冒险性和自我拓展倾向）

抗拒压力与耐受挫折的能力（压力激发针对目标的反作用力而不是我向或他向破坏力）

社会角色意识与沟通能力（社会定位概念、自我形象概念、责任意识与交往能力）

高度创造力（创造独特和新颖事物的能力）

持续发展倾向（自我超越和自我提高的要求）

人际关系调整能力（情感目标定向的人际关系）

高文化（道德）修养（文化修养正成为人们生存能力和适应能力的一部分）

善于竞争与合作（工作目标定向的人际关系）

专业知识和技能

从内容上看，这个"人才模型"既是各科教学的目标，更是语文教学的目标，语文更多地承担着培养学生健全的人格和良好的心理素质的任务。从未来对人才的要求出发来反思语文教育的历史和现状，会有许多沉痛的思考，更加明确语文教育的目标，也会依稀看见语文教育的出路。

在培养大学生的感悟和思辨能力、开拓他们的精神视野、激发他们心灵的力量方面，大学语文具有得天独厚的优异功能，这是其他学科所不能比拟的。具体说来有以下五个方面：

一是对人类情感与心理世界的体察与领悟力。一切阅读和表达的起点是对事物的认知，而语文所关注的认知对象首先是人，尤其是比天空还广阔的人的情感与心灵世界。因此，体察和理解人类复杂微妙而又变化万千的感情世界就成为语文阅读的基本功。

二是对生命现象的感知与想象力。语文能力的形成离不开文学修养，而文学作为一种艺术活动，以形象思维作为认识世界与表现自我的主要方式，因此，学会对各种原生态的生命现象进行直接的观察、感知以及由此激发的联想和想象，成为我们理解人和自然并用语言加以描绘的基础。

三是对文本所传达的精神价值与思想哲理的洞察力与批判力。无论文学或科学的文本，除了描绘形象之外，还必然会传达作者对社会、人生和自然的思考。这些思索的成果和思想的结晶不仅可以引导人生、启迪智慧，还可以帮助我们形成对各种社会与自然现象的批判性反思，并掌握对知识和思想的不同表达方式。

四是对文本语言形式的感受力、组合力、表现力。中国人学习语文的主要内容是以汉语作为表达媒介的文本。因此，学生对汉语的语言魅力、表达特点、形式规范及其变化的可能性，以及各种修辞手段、语体风格都应有敏锐的意识和娴熟的运用。

五是对所论对象进行逻辑梳理的判断力、分析力与思辨力。无论阅读还是写作，都不仅需要理解和把握某一特定对象或观点，还需要深入认识不同对象之间的关系，正确把握各种思想观点之间的联系、区别与层次关系，以便找到阐发思想、组织文本的合理线索与思路。因此，有逻辑地整理世界和表述思想的能力是不可缺少的。

综上所述，大学语文应该确立知识和能力、过程和方法、情感态度和价值观三维目标。这种三维目标构成丰富、均衡、稳定的语文教育目标体系。它一方面重视在人格精神上教育学生成人，一方面又不忽视技术的力量，重视在知识、能力和方法上培养学生成才。对于大学生来说，无论是成人还是成才，都要在言语实践中感受和体验、探究和表达，唤醒自己心灵深处沉潜的生命力量，让灵魂睁开眼睛看世界，让自己的价值理想浸透每一天的生活。

四、大学语文课程内容的基本要求

第一，课程内容应突出基础性。大学语文中的主要内容来源于我国传统文化，其中大部分属于文学的范畴。传统是已经发生了的事实，但是，传统又是可再生的精神资源。如何站在当代的立场上实现传统和未来的对接，是大学语文课程的一项重要课题。

大学语文课程既要为大学生提供相对稳定的文化知识和自成体系的文化价值，又要使这些内容能够应对迅速变化的现实，并对未来也具有相应的敏感性和适应性，确保他们在这门课程中形成的语文素养能够提升，在人的精神和生活的能力等方面能适应社会的需要并有所发展。能够在社会生活中生存和发展的人才是幸福的，因此，母语的学习才真正是像吮吸母乳一样的有意义的学习。为此，应在课程改革中撤删传统的陈旧、烦琐的部分,把那些具有最广泛的概括性和应用潜力的文化知识融纳到课程中来,以使学生学会在各种问题中抽取具有永久意义的主题和线索,了解事物发展的规律,具有在新的情境中组织原有知识和新信息以处理新问题的能力。

第二,课程内容应体现时代性。时代性不是一个时间概念,而是具有价值方面的规定性。只有那些在这个时代适用并且能够孕育未来的才具有时代性,包括古代的和现代的。《诗经》中对爱情的歌唱、儒家的积极入世的进取精神、范仲淹的先天下之忧而忧的崇高情怀,在任何时代都是能够引领时代进步的。相反,一些发生在当下的时髦的东西倒不一定能体现这个时代本质的东西,它不但对未来就是在今天也是没有什么价值。课程内容要反映现代文化的先进水平,对那些不符合现代和未来社会发展需要的虚脱、陈旧的课程内容加以淘汰,相应地增加、渗透现代科学技术和人文学科的新成果;另外,语文课程中的文化典籍,在可能的范围内适当地用时代精神加以诠释,以焕发其生命力。

第三,课程内容应具有民族性。文化的现代化表现为民族文化的开放和世界化,但现代化绝不等于西方化,民族文化对世界文化的现代开放绝不是消解本民族文化的独立个性,更不能以某一民族、某一区域的文化来统合、同化本民族或区域的文化,而是在开放民族文化、沟通共享世界各民族文化的同时,实现本民族传统文化历史性的动态发展。课程作为一定历史条件下的文化载体,一定要具有民族特色。应致力于中华民族传统文化如何与现代社会的普遍性基本价值观念和日常生活道德相吻合、相适应,实现民族优秀文化的再生,发挥传统文化特别是传统道德的现代育人价值。

第四,课程内容应具有结构性。课程内容的结构化要求以最有益于解释学科内容事实的基本框架和范式为依据,以基本概念、基本原理、探究方法为中心来编排课程内容,使学生形成对该学科的"最基本的理解",获得语文素养的触类旁通的效果。具体地说,大学语文课程的结构应设置三条线索,处理好四种关系。

三条线索:第一条线索是陶冶人文精神的线索。课程内容要反映出我国传统文化的精髓,概括出人世间的基本价值标准,从而揭示人生的意义,赋予生命以自强不息的强大动力。第二条线索是发展语文能力的线索。语文能力包括听说读写四种基本技能,课程内容要能够显示出大学生语文能力所要达到的标准和实现的途径。能力标准包括内容和水准两个方面,如写的能力,应当书写哪些方面的内容和达到什么程度。第三条线索是掌握语文方法的线索。所谓语文的方法，是指习惯于用言语的阅读方式来获取自己所需要的信息，或者迅速有效地输出自己的认识，能够自己解决在工作和生活中遇到的各种问题，以利于实现自己的人生价值。

四种关系：第一种关系是课程内容各组成因素之间的时空关系。我国历代的作品、外国的作品，不能简单地以作品的年月日的顺序或者先中国再外国的方式排列，要考虑它们之间怎么排列才能形成一个具有思想张力的场域。第二种关系是大学生的精神成长规律和课程内容之间的关系。大学四年是学生精神迅速成长、人格趋于成熟的关键时期，这四年从物理上来说很短，但学生的心理时间却很长。学生每一年的心理都有不小的变化，他们每一年面临的各种问题都有很大差别。因此，大学语文课程安排的内容要符合学生的心理现实，能够促进他们的精神富有生机地成长。第三种关系是课程内容所选各种作品种类的比例关系。文学的、文章的、文化的和应用的，各种应占多少才是合适的，才最能发挥语文的功能，最有利于学生语文素养的养成。第四种关系是课程内容各个主题之间以及与其他因素的关系。各个主题在构成语文课程中都是不可缺少的同等重要吗？它们之间是并列的、包含的还是递进的？它们跟学生的生命跟社会构成何种关系？

语文课程的三种线索和四种关系并不是孤立、平行的，它们之间存在着或递进或因果的逻辑关系。它们在各种阅读和表达的语文活动中交叉，在学生的生命深处融合，在语文素养系统中结为一体。

五、大学语文的综合课程

现代社会人类所面临的环境问题、人口问题、能源问题、战争问题，没有一个是能够凭借一门或两门科学给予解决的，甚至在分科条件下这些问题很难进入到课程中去。当前及今后，需要综合各种因素来思考人类的出路。现代社会的信息化和复杂性，对人的素质提出了更高的要求。国际21世纪教育委员会在1996年向联合国教科文组织提交的《学习——内在的财富》中提出，学生要学会求知，学会做事，学会共处，学会做人。实现这个目标需要广阔的知识背景以及理解它们内在联系的能力。因此，赫尔巴特提出"教材联络"的概念，即在课程中安排各学科时，要使一门学科的教学经常地联系其他学科的教学内容。他认为，在校外生活中，这些学科内容几乎看不到它们是各自割裂的。那么，为什么在学校里就不能把它们联络起来呢？鲍尔斯、格里芬和奥立佛提出了"文化联系"的概念。他们认为，"联系超越个人自我，扩展到生态系统——实际上是我们生活的宇宙。在过去的几十年里直至现在，我们才开始发展宇宙的和联系的意识。这一意识带来的挑战是两方面的：一方面，提倡感知的局部性。另一方面，认识到我们自身的观点要统一于更广阔的文化、生态、宇宙模体之中。我们的进步和我们的存在——作为个体、作为社区、作为民族、作为种族、作为生命形式——依赖于我们将这两种观点纳入互补和谐之中的能力。"所以，在分科基础上，综合课程的实施已是大势所趋。而语文学科作为一门综合性和实践性极强的课程，从古到今都离不开综合。

课程目标决定了课程必须具有现实性、综合性和生成性。现实性是指课程必须来源于现实并且有用于现实，现实既包括人类社会的现实，也包括学生个体的现实。课程是从各种现实的经验中选择那种在后来的经验中能够丰满而有创造性生活的经验。教育是在经验中、由于经验和为着经验的一种发展过程，课程应当把教和学看作是经验改造的不断继续的过程，而不应成为知识的堆砌。课程的现实性必然要求课程的综合性。社会的问题日趋综合和复杂，学生单一的专业训练往往不能适应实际工作的需要。课程的联系应该超越自我，实行跨学科综合，进而扩展到生态系统——实际上是我们生活的宇宙。如此，学生才可视野开阔，多方面地认识事物、思考问题，养成注重实际的精神和深邃缜密的思维品质。生成性是指课程是通过学生自主性活动展开和完成的，课程的学习应该是一个发现的过程，一个逐渐习惯于奇思妙想的过程，一个寻求解决问题的过程，一个设计新体验的过程。

文史哲天然一家，大学语文更应是实行跨学科的综合课程。文学离开历史很容易迷失价值的坐标，离开哲学也很难达到文学形而上的高度。同样，历史和哲学如果离开了文学，也很容易因为失去感性的材料而枯燥和失血。另外，教育学、社会学、法学、经济学等也应有选择地编配组合。如此，学生才可视野开阔，多方面地认识事物、思考问题，养成注重实际、深邃缜密的思维品质。语文综合课程应具有开放性、实践性和文化性。

语文综合课程的目标是培养学生发现课题的能力以及将个别事物联系起来，或对各种事项进行整体把握的综合能力。语文综合课程的学习是全面提高学生语文素养的学习，是向学生提出智慧需要和产生智慧的学习。

语文综合课程以课题或主题为中心跨学科组织学习内容，这些内容是广泛的和开放的，它以学生的兴趣和现实的需要为特征。主要包括：自然、社会和人类面临的文化、人口、能源、环境、战争、信息技术以及其他的重要问题。主题中涉及的学科只是作为一个要素或局部，这些要素或局部"按照语文的样式或结构"来参与组成一门新课程，它们共同指向人文精神的终极归宿。语文综合课程的主题根据学生成长的规律和人类社会进步的需要以及语文学科的内在结构来组织成一个有机的体系。体系的内容结构是有序的、动态的和生长的。语文综合课程以学生亲身实践的方式实施，在语文运用中学习语文，发展语文能力，提高语文素养。至于综合学习的具体操作方式，"特别要注意杜绝仅仅靠回忆和积累事实（受'大脑白板说'的欣赏）的方式，而要使评价与学生在一个新的具有挑战性的语境中运用和组合多种能力，以及同他人交流结果的方法相结合。这样，学生可以单独或以小组的形式解决复杂、多步的问题，收集资料、分析、整合、解释并将他们的结果报告给真正的听众。"[1]

语文综合课程的方式不拘一格，具体的内容更是丰富多彩，但可以概括为三种主要的学习模式，即学科延伸式、社会活动式和主题课程式。

六、大学语文校本课程的编制

各地各校各专业都存在着丰富的语文课程资源，但这些资源往往是潜在的。分散又零乱，相当多地处于隐性状态，所以，编制语文校本课程关键的一步是广泛、深入、细致地搜集课程资源。

所搜集到的各种材料，即使是具体生动的，本身也还不是课程。还要根据课程编制的原则，归类组合，重新赋予它生命。设计语文校本课程应该坚持以下原则：

第一，以学生的精神成长需要为中心。课程是建立在学生成长的需要之上的。各种资源都要以学生精神成长的需要为脉络来组织。学生精神的成长有其内在规律，总是从近到远，从具体到抽象，从关注自身的需要到自觉地承担起社会责任。学生精神的成长既有连续性又具有明显的阶段性，每个阶段的精神需要是大不相同的。只有课程内容的层级与学生成长阶段

---

① 莱斯利·P.斯特弗.教育中的建构主义[M].高文,译.上海: 华东师范大学出版社,2002.

的精神需要相吻合，课程才能起到引导、促进的作用。这样的语文课程才是有价值的。

第二，以发展学生的言语能力为目标。言语能力目标是语文学科得以确立的主要依据，语文教育的功能是通过发展学生的言语能力来实现的，学生也是以自己的言语能力来跟社会建立联系的。如果忽视了言语能力的目标，那么语文学科就失去了存在的理由，而学生与社会也会处于孤立疏远的状态。语文校本课程因为所运用的材料具有亲近、具体、多样等特点，更容易激发学生言语的兴趣。因此，在语文校本课程的编制中，要以言语的实际运用为发端，以言语成果的生成为指归，把言语活动贯穿于语文校本课程设计和实施的全过程，使学生的言语能力得到有效的发展。

第三，要突出语文校本课程的活动特点。语文校本课程的最大特点是实践活动性，它是开放的而不是封闭的，是实践的而不是旁观的，是探究的而不是接受的。

开放的有两层含义：一是指课程的内容方面，它向历史和现实开放，向各学科开放，向社会生活的各方面开放，凡是具有语文教育功能的材料，都可以纳入语文校本课程。二是指参与课程编制的人员，校本课程面向各界人士开放，凡是拥有语文课程资源的人员都可以进入课程的编制和实施。其中最主要的是语文教师和学生，他们是课程的主体。

实践的和探究的可以从教师和学生两个方面来理解。在校本课程中，教师教什么和学生学什么，以什么方式教和学都是不大确定的，这就需要自己去探索、去发现。往往是从现实的需要和所占有的资源来确立课题，组织内容，编制程序，师生共同努力实施课程的目标。如果没有实践的观念，缺少探究的精神，那么，编制语文校本课程是根本不可能的。

以上三个特征归结起来，就显示出语文校本课程的动态性、过程性和生成性。

第四章 大学语文教材

第一节 大学语文教材的结构和功能

一、语文教材的组织

为了方便教学，提高教学的效率，语文教材通常要把选择的教学内容精心编排，组织成一个各要素相互配合的有机系统。教材组织的理论依据是：

实践认识论原理。马克思主义的认识论认为："实践、认识、再实践、再认识，这种形式，循环往复以至无穷，而实践和认识之每一循环的内容，都比较地进到了高一级的程度。"①多种语文教材都自觉运用这一认识论原理来指导教材编写。语文教材要注重语文实践。学生语文能力的培养不是一次能完成的，而要经过反复实践。教材要有利于认识的深化。要指导学生在读写听说的实践中，观察分析语言现象，归纳、领悟言语规律，学会理解和运用语言。

辩证法原理。语文教材组织教学内容必须正确处理编写中的诸多矛盾。首先，共性包含于个性之中，在积极创新、张扬个性中要符合大学语文学科质的规定。实践证明：要正确处理继承优良传统与适应时代发展的关系，借鉴国外经验与符合汉语特点的关系，吸收课程理论和尊重学科规律的关系，才能编写出现代化、民族化、科学化的语文教材。其次，要统筹兼顾，抓住主要矛盾。有的教材按照时间顺序编排课文，有的则按照主题分类组织；有的把培养学生的人文精神作为目标，重视文学作品，有的着力于语

---

① 卡尔·马克思.1844 经济学哲学手稿［M］.刘丕坤，译.北京：研究出版社，2021.

文能力的培养，重视实用文体的教学；有的为了捍卫母语而多选用文言文，有的则注重学生现代精神养成而兼容并包。凡此种种，都应当把人文性和工具性在"立人"的基础上统一起来，偏执和极端都极容易走向谬误。再次，唯物辩证法认为，外因是变化的条件，内因是变化的依据，外因通过内因而起作用。好的语文教材注意发挥教材"学本"的作用，便于学生自学。此外，编写者还要运用辩证法原理解决好静（知识）与动（培养能力、发展智力等）、显（显性目标）与隐（隐性目标）、有限（教材内容）与无限（课外天地）、精确与模糊（目标与方法）、数量与质量（规模与张力）等矛盾。

社会学原理。社会学以人类的社会生活及其发展为研究对象。首先，语文教材要联系社会生活，不断提高学生认识生活、反映生活、用语文服务于生活的能力。其次，反映社会发展。语文教材要重视选取反映现实社会生活和时代精神的作品。最后，促进社会和谐与文明进步。

教育学原理。教育理论的核心是因材施教。高等教育与基础教育相比，学校的层次和目标定位更加多样化，学生的语文基础和专业选择明显不同，语文教材的编制要充分考虑这些个性差异。这就要求语文教材第一要面向全体学生。实行"一标多本"，让多种教材面向各自的"全体"，既能使全国最大多数的学生达到课标的基本要求，又能使较多的学生发展个性和特长。第二，面向现代化。教学内容要现代化，选取体现当代社会生活要求的课文；教学方式和手段也要现代化。第三，面向未来，建立具有中国特色的大学语文教材体系。

心理学原理。语文教材不同程度地渗透了心理学的相关原理。认知心理学主要以信息加工的观点来理解人的认知过程，注意培养学生的"元认知能力"，即一个人对他自己认识过程的认识和控制，帮助学生改善反省认知、问题解决的学习策略，以提高学习效率。创造心理学研究人们在创造过程中心理活动的特点和规律，认为人的创造能力既包含观察力、记忆力、思考力、想象力和实践能力等智力因素，也包含注意、兴趣、情感、意志、个性、气质等非智力因素。创造性思维既包含逻辑思维（归纳、演绎、类比），也包含非逻辑思维（联想、想象、直觉、灵感）等。语文教材注意培养学生的创造能力，因而也渗透了创造心理学的理论。有的语文教材中还能看到社会心理学、教育心理学、文艺心理学等心理学分支的影响。大学生正处于热情洋溢的青春期，他们的各种思维能力臻于成熟，具有探索和创造的愿望。语文教材内容的组织要顺应大学生的认知心理，既在他们的"最近发展区域"之内，又能够打破他们心理的平衡，激起他们的自组织能力，以利于培养他们的创造能力和创造精神。

方法论原理。系统论、信息论、控制论是现代方法论。编制语文教材也应借鉴和运用其基本原则。任何系统只有通过相互联系而成为整体结构，才能发挥整体功能。教材编写者在总体构思上，把听说读写和思维训练作为一个整体，把传授知识、教给方法、培养能力、养成习惯和发展智力作为一个整体，综合考虑，统筹安排，形成整体结构。教材编写者一方面在总体构思上殚精竭虑，另一方面把"单元"作为一个教学的基本单位，采用多种单元结构模式来优化单元的内部结构，使教材的内部结构趋于有序。根据信息论的观点，任何系统只有通过信息反馈，才能实现有效的控制，从而达到预期目的。语文教材把练习分出三至五个层次，使练习形成系列。这样，教学的状态及时得到调控，学生"当时知道结果"，正确的学习行为得到强化，而错误的学习行为则得以及时改正。从系统科学方法中引申出来的教学原理，重要的一条是适应与转化，即"教"必须与"学"相适应，同时又要促进"学"的转化。

学科理论。语言学、文章学、文艺学、美学等学科理论对语文教材的编制具有直接的指导作用。语言学已成为包括语音学、语义学、词汇学、语法学、修辞学、语用学、语境学、语体学、社会语言学、应用语言学等众多分支的学科群。这些学科的研究成果对传授语言知识、培养言语能力可以提供科学的方法。广义的文章，从形式上说，是组成篇章的书面语言；从内容上说，是客观事物和主观情思的反映。狭义的文章，不包括诗词、小说、剧本等文学体裁，专指"实用的""非虚构的"作品。文章学研究的对象主要是狭义文章。课文中有许多典范的文章，从某种意义上讲，编制语文教材主要是对文章读写做出科学恰当的安排。语文教材中的文学作品有运用语言的示范作用，还具有认识和审美的功能。受接受美学观点的启发，"预习提示""自读提示"把结论性提示改为启发性提示，提出问题或设置悬念，重在激发学习兴趣，唤起阅读动机，以利于培养学生独立的文学欣赏能力。语文美育研究启示我们：要充分发挥语文教材的美育功能，使学生从阅读中获得美感，使语文课成为愉悦教育、成功教育的学科。其次，要充分利用课文，从多方面进行比较，能使学生明辨是非、洞察美丑，提高审美鉴赏能力。

此外，科学学、未来学、传播学、逻辑学、课程论、教学论等，对语文教材内容的确定及其各个系统的最佳组合也具有导航作用。

语文教材一般由以下六个系统组成：

课文系统。课文是指用来训练学生语文能力的范文（作品）。语文教材范文选材内容比较广泛，题材多种多样，篇幅一般比较短小，兼及古今中外，涉及哲学、政治、军事、经济、历史、地理、文学、美学等社会科学、自然科学方面的内容。按文体种类可分为文学作品、理论作品及各类应用文。如何安排文言文与现代文，实用文与文化著作、文学作品的关系，科学地确定几方面课文的比例，在我国还存在不小分歧，是尚待研究和解决的课题。

课文系统是教材的主体，有示例作用、凭借作用、信息传递作用。

知识系统。基础教育语文课程标准对各年级的知识种类和数量做了清晰的规定，而大学语文的知识范围还没有一个明确的界定。各种语文知识以分散的形式或者包含在课文中，或者出现在课文后的练习中。也有的教材是系统介绍，以附录的形式比较集中地出现在课文之后。大学语文教材中的知识有以下几类：语言知识、文学和文化知识以及方法论的知识。这些知识作为一种基本文化素养和语文资源，其作用在于扩大学生的视野，涵养语文能力，指导读写听说语文实践活动。这些知识有助于提高语文能力，培养语文学习的习惯，但能力的提高、习惯的养成主要靠实践。

助读系统。"前言"或"说明"主要揭示教科书的编辑思想和编辑意图，帮助学生明确学习语文的目的，激发学生热爱祖国语言文字的感情和提高学习语文的兴趣，并让师生从总体上了解教科书的大体内容和基本结构、序列。单元学习要求或单元提示既提示了本单元的教学方向，又具体确定了本单元教材学习的目标、要求和重点，实际上是一个单元教学的纲要和微型教学计划。课文教学重点或课文教学要求主要是提示一篇课文在单元教学中的目标、教学要求和重点。学习或预习提示、导语一般有三方面内容：一是简要提示与课文有关的背景和作者的写作意图，二是说明课文的某些教育教学价值，三是提示阅读方法。注释主要是对课文中疑难的问题做诠释，对相关资料做引述。"阅读方法与习惯"是指点学生阅读方法，培养学生阅读习惯的知识和要求。在教科书中引入教法学法，反映了编者以学生发展为本的教学思想。

训练系统。语文教材的编者将读写听说能力的训练分解为若干训练重点，按由易到难、由简到繁的顺序，有计划、有系统地安排练习题。总的原则是以课文为例子，尽量从课文中提取语言材料，注意把课文学习与言语训练密切结合起来，让学生在具体的语境中学习语文。

实践系统。这是结合现实生活或者跨越学科的综合性的语文实践活动，旨在培养学生发现问题、解决问题的能力和探索精神。一般是提出一个活动的主题，供给相关的材料或者指出搜集材料的方法，让学生分组讨论、研究，以求得问题的解决，最后展示交流研究的成果。这项内容常安排在一两个单元之后。

附录系统。教材的附录一般是资料性的，主要供学生练习时查阅，同时兼有规范的作用。

二、语文教材的结构类型

语文教材要把选择的教学材料按照一定的顺序和线索来排列，不同的排列方式形成了语文教材不同的结构类型。不同的编排方式受一定的语文教育理念的制约，即使是同一种教育理念指导下的结构类型也不尽相同。例如，许多语文教材的编辑说明中都宣称自己的终极目的是通过学习提高学生的语文综合能力及人文素养，而其编写体例却不同。

从内容组织的线索和顺序来看，有五种：

第一种，以史为序。把选文按照时间顺序排列，这种方式符合文学发展的史实，便于传授文学知识，有利于把握文学发展变化的规律。这是最早通行的编排方法，到现在也有许多教材采用这种方法。比如，杨建波主编的《大学语文》[①]以文学史的先后顺序为线索，分中国古代文学、现当代文学、外国文学三个部分，每个部分由文学史概述和作品选组成，作品选又分为精读和泛读两个部分，最后为文学欣赏的基本理论及参考读物。编者的设想是：既给学生一条文学史的线索，也基于导学的目的，给学生一些文学阅读欣赏的基本规律和方法，以教材为例子，以基本理论和基本规律带动教学，立足于学生迁移知识和创新知识能力的培养，让语文紧贴时代和生活。单元导学使教学内容系统化，引导学生以文化的眼光观照文学，通过文学载体的解读体悟民族文化，以达到提升人文素质的目的。

第二种，以体裁为序。每一种文体都有特定的表达方式和富于个性的语言方式，一种文体集中安排，可以加强学习的效果，有利于学生语言理

---

① 杨建波，夏晓鸣. 大学语文［M］. 武汉：武汉大学出版社，2009.

解与运用的规律。吴廷玉的《新编大学语文》① 按照抒情、状物、记叙、论理、说明和应用公文的顺序来安排材料，突出了语文能力训练，为提高学生的写作能力设计了具体实施路径。

第三种，以主题为序。把思想内容相近的作品不分体裁，编辑为一个教学单元。这种编法注重思想性，把对学生的思想教育放在第一位。这是现在比较流行的一种编法。苏新春主编的《大学语文读本》② 从古今各国优秀文学作品中选取了五十四篇，按"自然神韵""精致器物""两情相依""家国情思""理想希望""礼仪天下""仁者之道""萌动青春""幽默人生"九个主题编排，每个主题包括六篇作品。

第四种，混合编法。也就是将大学语文、应用文写作两门课程的内容相加，这种教材也屡见不鲜。裘汉康主编的《大学语文》③，分为文学和写作上下两篇，把人文素质与应用写作合为一体。胡忆肖、江少川主编的《大学语文》④ 由中外作品、写作知识、文学常识、古汉语常识等部分组成，明显表现出编者力图在大学教育中加强人文素质、提高学生写作能力的用心。

第五种，融合编法。这是一种将大学语文工具性、人文性和审美性的内容，按照思想主题、生命成长和语文能力训练等多种线索安排的一种结构方式。这种编排方式充分体现了语文学习综合性和实践性的特征，是大学语文教材编辑体例的一种有益的探索。沈琳主编的《大学语文新编》设计了三个层面的内容。第一层面通过对部分中西文化典籍的介绍、一些著名社会学家和哲学家在中西文化融合的背景下对中国文化的阐释，使学生领略到中西文化的差异。第二层面以人生的少年、青年、中年及老年等四个阶段精选文学作品，让学生从精神上感验、体悟生命发展的具体历程。第三层面编辑了语言运用的几种法规性文件，让学生了解写作的规范。选文按照主题编排，人文和审美教育体现在选文的阅读中，思维能力和写作能力的训练以阅读后思考练习的方式实行。这种编排体例可以丰富知识，加深学生对选文的思想内涵和审美特色的理解，拓展他们的文学视野。文选后的"提示"和"思考与练习"等皆以注重启发学生的思维、培养学生独立思考的技能为归旨。"提示"言简意赅，既有理性的阐释，又有感性的分析；既点出选文的精要所在，又给学生留有充分的思考空间。"思考

---

① 吴廷玉.新编大学语文 [M].上海：同济大学出版社，2006.
② 苏新春.大学语文读本 [M].第 2 版.北京：清华大学出版社，2018.
③ 裘汉康.大学语文 [M].广州：广东高等教育出版社，2001.
④ 胡忆肖，江少川.大学语文 [M].武汉：华中科技大学出版社，2002.

与练习"在分析作品的基础上进一步提出相关问题，突出文本的重难点；所提问题侧重于培养学生在分析作品之基础上，将形象思维与理性批判紧密结合的能力。

从教材形制分合来看，还有分编型和合编型之分：

分编型的语文教材就是把范文系统、知识系统和训练系统等要素所包含的教材内容分别编制成几种教科书。有的《大学语文》选文全为文学作品，有的则把教材的名字改为《高级汉语》，实际上属于分编的性质。有的把教材内容分别编成三种或三种以上的教科书：《写作》《文言读本》《现代文选读》《文学读本》《文学作品选读》《文化读本》《科技作品选读》等。分编型教材的优点是知识讲授的系统性较强，能力训练的目标也明确集中。缺点是范文系统、知识系统和作业系统之间，以及范文系统内部、知识系统内部各方面的知识和能力之间，难以处理好相互的联系和沟通。

合编型的语文教材就是把语文教材内容混合编制成一种教材。合编型也有不同的"合"法。有的按照文章发表的时间编排，比如，《古文观止》按照历史顺序，二百二十二篇文章从东周排到明末。也有的语文教材由清末的文章上溯到秦汉文章。古代的文选式教材一般采用这种编排方法。有的按照思想内容编排，古代著名的"四书"，朱熹就是按思想内容编排的："先读《大学》，以定其规范；次读《论语》，以立其根本；次读《孟子》，以观其发越；次读《中庸》，以求古人微妙处。"（《学规类编》卷五）这种类型课本的好处是加强了教材的"人文性"，缺点是忽视了对语言文字的把握，不利于训练学生的语文能力。有的按照文体编排，《昭明文选》就是这种结构的教材。优点是有利于训练学生记叙、说明、议论三种最基本的表达方式，缺点是读写能力不能同步地受到训练。也有的以培养语文能力为序编排，又因在各项教材内容主次配合的不同而呈现出多种体例：或者以培养阅读能力为主，或者以培养写作能力为主，或者以学习方式为主。还有，选文是以人文精神的各个逻辑命题：爱国、爱情等来分类，或是以文学发展的脉络、文体的特征甚至作家的流派来组织。怎样更有利于学生接受？怎样更有利于学生人文素质的迅速提升？不论哪种编法，都应关注到学生语文学习的兴趣和需要，符合语文能力培养的规律，有利于学生自主学习，有利于深化范文学习内容的理解和迁移，引领学生拾级而上，逐步达到大学生应有的语文能力水平。

三、语文教材的功能

　　语文教材的功能具有多样性，学者们对此也是见仁见智。苏联学者认为，教材是最重要的教学手段，是教学过程中不可缺少的学习材料，它具有教育、教学和发展的作用；教科书可以全部或部分地实现教师的职能，是教育系统的信息模式，它体现具体的知识经验，并反映教学过程和教学方法。德国学者认为，教科书的功能可以归纳为：提供信息的功能——按照课程标准提供教材；引导的功能——组织教学，引导教学的程序；激发学习动机的功能——引发学习的兴趣；保证效果的功能——各种练习和应用可以巩固学习的知识和技能；协调的功能——教科书和其他教材的相互配合；合理化的功能——有了教科书，在教学或自修时都能充分利用时间、控制时间，使用便利。法国学者认为，教科书是一种资料集；在文法领域中，教科书是一种习题全书；教科书以其艺术性的图文，促进学生兴趣的形成；教科书填补其他教材的空隙，有助于完善学习。美国有的学者认为，教科书已经成为教师让学生服从和强求一律的手段，它无法体现不同学生的学习需要，而且教科书存在许多缺陷，它既不可能包括人类的所有经验，又无法跟上时代的步伐，也不可能保证永远正确，反而容易使学生盲听偏信。更糟糕的是，教科书是建立在班级集体教学制的基础上的，它使不同学生在同一起点起步并停留在同一水平线上，使优秀学生感到重复，使落伍者感到无望。教师对教科书的过分依赖既限制了学生学习的积极性，也扼杀了自己的创造性和进取心。也有学者持相反的意见：认为问题的核心不在于教科书本身，只批评教科书这个工具而不涉及其操作者——教师，是不公正的；教科书不可能也没必要容纳一切的知识信息；因为教科书部分内容陈旧、有时传达错误的信息而抛弃教科书，这无异于将婴儿连澡盆一起扔掉；教师可以尽量避免教科书中存在的问题，那种以为可以用视听教材完全取代教科书的设想是极不现实的。

　　我国学者通常认为，教材是教师教育学生的蓝本，也是师生进行教学互动必不可少的工具。它能提供丰富的阅读材料，营造自主学习的情境，促进学习方式的改变。在教学过程中，学生通过课本能够学习系统的知识，能够启迪美好的情感，能够陶冶高尚的情操，让学生在学好本领的同时树立正确的、科学的价值观、人生观和世界观。

基于以上认识，大学语文教材具有下列几个方面的功能：

第一，语言积累功能。充分吸纳众多的文字、词汇和各具神韵的语句，就是语言积累。语言积累主要有两个途径：一是生活，二是阅读。从阅读中吸取和积累语言材料，是一条更重要的渠道。首先，优秀读物中的言语，是作者从生活中提炼出来并经过精心加工、精心组织起来的，尤其是优秀的文学作品，其言语的精确度和生动性、色彩和神韵，都是自然状态的言语所无法比拟的。从这样的读物中吸取和积累语言材料，对提高自身的语言修养大有裨益。其次，在优秀的读物中，还有一部分是历代传诵的诗文名篇，其中保留着大量含意深邃、富有表现力的语句。这些经过千锤百炼的语言瑰宝具有强大的生命力。吸取和积累这样的语言材料，对于提高学生言语的质量具有重要作用。语文教材往往以优秀选文为主体，对其中的精美篇章能熟读背诵，并在自觉积累的基础上创造性地加以运用，是学习语文的基本途径。

第二，能力历练功能。培养学生的阅读能力要通过阅读的实践来实现，即在阅读实践中培养阅读能力。语文教材中所选的各体各类课文，就是供学生运用各种读法来锻炼自己的阅读能力的。按教师的指点，十篇百篇地训练，学生学会各种读法，阅读能力由此得到锻炼和提高。教材中的阅读课文也是写作历练的"凭借"。听话、说话能力，当然要靠平时的锻炼，靠课外随时留意；但对课文，师生常常要共同研读、共同讨论。这种在课堂上的口头表达和交流，无疑也是听和说的最好的历练。语文课本既是教本，更是"学本"和"练本"。语文教学要传递文化，培养能力，养成习惯，进行思想教育和情感陶冶等都离不开语文教材。特别是语文学科属于侧重技能、技巧培养的应用型学科，只有通过有计划的训练才能达到教育目标，凭借教材学，凭借教材练，对语文学科尤其重要。

第三，智德启迪功能。语文教材典范的语言作品反映出作者观察的敏锐、分析的精辟、推理的周密、想象的新奇、联想的丰富、表达的机智。多读这样的语言作品，学生的智力会受到启迪，品德会受到磨砺。语文教材在智德启迪方面的功能，是完成语文学科教学任务的极其重要的因素。教学与人的发展是互相联系的。语文教材为学生语言的发展选择和提供了充足的材料，使学生的语言不断从贫乏走向丰富、由幼稚走向成熟、由呆板走向生动。语文教材作为民族文化和民族精神的载体，它对学生的政治品质、思想品质、道德品质以及情感、意志、性格等个性心理品质的发展有着熏陶感染、潜移默化的作用。同时，语言和思维密不可分。语文教材的优秀作品都是运用语言的典范，是作家智力活动的结晶，因而也是开启学生思维大门的一把钥匙。语文是表情、达意、载道的工具，这就决定了学生在学习语文教材的过程中，离不开情、意、道的内容。语文教学中的教育功能主要是凭借教材得以实现的。

第四，知识扩展功能。这里所说的知识，不仅指语文知识，而且指社会的、自然的、人生的百科知识。语文教材在扩展学生知识方面具有以下特征：一是丰富性与综合性，二是形象性与生动性。语文教材中的选文，无论是议政治、谈哲理，还是说史地、讲科学，大都讲究生动形象，讲究语言表达的感染力和震撼力。

第五，方法培养功能。课文是教学的例子，教学的过程就是要从这个例子中学习方法。比如，从文学作品中学习欣赏的方法，从论说文中学习思维的方法。从整体上说，语文学习就是要掌握语言表达的方法、搜集材料的方法乃至为人处世的方法。最终，语文教材也是学生精神成长的一种可靠的凭借。

语文教材的功能是由于其内在的文化含量决定的，也是由其内在结构的各个因素根据先进理论的有机组合而发挥出来的。

第二节　大学语文教材的编制

教材是实现教学目标的重要载体，是教学的基本条件，也是保证人才培养质量的关键所在。语文教材是语文教育的一个机制，任何教学思想、教学主张、教学方式都是通过教材去实施的，没有好的语文教材一切都无从谈起。大学语文教学效果的好坏与教材的优劣紧密相关，所以，教材的问题是大学语文教育中带有根本性的问题。而现在大学语文教材的编写又是意见纷呈、争议最多的一个问题。教材的编写涉及选择什么内容，如何组织编排，如何确定教材的量和度等。其中既有对课程定位、学科性质、教学目标的认识等理念方面的问题，也有编写者的学术视野、个人爱好、技术手段等方面的问题。这些问题需要专门的深入研究，我们在这里只提一些编写的基本原则。

一、学术个性与社会要求和语文学科性质的统一

大学语文教材到底该如何编写？有强调人文性的，有强调工具性的，有强调审美性的，还有强调应用性、基础性等，见仁见智，不一而足。同一门大学语文课程的教材内容存在着很大的差异，甚至一些基本的课程目标也很少有交集。这在其他学科简直是不可思议的。

例如，魏饴主编的《大学语文新编》（第2版）①，分成上、中、下三篇，分别培养学生的阅读能力、日常书面表达能力与口头表达能力。上篇是各类主题的文选，中篇是实用的应用文体，涉及商务、新闻、学术论文等文体。下篇则教导学生在交际、辩论、职业与事务各方面如何说话。从内容的篇幅上看，重点是教学生如何应对当代社会的各种场合、各种关系、各种语境。而杨建波的《大学语文》则以经典文学作品为中心建构编写框架，分"中国古代思想文化""中国古代文学""中国现当代文学"三编，强调文化原典与文学经典的结合，注重优秀作品的审美感发作用。"中国古代思想文化"重点讲说儒、释、道三家文化和思想及其与中国文学的关联，帮助学生解决阅读古代文学作品时的文化隔膜问题；"古代文论"单元勾勒出一条中国古代文学批评的线索，以帮助学生提高文学理论水平和文学鉴赏能力。

比较上面两种教材，我们还能认识清楚大学语文的真实面目吗？还有的编者宣称，自己的"教材在编写体例和选文上进行了全面的拓新：选文力图突破偏重知识性、工具性的局限，跳出民族文化、文学以及国粹的框架"。笔者真的不知道，经过这样的力图"突破"和"跳出"，大学语文还能剩下些什么东西？

一个人因为经历、专业、性格和追求的不同，长期的研究必然形成自己的学术个性。这是必然的，也是正常的。在编写语文教材的时候，合理、适度地发挥自己的学术个性可以增添教材的灵性。但是，学术个性不能无节制地泛滥。教材不是个人专著，它要给予学生的学科知识一般是学术界公认的，不同的意见要以学术争鸣的形式出现，编写大学语文教材要拿出自己的眼光，而不能用来满足自己的个人爱好。大学语文课程培养出来的

---

① 　魏饴.大学语文新编［M］.第2版.北京：高等教育出版社，2017.07.

学生,他们的语文素养要适应社会的需要。如果无视社会的需要而一意孤行、盲目蛮干,那么,大学语文的地位真的是岌岌可危。大学语文的真正危机并不是社会不需要大学语文,而是大学语文远离了社会现实。

大学语文编选的内容要真正体现人文性和工具性的统一。有的教材过度突显工具性,有的教材则过分夸饰其人文走向,忽略轻视语文固有的工具性功能,有的教材则存在偏离和失却大学语文本色的状况,变成了文选的量的累积,极不利于大学语文课程的建设与发展。把工具性和人文性割裂开来、对立起来是对语文课程的绞杀。如果学生没有很强的语文能力,他的人文性如何体现? 所谓人文的无用之用最终还是要用,是一种精神的力量和灵魂的归宿。如果学生的人文性不鲜明,他的语文能力就失去了方向、没有了动力。语文的工具性和人文性割裂的教育必然导致培养出来的人是颓废的和无用的。所以,大学语文教材编写者的学术个性必须与社会要求和语文学科的性质统一起来,语文教材在多元化的同时也必须具有规范性。

二、教材内容与课程目标以及过程方法的统一

大学语文教材编辑的惯例是采用文选组合的基本范式,将来不论如何改革创新,还是要采用这种范式。因为这种编写体例符合语文学习的基本规律。任何从知识学习或者从规则学习,都不如从优秀的作品学习效果好。悉心阅读典范作品,深入体验,这种语文学习的方式已经是大家公认的最为有效的方式。但是,以文选为基本范式的教材也有一些不足,从语文教学的角度考量,主要表现为教学目标不明朗和教学内容不确定,这是由选文内容和艺术含蓄蕴藉的多义决定的。教学目标和教学内容在选文中是一种隐性存在,而不像其他课程那样在教材中得到了直接的表述。教学内容隐性存在的特点,使本应在教材中得到具体直观表现的语文教学目标也具有隐秘性,它深藏于承载教学内容的教材的结构整体之中。如果教材的编辑者再出于个人的爱好、学术见识的浅陋或者囿于语文教育理念的褊狭,他的选文就很可能使语文教学的目标悬浮、游离于教材之外。我们的选文要能够培植发展大学生内心的价值需求并鼓励他们努力实践这种精神追求,促使他们对自身进行反思,努力追求生命的价值和意义,形成健全的理想人格。即使是选文很好,在编排的时候也应巧做编排,在各篇独立的选文

之间建立起内在的逻辑联系，形成一种思维的场域。在形式上这是一片"空白"，但这片"空白"包含巨大的张力，能够推动学生的思维，促进精神的成长，也有利于安排语文活动，训练学生的语文能力。在阅读中设计表达与交流活动，讲解阅读鉴赏理论，提高学生鉴赏品位和寻找解读方向的自觉性。在大量的阅读中解决了"意"的问题，再适时安排写作练习，从而使写作变得有话可说、有内容可写。比如，设置阅读专题，从人文精神培育的角度设问，引领学生思考探究有关人文精神方面的问题。学生眼观古今中外，然后比较、分析、研究、交流，这样，关于人格修养的认识便越来越正确、深刻、坚定。在单元专题设计表达与交流活动，如文化专题研讨会、读书论坛、影视论坛等。开展专题表达与交流活动不仅顺应和满足大学生渴望展示交流的心理需求，也在活动中发展了学生的语文能力。每次表达与交流活动都是一次综合性的语文学习活动。在活动中，学生要听说读写，要与人交往，其语文应用能力受到锻炼，从而为胜任未来的职业打牢语文基础。大学语文课应致力于培养学生高层次的语文能力，譬如，进行比较阅读或专题阅读，在此基础上提高演讲、讨论、辩论能力等。为主动阅读、主动探究注入强大动力，发展创造性思维与探究能力，养成互相切磋、合作学习的习惯。

　　教材内容与课程目标以及过程方法的统一实质上是大学语文内容结构的问题。一门学科的作用在于将"事实与价值融合"，价值研究应该建立在事实研究的基础上。反观大学语文课程建设，尽管我们赋予了大学语文课程较高的价值功能，但是忽视了对大学语文课程内容结构的研究，导致教材内容体系杂乱，选文盲目随意，使学习者难以把握内在的学科结构，直接挫伤其学习热情。结构主义课程论强调课程内容应当是学科的基本结构，要具有学术化的特征。以工具性、人文性、审美性来定位大学语文的价值目标，注重理论性和实践性的有机结合，将阅读、书面表达、口头表达等几种能力的训练和培养融于一体而不是编在一起。沈琳主编的《大学语文》[①]匠心独具，文化、文学、人生多层面架构，认知、欣赏、应用多条线索明暗并进，在该教材的文选部分，编者将文学的基础知识、基本理论与写作的具体实践有机融合于一体，并有针对性地设计了一些思考题，使学生通过多读多思多练达到提高语文水平之目的。

　　① 沈琳. 大学语文［M］. 北京：中国农业出版社，2006.

三、不同层次大学的语文素养和学生专业个性的统一

被编入教材的每一篇选文都担负着一定的选文功能，有些选文以知识功能为主，有些选文以文学功能为主，有些选文以技能训练功能为主。不同的专业对学生语文技能、审美能力、人文素养等的要求并不完全相同，这也就意味着教材选文所要承担的主要功能应当有所差别。只有编写适合于学生学习的教材选文，学生才会愿意学，能力才会真正得到提高。好的教材应该是适用的教材。编写语文教材要注意共性和个性的统一。

不同层次不同专业学生的语文基础是有差别的，对学生语文素养目标的要求也有所不同，而且，大学语文的课时多少也相差悬殊。因此，高职、不同层次的本科，理、工、农、医、财经、政法、外语、艺术、教育等各专业的大学语文教材应该分类编写。应当根据他们的基础水平、培养目标和教学计划安排合适的选文。一般情况下，理工科学生学习的选文难度要小，而人文学科学生学习的选文难度则会稍大。对各类文体安排的数量也应照顾到专业的性质，除文学作品外，应增加适合并促进专业理解和发展的选文，如艺术类的师法自然、医学类的人道理想等。即使文学作品，差别较大的专业对作品内容也应有所侧重。各专业的人文精神具有独特的变现形式，思维方式也体现出鲜明的专业特征。语文教材应该以自己突出的感性色彩包孕和发展专业的个性，语文的所谓工具性正是在这个基础上才能够得以实现。

艺术类专业的学生相对来说语文基础比较薄弱，其教材选文在注重人文性的同时也要加强工具性，同时还应与艺术相结合。教材选文要依据艺术类学生的需求，在培养学生人文素养的基础上更多地注重培养学生的审美能力和语文基本技能。把音乐、美术、舞蹈、广播、影视、戏曲、文学、口才等内容适当地选进教材。选文结合艺术类专业的实际情况，可以增强学生的文学修养、培养学生的审美能力、拓宽学生的艺术视野、开发学生的思维潜能，从而提高学生的整体素质，以利于学生对艺术的理解和实践。

理工科的学生同文科类的学生相比就有所不同，理工科的学生擅长抽象思维，善于事实性的阅读。理工科学生相对于文科学生来说，文学和哲学修养欠缺，艺术感受能力稍差，不善于评判性阅读和鉴赏性阅读。因此，教材编写者在入选文章时就要注意学生的这种情况，在选文编选上尽量减

少文学方面的专业理论修养方面的内容，侧重于议论文、说明文，兼顾应用文和文学作品，并要编写一部分应用文写作方面的内容。只有这样的选文，才是适合理工科专业的学生学习的。

财经类专业的学生情况又不一样，他们毕业后主要从事的工作是经济实务操作和经济管理活动。他们要学习的文章，既要注重人文性、工具性这些语文教育所应有的共性，还要针对财经类专业所特有的个性。因此，在财经类教材中，应把古今中外反映不同时期的经济形势和经济理论的优秀经济文章，以及古今中外一些优秀企业及著名企业家的创业史、奋斗史、理财及经营技巧、管理经验等都要适当地选入教材当中。当然，这些选文应当是"语文"的，形象、生动、优美、感人。这样，学生就能把财经专业知识和专业技能与语文知识及语文技能有机结合，从而提高自己从事经济实务工作和经济管理工作乃至经济研究工作所需要的语文能力。

编写教材选文还要充分考虑层次因素。这里的层次主要包括两个方面：一是学校层次。学校层次不同，学生的语文水平会在整体上有一个梯度，对语文教材的要求也就会不同，像一本、二本、高职、民办高校、专科这样层次不同的高校，语文教材选文必然有所差异。二是学生语文基础水平层次。学生语文基础水平不同，对教材的需求也不一样。即便是同一所学校同一个班级同一门专业的学生，其自身的语文基础水平也很不一样，多数班级中学生的语文基础水平处于参差不齐的状况，教材选文编选应充分考虑学生自身文化底子的薄厚，选文要有难有易，照顾不同层次学习水平的学生。我们可以按照学生语文水平和专业方向不同编选出不同的大学语文教材，只有这样的选文，学生才会觉得编者是为自己量身定做的，才能激起他们的学习兴趣。

针对不同专业所选取的选文数量和难易也应该有一定差别。李漫天主编的针对政法、财经类大学适用的《大学语文》选文篇目才32篇，而徐中玉主编的全日制高校通用《大学语文》（2001年版）选文篇目达到127篇。王志林主编的适合理工类大学的《大学语文》，选文偏重于近现代文学作品，且选文的内容易懂好学。像曹雪芹《红楼梦》中的《宝玉挨打》、朱自清的《桨声灯影里的秦淮河》、徐志摩的《再别康桥》、周作人的《乌篷船》等，这些选文都是针对理工科的学生语文基础来编选的。而温儒敏主编的《高等语文》是"一门适合当代大学生的、偏重语文素养培育的基础性课程"，其选文有骚体文章《离骚》、中国古代神秘文化《易经》、道家文化《庄子》、中国古代数学《穿地》《勾股》、古代军事文化《孙子兵法》等。尤其是教材中的研读材料更是比较深奥难懂，像张岱年论《易传》的哲学思想、任继愈论老子贵柔的辩证法思想、汉字书法与文学之美等一些内容深奥的文章。这些文章如果是给理工类及艺术类专业的大学生学习，可能有相当的难度。

分类别分层次编写教材，本质上是贯彻因材施教的教学思想，更好地满足不同层次学生的不同的语文教学需要。

四、 多种选文内容比例的兼顾和协调的统一

因为语文课程内涵的丰富和外延的无限，可以作为语文教材的内容浩如烟海，常常让人感到顾此失彼。这种状况引起人们的争论，几十年间诉讼不断。争论的焦点集中在如何处理语体文与文言文、文学作品与实用文、现代题材与古代题材、中国与外国、时文与经典诸种关系，也就是各种内容选取比例的问题。

文言文当然要多选，中国传统文化的精华主要蕴含在文言文中。让学生了解、热爱和传承传统文化，最直接最有效的方式就是读文言文。文言文是宝贵的，形式典雅、内涵丰富，是古人思想精髓的结集，中国的文明由它传承到我们手中。韩军说："没有文言文，我们找不到回家的路"[1]，他这句话把文言文教学的重要地位阐释得很到位，只有认识到文言文的重要性，我们的一切文言文教学的探讨与交流才会有灵魂、有归宿！语文教学也才能找到自己的根。韩军虽然是针对基础教育课程中的语文来说的，对于大学语文，文言文的比重还应该再加强，因为大学生对我们自己文化的理解要更深入、更广泛，而且还要继承和发展。如果说中学语文教学"没有文言文，我们找不到回家的路"，那么，大学语文教育如果没有文言文，或者文言文的质和量存在欠缺，不但找不到回家的路，还找不到通向未来的路，眼前只会一片迷茫。人生在世，你不知道从哪里来，怎么能知道往哪里去？

大学语文教材应以我国文化经典为主。中国是有着悠久文明的国家。在世界几大古代文明中，中华文明是没有中断、延续发展至今的文明，有五千多年历史。我们的祖先在几千年前创造的文字至今仍在使用。两千多

---

① 韩军 . 大学语文［M］. 上海：华东师范大学出版社，2016.

年前，中国就出现了诸子百家的盛况，老子、孔子、墨子等思想家上究天文、下穷地理，广泛探讨人与人、人与社会、人与自然关系的真谛，提出了博大精深的思想体系。他们提出的很多理念，如孝悌忠信、礼义廉耻、仁者爱人、与人为善、天人合一、道法自然、自强不息等，至今仍然深深影响着中国人的生活。中国人看待世界、看待社会、看待人生，有自己独特的价值体系。中国人独特而悠久的精神世界，让中国人具有很强的民族自信心，也培育了以爱国主义为核心的民族精神。传统文化经典不仅是宝贵的思想资源，给我们以精神的力量并指示着前行的道路，而且，经过悠久岁月的洗炼和孕育，它已经成为最纯粹、最丰富、最温暖、最具有生殖力的母语。一个人要寻找感情的慰藉怎能不回到母亲身边，一个民族要学习语言怎能远离自己母语的长河？

中国传统文化自有其独特而深刻的内涵，如重视个体道德修养、强烈的民族意识和社会责任感、"天人合一"的和谐意识等。通过对古代文学名篇的学习，可以加强学生对民族传统文化的了解，培养学生高尚的爱国情怀、无私的奉献精神、纯洁的道德品质和高雅的审美品位等。但是我们也应看到传统文化中的伦理道德本位思想和群体意识存在的负面作用。它由于过分强调伦理道德对人的影响和注重个人在群体中的义务、责任，便忽视了个人的存在，造成了个人主体的丧失和人性的萎缩。同时由于儒家文化对家族、国家的重视，把眼光仅仅放在族群的现实利益上，而缺乏对整个人类命运的终极关怀和形而上的思考。我们不要被"民族文化素质和提高本国语文阅读与表达能力"蒙住眼睛。只要看看我们民族的历史，就知道我们民族的文化是怎样容纳、吸收外民族的优秀文化而发展得博大精深。如果我们现在真的拒绝吸纳外国有价值的东西，祖宗会笑话我们不争气的狭隘小气，而且，封闭自守下的"民族文化素质"恐怕会有些危险。"本国语文阅读与表达能力"不包括阅读外国作品吗？我们要失去对外国作品批判的能力吗？外国文化中有许多优秀的东西值得我们学习，特别是当代大学生，更要吸取一切人类文化的营养，养成开阔的世界视野。比如，西方文学是以个体为本位的，十分强调个体人格的独立和尊严，强调个体对生命价值的执着追求，常常"用有限的生命抗拒无限的困苦和磨难，在短促的一生中使生命最大限度地展现自身的价值，使它在抗争得最炽热的火点上闪耀出勇敢、智慧和进取精神的光华"。这种热爱生活，肯定和追求人的现世价值的积极乐观的人本思想，对我国传统文化是有益的必要的补充。

大学语文要编选一定数量的文化论文。大学生一方面要以阅读文学和文化原典为主，同时也要学习一定数量的文化论文。这一方面是因为论文的概括性强、容量大，可以扩大学生的文化视野，提升文化品位。另一方面，学习文化论文可以锻炼大学生的逻辑思维能力，培养研究的精神。

五、关注现实和充满理想的统一

任何时代任何民族的语文都不可能脱离现实，都不应该无视人们所面临的重大而紧迫的社会问题。直面现实，关怀人生，勇于担当，这既是语文教育的基本精神，又是语文教育要实现的目标，还是语文学习的最鲜活的动力。远离、漠视现实的语文要么枯萎要么陈腐。大学语文教材要选择能够反映重大而紧迫的社会问题的文章来学习。除此以外，教材还要引导大学生发现和研究社会人生问题，按照"初选课题—重选课题—制订计划—资料分析—调查研究—实验研究—论文撰写"等研究历程来编辑教材，让学生获得实践研究和学习语言的切身感受。

同时，理想是语文教育的灵魂、目标和动力，在语文教育中要高举理想主义的旗帜，语文教材是对学生实施语文教育的重要凭借。语文教材应该贯注高贵的理想精神，应该具有撼人心魄的力量，成为学生精神成长的向导和动力。衡量语文教育是否成功，就要看它是否培育起来了学生的理想精神。有了高尚的理想，才可能有正确的情感态度和价值观。若学生胸怀远大的理想并坚定地去为它奋斗，这样的语文教育就是成功的，反之，若学生理想迷乱、低俗或缺失，那语文教育就是失败的。

语文教材的内容，可以从道德理想、人格理想和社会理想三个方面来展开。首先应关注和同情弱小者，憎恶强暴，济危扶困，追求自然和谐，总括起来就是善良——善心和良知。人格上应热爱和尊重生命，崇尚自由和创造。社会的理想要追求公正和进步，面向现实而又超越现实，通过对现实存在的审视、批判而指向理想的未来。我们所说的理想精神还要包括培养学生的想象力和创新意识。当代大学生要善于从事实性问题展开推理和判断，要有很强的分析、判断和推理能力，具有独立、自由和创造的新人格。所以，大学语文教材要重视学生研究能力的培养。

这里所说的是教材的精神实质，从语文学科的特点出发，所选取的材料首先应是感性的，具有浓郁强烈的抒情性，能打动学生的感情。在这个层面之上，就是价值取向的问题了。在学生心灵的激荡中定位于正确的价值观。这样，理想才能真正成为学生的精神渴望，并在社会实践中去努力地实现它。

从整体上说，人类的理想存在于文化经典之中，那是一代代的人向往和智慧在实践中的结晶。从个体的人来说，人的理想发生于对现实的热情关注和充满诗意的想象。人的理想总是指向未来，它孕育于历史，诞生于现实，但又不会栖息于此，理想总是不知疲倦地向未来飞翔。这就决定了理想的实践性，离开了实践的"理想"只能算是幻想。在语文教育中，应把文化经典和现实生活结合起来，把人类总体的追求和个人的需要结合起来，把社会历史、人生现实和语文活动结合起来。特别是要关注现实，研究、批判现实，进而设计人类社会和个体人生的未来。语文教育的过程是一个精神的吸纳和创造的过程，在本质上具有实践性。它虽然生产不出物质成果，但它是严肃、纯粹的精神生产活动。理想的实践性在语文教育中表现为言语活动的过程性。

除上述原则，大学语文教材的编写还不能偏离语文学科的基本性质，坚持做到在"立人"基础上的人文性和工具性的统一。从选文的具体篇目和教学目标的确定方面考虑，还应做到基础教育和高等教育的衔接和超越的统一。

作为已经具备高中语文知识积累、跨越了中学语文"语篇教育"阶段的大学生来说，他们已经有了较好的知识结构，需要在更高层次上提升语言表达水平与人文情怀。大学语文教材与中学语文教材在要求上应该有较大不同。大学语文的"大"最直观的是表现在选材上，虽然同一篇作品大学老师可以比中小学教得多。语文教学目标的提升也是以选文的质量为基础的。大学语文如何选择教学的材料，要从教学目标来考虑。比如，同是培养学生的阅读能力，基础教育主要是读文学作品，高等教育要能够读文化作品。同是读文学作品，大学要做出多角度的文化阐释，以培育学生文化批判和建设的能力。所以，大学语文选文不同于中学的短小和明澈，内容要走向浩瀚深邃，造就大学语文的"大学"品格。

第三节 大学语文教材的使用

一、树立能动的教材观

要高效率地使用语文教材，必须首先树立能动的语文教材观念，正确把握教材的本质。能动是人类特有的能力与活动，作为大学语文教师，更应该在尊重教材、使用教材的同时，自觉主动地创造性地组织教材。

长期以来，"教材即知识""课本即根本"的观念比较流行，认为教材内容必须是定论或某一领域公认的原理、法则，对教师的教学和学生的认识具有绝对的权威性。在这种观念的支配下，课本成为课堂的根本，教材成为教学的主宰，教师的教就是钻研教材内容、传递教材信息的过程，而学生的学也是围绕着感知、理解、记诵教材而展开的。教学从教材出发，最后又回归教材，导致教学过程的封闭、僵化、死板，师生沦为课本的附庸、教材的奴仆，完全失去了应有的主动性和灵活性。能动的语文教材观把教材看作是引导学生认知发展、生活学习、人格建构的一种范例。它不是学生必须完全接受的对象和内容，而是引起学生认知、分析、理解事物并进行反思、批判和建构意义的中介，是案例或范例。因此，它强调教材是学生发展的"文化中介"，是师生进行对话的"话题"。师生进行教学活动的目的不是为了记住"话题"本身，而是为了通过"话题"这一中介进行交流，获得发展。

能动的教材观包含这样几个意思：第一，语文教材应是一种课程资源，是师生进行教学对话的凭借。第二，要充分意识到教材的赋予性。教材不只是揭示真知、告诉结果，更要赋予方法、启迪思维、体验过程。教材应赋予学生通过自己的经验来构建知识的能力。第三，要充分意识到教材的案例性。应当把教材视为一种研究的对象、一种重要的教学载体，而不能把教材看成是对教学内容的限定。

现在有的教材形成了一个"群"，参考材料、现成的教案、测评的题目等包罗万象，乍看为老师想得很周全，可谓无微不至，似乎教学按照他们设计好的套路走就成了。但是这样的规制却让教师无从着手施教，束缚了、限制了、失却了教师的体认和感悟，自作多情地剥夺了教师独立思考的权利，挤占了教师展开想象的空间。要知道，从本质上说，教学是一种创造，是一种认知实践活动，语文教学还是一种情感和精神活动。教师的体验和想象，即使再高明的人，怎么能够代替得了？严格地说来，大学语文教师是连查找一种教学资料都要自己动手的，遑论教学设计。大学语文教师的主体地位不可动摇，教学主体的权利不可让渡。

二、坚持以学生为本

　　教学的起点和归宿都是学生，教学必须以学生为本。以学生为本就是拿教材来配学生，让教材来教学生，用教材来发展学生。

　　在大学语文教学中，以学生为本除了教育学上的一般意义，还具有丰富的特殊意义。这些特殊的意义主要是：第一，关注学生的精神成长。大学是学生人格的淬火阶段，大学语文担负着重要的任务。现在不少大学语文教材以人的生命成长的顺序和规律来编写教材，教师在运用教材施教的过程中要始终把学生的精神成长作为坚定不移的目标。内容的组织、教法的选择，都应当为实现这个育人的目标服务。第二，要以学生的心理现实为教学的逻辑起点。学生对什么感兴趣，他们渴望的是什么，教师心中要清楚。大学生心理现实和语文学科功能的交叉点，就是大学语文教学的起点。第三，切实培养学生的语文能力。大学生毕业就走上社会，迫切需要一种实际的从业技能。即使再读研究生，他们也需要从事专业研究的能力。以学生为本，就要训练他们生存和发展的语文能力。第四，注重教学过程中的交往互动。教学中的交往互动不仅是一种教学的方式方法，还是学生能力形成、精神发展的途径。交往互动并不是简单问答的教学点缀，而是一种开放和生成的思想过程，应该鼓励学生就教材上的问题或与之相关的问题自由追问，应该推动学生积极地表达自己的观点。教学内容是"预设"的，更是"生成"的；学情是预估的，更是流动的。课堂上的学情千变万化，教学内容也就在变化、流动的学情中随时调整。

三、胸怀再创造的热情

任何一个优秀的教师都必须胸怀创造的热情，语文教师更应该成为思想的播火人。思维不能懒惰，精神应该像一团燃烧的火焰。因为语文首先是一种生命现象，是一种精神追求的过程。要想教好语文，必要的条件是要具有创造的热情和创造的能力。

大学语文教学中的创造性表现在许多方面，或者说在语文教学过程的各个要素中都要注入创造的成分。我们这里说的只是一些主要的方面。

第一，要发掘教材中包含的教学目标，明确定位教学的目标。我们现在通行的教材是文选式的，教学目标包含在选文之中。我们知道，一种文本的内涵总是隐蔽的和多方面的。尽管语文教材的编辑者在编写说明和思考练习等地方，对教学目标做了提示和说明。但是，它在某一种文本中仍然是不明确的。教学首先要明确教学目标，所谓文本的多元解读也是奔向一个目标的。天女散花、四面出击的语文教学往往事倍功半。第二，处理教材时要有阔大的精神格局和精神气象，要有广阔的文化视野、深厚的人文关怀。在这方面，要具有整体观念和很强的综合能力。语文教材多是文选型的，一个大的弱点就是篇章内容相对独立和零散。善于处理教材的人往往能突破单篇教学的局限，在分析之后能够综合起来，把思想的火花撩拨成忘情燃烧的篝火，把个体的一个个生活问题收拢指向人类共同面临的问题。从具体到抽象，从有限到无限，从扭曲到超越。可以采用单元教学法或专题教学法，对教材进行重新整合和延展。第三，结合实际对教材内容适度增删，还可以引入课外相关内容对教材进行有益的补充，利用当地文化和专业材料活化教材。教师在教学实践中应结合学生的实际情况创造性地使用教材，"活"用教科书。若学生基础好的话，可依据近体性原则对教材中的内容或问题设计进行扩充或延伸，让学生的潜能得到最大限度地挖掘，从而达到课程标准的较高要求；反之，可依据学生的反馈信息对教材内容进行必要的置换或删除，让学生在力所能及的情况下展示自己的聪明才智，在原有基础上得到进一步的提高，充分发挥语文教材功能的生成性和教材内容的灵活性。

四、主动转化教材的内容

不少人将教材内容和教学内容等同起来，认为语文课本上有什么教师就教什么，这种认识是片面的。"学生可以借助于同一语文教材获得种种不同的内容，相同的内容则可以从种种不同的语文教材里学到。这个事实即表明语文教材和语文教学内容的不同。"①教材仅仅是形成教学内容的一个"载体"，作为发挥实际作用的教学内容，其特性不同于教材内容。语文教材上的作品绝大多数都不是专为语文教学而创作的，它不可能完全符合教学目标的规定，而语文教学要有明确的教学目标而且要实现这个目标，教学中要围绕这个目标组织内容。教学内容与教材既有联系又有区别，教材内容是教学内容的重要来源，教学内容是对教材内容的重组与再生。

教材内容是以教科书的形式呈现出来的，它是对教学内容的某种预设，是教学内容的一个成分但远不是全部。语文教学的教学内容指教学过程中同师生发生交互作用、服务于教学目的达成的动态生成的素材及信息，是教师对静态教材内容多次教学处理的过程与结果。它既包括在教学中对现成教材内容的沿用，也包括教师对教材内容的"重构"——处理、加工、改编乃至增删、更换。教学内容不仅包括了教材内容，还包括了引导作用、动机作用、价值判断、规范概念等。教学内容具有静态的教材内容所无法包含的内涵，也隐藏着种种不确定性。教学内容是开放的、动态的。教学过程是教师、学生、教材、环境诸因素交互作用的"生态系统"。从教材内容到预设教学方案，再到课堂实施，其间经历了层层变革，最终形成了动态的教学内容。

再好的语文教材也不能照本宣科，教师必须实行有效的转化，把教材内容转化为教学的内容，实现教材内容的教学化。在教学过程中，师生必须把语文教材内容与教学实际结合起来综合加工，一方面合理地利用教材教学，对教材内容进行选择、取舍、加工，选取的内容最好在学生的"最近发展区"，以学生心理水平为基础，又有发展性和启发性。另一方面，师生可以科学地加工教材，合理地组织教学过程。它不仅包括教材内容，还包括引导作用、动机作用、方法论指示、价值判断、规范概念等，包括师生在教学过程中的实际活动的全部。把知识的逻辑顺序和学生的心理顺

① 钟启泉.现代学科教育学论析［M］.西安：陕西人民教育出版社，1993.

序相结合，设计教学内容时必须考虑知识系统的内在逻辑体系和学生学习活动内在的认知规律的差异和顺序。

把教材内容转化为语文的教学内容有两个要点：一是把教材内容心理化，二是把教材内容实践化。语文教材的心理化是指要把教材的内容转变成学生能够感受和体验的对象，而且包含一个从感性认识到理性认识的完整的思维过程。这个过程是生成的，能够孕育感情、升华思想。心理化的内容明显的特征是具体、形象和持续、开放。教材内容的实践化是指要把教材内容转化为学生听说读写的语文活动。实践化实际上是教材内容的内化，只有在连续多样的语文活动中，教材内容才能被学生感受和体验，语文能力才能生成，教材内容的实践化表现为，一篇作品成了由师生、作者和世界多方参与的一场对话。在对话中运用语言，加深认识社会和人生并指向一种价值追求。

五、寻找合适的教学方法

"教材无非是个例子"，教学一篇文章，要把课文放到学生知识、能力、人格的整体发展结构中考虑，从单元、全册乃至学段的整体高度出发来实施教学，做好语文教材的"开发"工作，充分发挥语文教材的整体功能，全面提高学生的语文素养。

一般地说，要找到合适的教学方法，必须首先明确教学目标、吃透教材，而对于大学语文来说，语文教师还要下更大的功夫、花更多的精力，因为大学语文是一个内涵极为丰富的小宇宙。王国维在《人间词话》中指出："诗人对宇宙人生，须入乎其内，又须出乎其外……入乎其内，故有生气；出乎其外，故有高致。"[①]教师钻研教材，也要深入内容，入乎其内。因为入乎其内，才能和作者心相映、同呼吸、共命运，成为文本的知音。入乎其内，才能胸怀教材内容，做到未雨绸缪。具体一点说，要吸纳学术界，包括语言学界、阅读学界、文艺学界、写作学界等领域成熟的学术成果，尤其是专家学者解读某篇教材的成果。在这样一个背景下，充分发挥自己的主观能动性，充分调动自己的学术积累和人生积累，经过对教材的再组织再创造，设计出一个有包容能孕育的教学过程。

最好的语文教学方法是知识、感情、精神和能力的融合，是内容、过

---

① 王国维. 人间词话 [M]. 武汉：长江文艺出版社，2017.

程和方法的统一，它应该具有鲜明的开放性和生成性。在教学的过程中，我们要时刻记住夸美纽斯的话，任何一个教学过程都应当是有结果的。

从可操作性上考虑，可以从以下几个方面入手：

第一，纵横左右联系。社会万事万物是紧密联系的，语文教材中的每篇课文都不是孤立存在的。教学中，注意教材的纵向、横向联系，"左右逢源"，把单篇文章联系起来。这样做，有时是为了求得背景材料，有时是为了获取观点印证，有时是为了获取规律认识，不一而足。但其目的都是把具体的"一篇"看作"整体中的一篇"来教学，发挥教材的整体功能。一是激发学生的学习兴趣。二是增大了教学容量，训练了听说能力。三是拉近了与生活的距离，强化了语文与生活的联系。

第二，精心剪裁。语文教师在每篇文章的教学过程中总是企图把方方面面的知识、能力、人格、素养等都考虑到，都训练到。这只能让语文课背上沉重的包袱，什么都讲，会什么都搞不好。实践证明，只有对教材精心剪裁，才会有教学重点的集中凸显。但要注意：一是不能肢解和割裂教材，破坏整体美。二是必须以促进学生的发展为中心，利于培养学生的语文素养。三是要有系统观念，单元与单元之间、篇与篇之间要各有侧重，又互为照应。四是必须从学生实际需要出发，教学内容的剪裁要因人因班而宜。总的原则是，面上不能泛，点上必须亮。语文教学像写小说一样，小说的生命在细节。语文教学内容的泛化必然导致语文教学的意趣全无的骨感。

第三，寻求思路。教学思路即教师处理教材的思维轨迹，其实质就是考虑如何引导学生尽可能真切而深刻地领会文章的写作思路。教师的教学思路和作者的写作思路，虽有着千丝万缕的联系，但一个侧重于教、一个侧重于写，不能混为一谈。有的教师仅着眼于文章结构，一层层一点点地剖析，从头解剖到尾，看似细致，但文章的灵气与神韵却被切割得荡然无存。学生到头来得到的不是亲切的体会，只是死记课本上的几个条条框框而已。叶圣陶先生说："能够引导学生把一篇文章的思路摸清楚，就是最好的语文老师。"[①]这个思想的路怎样引导呢？仅仅逐段平推显然不行。平推对那些演绎性强、结构简明的文章，也还有些作用。但每篇文章都用平推的办法，不仅学者生厌倦，教者都要感到索然无趣了。面对一篇篇文质兼美的文章，面对一双双渴求知识的眼睛，教师应当拿出处理教材的富有个性充满智慧的"创意"，寻找到教学的最佳思路。阅读教学中的最佳思路应该是作者

---

① 叶圣陶. 给初学写作者［M］. 长沙：湖南教育出版社，2008.

的创作思路、学生的认知思路、语文学科的内在逻辑和教师教学程序的统一。

语文教材的"开发"工作是一项具有创造性的工程，大至文章的谋篇布局，小至遣词造句的神妙，都有"学问"可做：或追根求源，或借题生发，或求其同异，充分"开发"课文潜在的训练能量，师生共同探究、共同创造。

第五章　大学语文教学过程

第一节　语文教育过程的本质和节律

一、语文教育的过程和方法的特殊性

　　语文教育的过程和方法除具有以上性质之外，还具有自己的特殊性，这就是开放性、关联性和回归性。语文教育是多个对象、多种层次、多种角度的对话。凡是世界上存在的、生活中遇到的、自己认识到的，都可以纳入到语文教育的过程和方法之中。这就造成了语文教育过程和方法的丰富多彩。语文教育过程和方法的封闭必将导致语文教育的单调、枯燥和僵死。参与到过程和方法中的种种要素紧密联系，相互作用。理解作品既是对作家的理解，更是对作品所表现的事物的理解。作文不仅仅是运用语言文字的问题，更是对事物、对社会、对世界认识的问题。事实、观点和意义之间、物质存在和精神生成之间都不是孤立的。主体客体之间、主体和主体之间存在着多种多样的或明或暗的包含、孕育、催生等联系。语文教育的过程和方法最终要指向作为学习主体的学生自身，完成生命内部的意义建构，实现精神和心灵的发展。人和世界的联系是自己建立起来的，而不是由别人代为确立的。人的心智也正是在过程和方法中发展起来的。

　　具体地说，语文教育的过程要经过体验、感悟、思考、表达等几个阶段。最基本的方法是观察、诵读、想象、探究、交流等几种。过程和方法是融合在一起的。语文学习研究的对象有两类：一是具体实在物，一是符号替代物。对于具体实在物可以直接感受，而对符号替代物则需要通过想

象转化为可以感受的具体实在物。敏锐的感知和体验是语文学习的最为关键的一步。语文教育必须调动起学生的全部感官，用眼睛观察，用耳朵倾听，用舌头品尝，用鼻子嗅，用手触摸，用整个肉身来感受、来体验，这样，事物便和生命融为一体了。就是那一行行的文字也都成了鼻息撩人、光彩闪烁、温情流动的有生命的存在。文字以及事物通过学生的体验，经由联想，才可以进入人的灵魂并在灵魂里面升腾飞翔。要能够身有所感、心有所思，情摇神荡，这才能进入到思考和研究的阶段。思考和研究中想象是极为重要的，这里的想象已不同于前一阶段中感性化的想象，这一阶段虽然不排除形象，但主要的是抽象和概括，是寻找联系和获得发现。它包括三个要素：一是接触实际，明了真实的存在。二是把握事物的本性，从事物的原因去解释事物。三是寻找事物之间的联系，促进运用。要获得对事物的真正理解，就要开启悟性，独立思考。了解了事物，弄清了事物的根源，形成了自己的真知灼见，那么，语文学习也才具有生命、拥有了灵魂。最后一个阶段是表达和交流，表达和交流是语文教育的高级阶段。要把知识转化成自己所理解的东西，要和实际接触，要运用主体的思考力，并形成自己的意见。切不可用别人的眼睛来取代自己的眼睛，用别人的头脑来取代自己的头脑。必须自己研究事物本身，发出属于自己的声音。这样，学习主体在表达和交流中跟世界建立起联系，同时又在日益广泛深刻的联系中丰富和提高了自己。

语文教育过程和方法的目标具有两重意义：一是它本身是教育的目标，二是它还是实现目标的途径，具有重要的发展功能。正确的方法能发展人，错误的方法能扼杀人。我们所说的体验、想象、表达的学习方法是自主的，它注重刺激学生的内部生长机制，能够解放和促进学生的创造性。由这样的方法构成的学习过程必定是充满生机的。学生置身于这样的学习过程，必然心灵自由、思维活跃，语文学习就成了人的本质力量的快乐的游戏。

二、语文教育过程的要素和特征

语文教育过程的要素。从过程的要素入手来分析语文教育是最基础的一步。语文教育的过程包括三个主体要素和一个关联要素，主体要素是学生、教材和教师，关联要素是三个主体要素之间的相互关系。过程的这四个要素共同构成语文教育的有机体。

学生。学生作为一种心灵化的存在物，是教育过程中最基本最活跃的因素。它既是教育的出发点也是教育的归宿，是过程和目标的统一体。学生感受、体验教材，学生的"心智绝不是被动的，它是一种永不休止的活动，灵敏、富有接受性，对刺激反应快。你不可能推迟它的生命，到你使它锋利了的时候才有生命"①。心灵是一个参与者，而不是参观者，学生在语文教育的过程中自我发展。

教材。教材是宇宙的一个镜像，是被意识了的世界存在物。实际存在物可以分为实体存在物和概念存在物两类。实体存在物是指具有形体的存在，它广泛地存在于自然界和人类社会。概念存在物是指符号化了的存在，如文学艺术作品。语文教材既包括概念存在物也包括实体存在物，实体存在物和概念存在物经由学生的感受等一系列精神活动而相互转化。学生通过学习教材而感知世界。语文教育就是学生和世界建立起广泛的联系并逐步深化的过程。教材提供认识的对象，发出呼唤。教材不是机械的冷冰冰的东西，它有巨大的潜能，它以蕴含的丰富信息走进主体并打破主体图式的平衡，促进主体形成张力，寻求发展。主体以积极响应的精神态度接纳教材，接受、发现、同化，最终达到主客一体的沟通和交融。

教师。在过程要素中，语文教师的存在有两种意义：一是作为教材的存在；二是作为关联的存在。语文教师的这种二重性决定了他的重要性和复杂性。作为教材是指文化蕴含丰富的语文教师本身就是活跃的课程，是教材的重要组成部分。语文教师对教材的解读、对课程的组织以及他自身都是积极的文化性的实际存在物。作为关联的存在是指语文教师在学生和世界这两个实际存在物之中充当中介人的角色，在实体存在物和概念实存物之间起到重要的沟通和转化作用。特别重要的是，教师的人格、思想等精神力量在主客体融合的过程中起到重要的指示和促进作用。他亲手打开存在之门，以自己思想之光照射进去，使学生对世界的感受得到催化和烛照。教师不是主客之间的一堵墙，也不是一座桥，严格地说，是从桥上跑过去的过程。语文教师工作的价值在于他过程性的存在，教师的感受与学生的感受不是代替，也不是重合，而是引发和催生。

关联。过程中各要素之间的关联紧密又频繁，而且各要素之间的关联方式直接决定着各要素效能的发挥。这就是说，关系决定存在，实际存在

① 阿尔弗雷德·诺斯·怀特海．教育的目的［M］．靳玉乐，刘富利，译．北京：中国轻工业出版社，2017．

物的价值不能自我确证，而是在相互关联的过程中实现的。对话、交流、融合、催生，是语文教育各要素关联的本质属性。具体地说，学生、教师和教材是三位一体的，三者通过对话交流而融合而生长，其中学生的生长是核心目标，它在各种关联中起着决定作用。教师在整个过程中都处于隐性的地位，语文教材是实际存在物与概念存在物之间转化和结合的标本，它若隐若现。它们在学生和世界相知之后而最终退出这个动态系统，留下的只是一个精神化的符号存在物，魂在而形逝。

语文教育过程的特征。语文教育过程是借助于语言对世界的认知过程，是学生在言语中自我组织的过程，它具有十分突出的个性特征。语文教育过程的特征可以概括为开放性、关联性和回归性。

过程的开放性。在语文教育过程中，主客体都表现出开放的特性，而且是双向对流的。主体的开放表现为学生心灵的接纳性，客体的开放表现为实际存在物的启示性。世界以无数的实在之物显现在我们面前，学生以独特的感受和独立的思想参与到语文教育过程之中，因此，客体的启示和主体的接纳、交集形成一个多重的对话领域。它的情形如火种与木柴的相遇，如两条江河的交融或对流。主客体任何一方的关闭都意味着语文教育过程的中止。从过程哲学来看，过程的中止便意味着实际存在物意义的丧失。教师的开放性表现为把教材和学生往同一个场域的集中和投放，教师不能束缚任何一方，而只能是打开、纠集，使主客体共存于一个统一体中。

过程的关联性。关联性是指对观点和意义之间联系的不断寻求，并考虑历史文化背景与关联情景的感知方式之间的联系。各种实际存在物之间都不是孤立的和封闭的。关联就是不断地寻求、不断地探索，发现事物之间的联系。这种联系主要是内在的精神上的联系。主要有：各存在物之间的联系、每一种存在物内外之间的联系、存在物在不同时空中所具有的意义的联系、对实际存在物的千差万别的感受方式及其结果的联系、实体存在物和概念存在物之间的联系。所有这些联系都可以归结为主客体之间的联系。这种联系是具有历史文化性的存在，是无限丰富的心灵之间架起的彩桥。关联在本质上表现为实存、观点和意义之间的联系。

过程的回归性。回归性是语文教育过程最具价值的终结性的特征。如果说开放和关联是以主体的心灵为起源往四面八方的无数实际存在物发散，那么，回归则是从实际存在物向主体心灵的收拢。回归是经验的反思、意义的重构和整个机体的转变。回归的价值在于：主体跟世界的联系是自己建立起来的，而不是别人建立起来的；主体跟世界的联系靠的是感受，而不仅仅是对世界的记忆；主体跟世界的联系是积极的重组、整合和创建，而不是单向的孤立的储存。回归使得主体拥有世界，融入世界。回归性是语文教育的目的之所在。语文教育最终要回到主体自身，通过对实际存在物的选择、感受、解释，完成意义的建构。

三、语文教育过程的本质和节律

语文教育过程的本质。语文教育的过程是丰富多彩的，学生、教材和教师的不同都使得每一个过程显示出鲜明的个性。但是不同个性的过程在本质上是一致的，即都具有实践和创造的本质特征。

过程的实践性。实践是指主体与实际存在物的亲密接触，主体感受客体并达到二者的和谐统一。语文教育的实践表现为紧密相连的两个阶段或形式，即认识和表达。认识是感受，表达是理解。认识是表达的前提，表达是认识的深化。认识和表达结合在一起促进主客体之间的广泛深刻的联系。在语文的实践中，认识侧重于感性的把握，而表达中则渗入了理性的思辨。

过程的创造性。语文教育的创造是指发现实际存在物之间的联系及其价值。创造重在物质存在和精神存在之间的转化，在于想象、判断和推理，在于主客体及其各种感受之间的沟通。教育的价值在于发展和创新。"最重要的是，我们必须警惕缺乏活力的死板概念，也就是未经思考、未经经验的，对观念囫囵吞枣式的接受。"[①] 怀特海把只会记住概念而不会感受和思考的人称作"名存实亡的人"。他说："信息的碎片与这种教育完全是两码事……一个仅由信息装备起来的人是世界上最无用的。"语文教育"是思想的活动和对美及人类感情的接受"。[②] 这种接受应该是自我生成性的。经过对实际存在物的感受、转变、多重解释，达到理解并最终实现意义的建构。

实践和创造是融为一体的，创造是在实践中的创造，实践也是创造意义上的实践。把实践和创造联系在一起的是主体的精神的自由。离开了主体的精神自由，实践和创造都将是不可能的事情。

① 阿尔弗雷德·诺斯·怀特海.教育的目的[M].靳玉乐，刘富利，译.北京：中国轻工业出版社，2017.

② 阿尔弗雷德·诺斯·怀特海.教育的目的[M].靳玉乐，刘富利，译.北京：中国轻工业出版社，2017.

语文教育过程的节律。过程的节律是语文教育中最具有实践意义的一个问题。语文教育的过程是通过节律展开的，过程的要素、特征和本质也是经由节律才能得以参与到过程中并在过程中体现的。我们从长度、环节、动力和中介四个方面来讨论语文教育过程的节律。

过程的长度。语文教育过程的长度不是物理方面的时空量，而是一种心理的时空。长度的标志是完成一个从物质存在到精神存在的转化以及主体间感受的沟通。要经过对实际存在物的接触、感受到理解和表达，从实际经验情境的感受到超越实际经验情境的探究和反思。这是一个人的精神不断壮大的历程。在具体的语文学习活动中，常常表现为从材料到观点再到表达出来的一个完整的过程，这个过程是语文教育的最基本的单位。无数的基本单位联结成为一个人精神生命的成长史。过程长度的压缩和删减是对语文教育乃至主体精神的压抑和扭曲。

过程的环节。环节有两个层面上的意义：从历时的层面上说，语文教育要经过浪漫想象、精确分析和综合运用三个环节。儿童时期主要是对实际存在物的浪漫想象，指的是事物未以清晰的结构呈现，而以混沌的面目出现在学习者面前，学习是通过想象等浪漫的方式进行的。少年时期是对实际存在物的精确分析，即对浪漫阶段已经存在于头脑中的活跃而混乱的思想进行有序排列的阶段，同时，它需要不断地补充新的知识，以促进对原有知识的认识，对浪漫阶段的一般内容做出揭示和分析。所谓精确分析，是相对于浪漫想象而言的，如果跟数理上的精确分析相比较，语文教育中的"精确分析"仍然是模糊的，这是因为它无法进行定量的分析。青年时期则应走向综合运用。再从共时的层面上看，语文教育必须经过感受、理解和运用这三个环节。无论历时层面还是共时层面，它们都绝不是各自独立、从一个环节跳到另一个环节的，而是交融和包含，它们之间是渐变式的关系。怀特海认为，每一堂课、每一门学科，甚至人的一生，都是由这三个阶段不断交错重叠着的，教育就应该是这样一种不断重复的循环周期。

过程的动力。主客体之间的融合为什么是可能的？这个过程的动力是什么？从表面上来看是由于实际存在物的不同个性的相互作用，就像温度的传递和水的流动。更深层的原因则在主体：主体的欲望，认识事物的天性，但更重要的是在这个基础上以历史文化培育出来的主体精神，其核心因素是理想和信仰。主体精神把分散的实际存在物统一于一个有机体内，并以自己的光照发现实际存在物的本性——从物质存在到精神存在的转化。

过程的中介。中介是一种实际存在向另一种实际存在转化的中介，具有联结和沟通的功能。中介普遍地存在于无数的实际存在物之间，把世界联结成为一个系统或整体。失去中介的世界将是零碎的，甚至可以说，完全离开中介的实际存在物是没有意义的。语文教育过程的中介是语言，它把物质存在和精神存在联系在一起。与物理性的中介相比，语言中介具有二重性，它除了具有联结和沟通的作用以外，本身还具有极大的潜能，它自身就是物质存在和精神存在相结合的产物。在物质存在和精神存在的联结中，它还发挥着促进、转化的重要作用，而物理性的中介是仅有传导而没有转化功能的。

语言是天地万物的言说，万物以语言的方式向主体敞开，而主体也是以语言的方式来感受万物的。语言是有生命的，语文教育过程的转化表现为语言的流动。语言的转化功能还有更进一步的意义，就是实现实体存在物和概念存在物的转换。从这个意义上说，语言不仅是语文教育过程的中介，它还是语文教育过程的材料和动力。

虽然说是世界存在于语言中，人存在于语言中，但语文教育的终极境界还是要超越，要达到物质和精神、个体和世界、躯体和心灵的高度统一。

第二节　大学语文教育的生态系统

大学语文是一个结构庞大的生态系统，盲人摸象式的局部确认是对整体的歪曲，必然导致对大学语文教育生命的扼杀。大学语文教育的路径跟大学语文一样复杂，我们以生态学的观点来分析它，希望借此看清目标并找到一条清晰、切实的教育路径。如果能够在认清大学语文教育的结构组分、能量传递网络的基础上考察大学语文教育，那么，它的教育路径也许就会清晰地在我们面前延伸。

一、生态学的基本原理

生态学是一门"研究有机体或有机群体与其周围环境的关系的科学"。研究对象分为个体、种群、群落和生态系统四个层次。在一个生态系统中，所有的生物组成多个生物群，各种生物群之间通过能量流动和物质循环构成相互影响、相互制约的统一整体。自然界生态系统的组成包括非生物的物质和能量、生产者、消费者和分解者四个部分。各部分之间最本质的联系是通过营养来实现的。或者说，生物与环境、生物与生物间的密切联系是通过食物链的能量流动来实现的。自然生态系统的能量流动是单向的并且逐级递减，因而往往呈现金字塔状。

自然界生态系统的基本规律是相互依存与相互制约、物质循环转化与再生、物质输入输出的动态平衡、相互适应与补偿的协同进化。在整个生态系统中没有所谓的单个独立存在物，它们完全是联系的和共生的。生态学的基本精神是综合、联系、平衡。

在生态学看来，"世界是由关系网络组成的有机整体，现实中的一切单位都是内在地联系着的，所有单位或个体都是由关系构成的。在这个整体中，作为关系者的事物和事物间的关系都是真实地存在着的，任何一物的变化必然引起这些复杂关系网络的变化。这种相互包含的关系是一种内在的有机联系，而不是实体与实体之间机械的外在相互联系"。"生态智慧可以应用于教育研究，生态思维模式本身更贴近教育形态"。[①]1976年，劳伦斯·克雷明运用生态学原理与方法研究教育现象，把教育与生态环境联系起来。这标志着生态学已从纯粹的生物学研究踏上了与人文学科融会贯通的新道路。但这时多是宏观的教育生态研究，主要是从整体上探究教育与社会、文化的互动。近年来，有人把生态学原理运用于教学，认为"从生态学的角度研究教学问题是一个新的视角。目前有关生态学的研究立场、视角、原理、方法，也同样适用于教学问题的研究"[②]。

---

① 鲁枢元.生态文化研究资源库：人类纪的精神典藏（上）[M].哈尔滨：哈尔滨出版社，2021.

② 劳伦斯·A.克雷明.教育新视野：公共教育[M].宇文利，译.北京：中国人民大学出版社，2016.

二、大学语文教育生态结构的特征

第一，大学语文生态组分的生殖性。

在自然界，一个种群要达到一定的数量才能保证该物种的稳定生存，不少物种因为数量的减少而消亡或趋于消亡。所谓生态危机，正是由此而产生。大学语文教育系统的构成因素是无限的。也许有人认为，汉字的数量是有限的，但一个汉字有多种含义，每一种含义又随着人们生活的变化，通过比喻、引申等方式快速生殖；汉字的构词能力极强，每个词在无数具体的语境中繁衍的意项能够包罗万事万物。语文的外延与生活的外延相等，世界上一切已经存在和可能存在的，凡是人可以意识到的，都可以作为而且也必定会成为语文的构成因素。

大学语文教育研究最为困难的大约就是它的构成因素实在太过于庞杂，以至于有种置身于无边的海洋而无力泅渡的沉溺感。如果从生态学的观点来考察大学语文教育系统，它的组分结构和功能结构就会逐渐清晰起来。大学语文不可穷尽的构成因素可以归属于四个大的群落，或者说，大学语文生态系统有四种组分：文字、文化、存在、生命。

汉字以简单的笔画描绘出了事物的特征，是作为主体的人对事物细致观察和准确把握的写照，是一种充满诗性的认知活动的结晶，里面储存着丰富的生命热量。在源远流长的汉文化的背景下，每一个汉字都布满了历史的脚印，充盈着真实生命的鲜活的呼吸。文字是人类最重要的交际工具。"交际"是主体和客体之间、主体与主体之间的对话和交流。客体一旦进入主体的视野，它就不再是纯客观的了，特别是在人文领域，客体往往映现出主体的本质力量的光辉；而主体是文化孕育出来的精神的载体，主体之间的交际无不显示出人的本质力量的对话性。"交际"在本质上是一种深刻的生成性的文化活动。汉字是文化的载体，又孕育着文化精神。

语文教育意义上的存在泛指各种事物或现象。从类别上可分为自然界的一切景物和人类社会的人物和事件、组织和思潮、文化和文明。不仅有现实生活也有历史典籍——大学语文学习过程中接触最多的正是各种言语文献；既有物质形态的，也有精神观念的。存在在语文系统中绝不是纯粹物质的，它更是心理的和经验的，文字中的存在是前人经历过的世界、感受了的世界。阅读文字必须再跟自己的经验世界联系起来，合为一个属我的精神世界。一切存在物都是语文的来源、对象和动力；在心灵力量的作用下，一切存在都转化为高贵的生命精神，最终达到"天地万物以为心"的境界。

因此，大学语文各生态组分不仅互相依存、互相映射，而且互相激发和催生，共同构成一个辽阔、蓬勃的心灵牧场，由此孕育和发展人的主体精神。

第二，大学语文生态结构的环流性。

自然生态结构呈现金字塔的形状。处于金字塔底部的是能够吸收太阳能并制造营养物质的绿色植物，站在塔尖上的动物通常是肉食性的大型猛兽还有我们人类。在这种生态结构中，一个生物群落的生存是以蚕食另一个生物群落为基础的，即使相同相近的物种也常因利用同一资源而厮杀。"大鱼吃小鱼，小鱼吃虾米，虾米吃浮游生物，浮游生物吃绿藻"以及"一山不能居二虎"，就形象地揭示出自然界生态结构的层级性及其吃与被吃的生存原则。

大学语文中的文字、文化、存在、生命四种组分不是金字塔的结构，而是互相交叉渗透、呈双向奔流的环状分布的四个生态圈。它们之间的关系完全不是自然生态中吃与被吃的关系，恰恰相反，它们之间是互利共生的孕育关系。

语言就是我们存在的世界。语言为人类从混沌的宇宙中扩延着存在论意义上的领域。语言的存在方式首要的是对在场和现实的记忆和描述，它带着生命的体温和灵魂的印痕，保持了一个民族对生活当中最核心、最本质部分的体验。是语言诱导我们深入生活、体验生活的切肤之痛，使我们不再做一个俯视者和旁观者，而是真正融入其中，让世界的风景扑入我们的眼帘，让生活中的激流在我们的血管里奔涌呼啸。人正是通过语言才跟生存的世界建立起了深刻而又广泛的联系。文化是一种精神力量、是一种价值取向，是人类不屈不挠走向文明的悲壮的过程以及在这个过程中产生的辉煌的成果，是文化使我们的精神站立起来。我们对文字的阅读和理解总是在主体精神的策动下向文化的底蕴挺进，寻找、感受和吸纳文字所建立的形象背后的文化精神。真正意义上的言说，是具有主体性的人跟世界的对话。而且，人的精神是在这种对话中成长的，语文能力也是在这种对话中形成和发展起来的。

大学语文各组分环流、奔腾,组成络绎缤纷的人类文明进步的文化景观。我们由此深深地理解民族以及人类的历史和现状并展望未来，为自己及社会设计一个理想的蓝图，并为之努力奋斗。

跟自然界所有生态系统一样，大学语文生态系统中的每一个组分都必须吸取能量才能维持自身，同时，它也要生产能量传递给别的组分。各组分通过能量有效地传递共同发挥结构系统整体功能。

第三，大学语文生态系统能量传递的可逆性。

在自然生态系统中，生物组分之间的能量传递关系错综复杂，但能量传递的基本形式是一种生物以另一种生物为食，从而形成一个以食物连接起来的能量传递的链锁关系。它们通过一系列的吃与被吃的关系把彼此紧密地联系起来。生物间的能量传递意味着食物链中一种生物的消失，就是说，这种能量的传递是单向的、不可逆的。

而大学语文组分的能量传递是可逆的、双向的，能量传递绝不是以一个"种群"的消失为代价，不是像自然生态一样组分能量传递的一级级减少。相反，在每一级能量传递的过程中，能量还可以再生，就是说，大学语文组分能量的传递具有生成性。比如，文字在一代代人的运用中积淀出丰厚的文化含义，这使得字义变得丰富，字的能量因此成倍扩大。每一个人使用字词的时候，又总是表达自己的思想认识，赋予字词鲜明的个体色彩。人在使用语言的过程中接受文化的洗礼，养育文化精神，而富有崇高文化精神的人又赋予语言以生命的光彩。一个人言语的内容和方式在本质上是他生命的现实，精神的高度决定着言语的高度。语文活动实质上是一种深刻的生命活动。文采即生命的光彩，华章映射出精神的光辉。口若悬河、下笔如有神是思维的奔涌不息。学生了解他们生存的这个世界，认识自然和社会，洞察历史和现实，理解个体生命在世界中的真实存在及其意义；用高贵的心灵之光去反观、照射这个世界上一切现存的事物，以自己丰富、强健的想象力实行对现实的超越。

大学语文组分的重要特性是生产者、消费者和分解者的合一，它们同时具有三种功能。这并不是说每一个组分自身是生产者、消费者和分解者封闭的内循环，恰恰相反，它们都是开放的、 耗散的。它们不是生物体内物理能或化学能的传递，而是信息的传递——认知的智慧和情感的因素以及价值的判断。人的生命是在跟世界建立起来的关系中显示其自身价值的。从哲学上来说，主体与客体并不是彼此孤立的存在，也不是单向的联系，而是一种积极深刻的交流和融合。一种进取的生命总是不断地从世界万物中获得启示，而世界万物也因为人的精神的映照而显示出生机。这是一个循环往复、不断深化的过程。在这个过程中，语言起到一种联结和推进作用。人是在语言中与存在"相遇"的。海德格尔认为，语言的本质是去蔽，是一种澄明的到来，是人诗意地栖息在大地上的精神家园。"语言艺术并不是对一个现成的给予的实在作单纯复写，它是导向对事物和人类生活得出客观见解的途径之一。"①

第四，大学语文生态系统能量传递的主体性。

自然界的生态秩序是在多种群落相互作用的关系中自发地实现的，而语文生态中各单独个体的行为秩序是由系统中枢发布命令决定的。具体地说，文字、文化、存在等组分功能发挥的程度受主体生命的制约。处于生命核心地位的价值理想既是一种主导性的动力，也是语文生态系统运动的目的。

大学语文生态系统虽然外在地表现为某种技术的成分，但它实质上属于观念形态。如果从微观的角度看，会发现它的内在结构如人的神经结构一样细密，功能极为复杂，各个结构要素的功能都不是孤立地进行的，而是在人的生命价值指令的直接或间接控制下，互相联系、相互影响、密切配合，使语文素养成为一个完整统一的有机体，实现和发挥语文的文化交际的功能。人的主体精神及其认知规律决定着语文生态运行的秩序和方向。从接受的角度看，语文信息接受的基础是学生个体的体验。一切精神、价值以及概念、观点的接受、衍生，都要在这个基础上才能实现。语文各组分能量的传递必须有适合大学生感官需要的鲜明特点和刺激态势，使信息到达后便于接受和理解，从而成为他认知结构中的一部分。

语文生态系统之间遵守的是情感逻辑和价值逻辑，言语行为是由系统的生命感情和价值系统指挥的。在文字、文化、存在、生命四个生态圈中，起主导作用的是人的生命。生命深处的情感态度、价值观和理想精神共同构成一个人的主体意识，其中最核心的是理想精神，它既是运用语言的动力，又是运用语言的内存尺度。言语流并不是如水波光波一样的纯物理性的东西，而是感情价值以及理想的流动。当我们面对一群人物、一些事件的时候，只有理想的光辉洒在它的身上，才能对它产生一种生动的感知，才能评判它的价值，才能对它发生某种心理的触动，思维飞扬起来，语言才可能飞扬起来。理想不仅重新赋予字词以个性化的生命，而且还决定着字词"排列"

① 海德格尔.海德格尔说存在与思[M].颜东升，译.武汉：华中科技大学出版社，2017.

的秩序和方向。运用语言的能力在本质上是一种心灵的力量，言语行为只是把外部世界跟思想结合在一起。

语文生态的主体性还表现为要不断主动地打破系统结构的平衡。这与自然生态依靠被动的自我调节来实现能量供求平衡有很大的不同。语文教育生态系统追求的不是系统的平衡或稳定，各组分之间不要平衡或稳定，而是要不断打破、远离平衡态。语文系统各组分必须与外界不断进行物质、能量、信息的交换运动，要充分开放边界，不断引进大量的新鲜的语文材料，特别是引进一些异质的语文材料，对系统的原有结构产生冲击，从而实现语文生态结构的进化。特别要指出的是，调节系统各组分关系和数量比的主导力量是人的理想精神，作为主体的人能够自觉地确定生命和言语的关系、生命和世界的关系，从而积极、主动地选择优秀的文化丰富自己的语言，建构自己的生命，实现对存在的敞亮、深刻的表达。

第三节　大学语文教育的五步教学法

大学语文教育是认识过程、心理过程、社会化过程的运动系统。它除了具有生态系统一般的整体性等结构特征外，还具有自身生态结构的独特性。大学语文教育应当根据其生态结构的内在特征，充分发挥文字、文化、存在、生命四个生态圈的结构功能，采用"五步教学法"。每个教师可以依据自身的条件和能力，针对不同的教学内容，去自主创造适合于自己实际情况的教学方法，但基本的程序应是遵循其内在结构的回环和上升。

大学语文教育要从文字开始，在文字教学的过程中，用文化知识拓展生命的领域，用文化精神建设生命的主体性。一个丰富、强健的生命观察、体验多样性的存在，才能建立起主体跟世界广泛深刻的联系，从而直面人生，自觉地承担起改造社会的责任。这种认识、责任还要用文字流畅、完美地表达出来。语文教育的这个路径可以简明地表示为：文字→文化→生命→存在→文字。从文字开始再回到文字，这不是处于一个平面上的封闭的圆圈，而是呈现出螺旋式上升的态势。开始的文字是已经存在的别人的文字，而后头的文字则是满含着自己的思想和感情的文字。把文字、文化、生命、存在和文字连接在一起的是听、说、读、写的语文活动。这四种语文活动是以显在的形式进行的，它们之间的紧密相连也构成一个循环不息的圆圈。这样，语文教育的路径可以简化为两个交叉渗透、循环往复的圆，圆的中心是一个渐渐成长起来的"人"。

文字——语文教育开始的文字是我们要阅读和理解的文字。在阅读过程中，我们要把一串串的文字转换成鲜明的人生场景，再把人生场景转换成自己的人生经历。阅读理解文字首先要把文字一起交给五官，让它们感受文字的体温，让它们对文字所代表的事物的各种属性形成清晰的感觉。在这个基础上，把自己的生活经验联系到语言文字上去，唯有经历过的感觉到的才能更好地理解它。不论是建立起完整的意象，还是体味意象背后的意味，都离不开主体感同身受的深度参与和对话式的交流。阅读作为一种过程性的精神事件要求读者亲身参与其中，亲身参与是指读者精神的"在场"状态。个体的生命体验能够使艺术形象具有生气勃勃的活力，同时，又借此实现对艺术形象的富有诗意的超越，实行向文本形而上的精神境界的推进。

文化——由文字的阅读进入文化的理解，实现与生命与文化精神的沟通。对文字的阅读和理解要向文化的底蕴挺进，寻找、感受和吸纳文字所建立的形象背后的文化精神。人类精神的根深深地植入厚重的文化传统，是文化使我们的精神站立起来。大学语文教育应当抵达我国传统文化的心源，只有到达这种境界，才能很好地理解人生和社会。对文化的理解最终要达到情与理、自我与社会、个体感受与历史文化的统一，从而促进人性的和谐发展，使我们的理想充满生活的实在！把个人与世界、小我与大我、瞬间与永恒都融合到"天行健，君子以自强不息"的生命体验之中，实现与万化冥合，达到精神的凝聚、贯注和迸发。如此，一种力量磅礴、气象豪迈、韵律充盈的生命就可以独立于天地之间了。语文教育有赖于这种生命之光的透视和烛照，才能够灵动、强健，充满活力！

生命——用言语的力量激励生命，在言语创造中更新生命。语文学习就是通过语言来认识世界和自我，在言语创造中更新生命。语文通常采用言语的艺术手段使日常生活陌生化，以此来激活人的感觉。一个人只有感觉敏锐并且积极参与和体验生活，他才能形成自己具有人类良知的思想，他才能成为直面人生苦难体验着深渊并敢于进入深渊冒险的人。"它在现代人情感萎缩中唤醒人对存在状况的思考，投一束光亮照彻幽昧的暗夜，重新寻找生命的真正意义所在。"我们语文教育的最高价值正在于此。

存在——让我们的生命走进存在，进而在荒诞的存在中开辟一条有意义的路。存在主义认为存在是荒诞的，正因为如此，我们才有必要用自己的个性和自由去换来属于自己的意义。以文载道，以文问道，通过不停地拷问、疑问和质问，警醒人们思考自己的存在，提醒人们追问存在的意义、如何存在以及怎样才能存在得更好。每一个时代都有自己所面临的生存难题，或者民族的生死存亡，或者阶级的厮杀搏斗，或者天灾人祸，或者贫困堕落，这些都需要富有热血和正义的人担当起来。给这些沉重的问题一个清楚的答案也是语文义不容辞的责任。装模作样地视而不见会导致语文的萎缩直至丧失了灵魂。在任何时代，语文都不应该是一个冷血的看客或者吊儿郎当的闲人。在人们泅渡的时候，语文应当用文字建造救命的方舟。

文字——用文字歌唱自己的生命，用文字表达自己的思想。大学语文教育最重要的环节是在经历了文字、文化、生命、存在几个阶段之后再回到文字。大学语文教育过程中的语言表达一般有两类：一类是基于人间道义的言说和自我确证，另一类是基于学科问题和职业角色的认知表达。前一类写作就是在文字中往前摸索，直至走到人类历史和社会现实的交汇点，并最终抵达宇宙存在的幽微之处。把他自己的生命、语言的生命和我们生存的这个世界融为一体。人生存的困境，历史惨象的隐秘，一代人的精神结构，像峻峰深谷在言说中逐渐清晰地展现在我们面前。后一类写作万万不可轻视。一个人最终是要走向社会从事一份职业的，他要依赖于此生存和发展，以此建立和世界的联系并确立自己的价值。他从业的技能是在大学开始形成的。每一种职业、每一种领域，都有一套自己的语言系统和言语规范，各种专业能力都包含语言表达能力。大学语文教育的意义之一就在于在语言中认识、理解自己的专业，在言语表达的过程中养成专业技能，或者专业问题的语言表达本身就是一种专业技能。

在一个生生不息的生态系统中，各组分是依存、循环的关系，一种组分是吸取其他组分的营养而维持和发展生命力的。文字、文化、存在、生命在一个人的身上是综合的、交融的，语文整体的功能需要它们齐心协力才能完成。所以，我们在语文教育中要统筹兼顾，不能只顾语言的训练而忽略了生命中感情和价值的向度和力度，忽略了生命的感受和体验，反之，脱离了语言训练的精神的凌空蹈虚和灵魂的浮云梦蝶也是不可行的。文字是船，文化是水，存在的世界是孕育力极其强大的母体，其他都是由这母体孕育而生，语文能力不可脱离这个母体而破空裂石地生殖。

第六章　大学语文课堂教学

第一节　大学语文课堂教学的特征

语文教学最根本的特征是它精神上的理想性和方式上的体验性。

早在古希腊时期，亚里士多德在论述人的心灵状态时就指出：心灵"是关于有可能成为现实东西的某种实现和领会"。奥古斯丁在论及人的各种心理现象时说："期望属于未来的东西，记忆属于过去。从另一方面讲，紧张的行动属于现时：通过它未来的转变为过去的。可见，行动中应当包含着某种属于尚不存在的东西。"[①] 当代心理学的研究则进一步证明，人之应然状态可能"对于拥有心理的人来讲，其特征恰恰是探索。探索之中包含着内在矛盾……去探索尚不存在，但毕竟还是可能的和对于主体只不过是目标而暂且尚未现实的东西……这就是任何一个有感觉、能思维的存在之物，这个主体生命活动的基本特点。探索的离奇之处就在它自身就兼含可能之物与现实之物"[②]。以我为对象的意识是人所独具的。这种意识能将自我区分为作为主体的自我和作为客体的自我，且能够不断按"主体我"的要求———一种应然状态去改写、发展实然存在的"客体我"。当代人类学的研究表明，人是一种非特定化、未完成的存在物，从而它也从某一侧面表明了这种人性的两重性。哲学人类学家米切尔·兰德曼说："人的非特定化是一种不完善，可以说，自然把尚未完成的人放在世界之中，它没有对人做出最后的限定，在一定程度上给他留下了未确定性。"[③] 正是这种

---

①　奥古斯丁.忏悔录（上）［M］.王新红，译.呼和浩特：远方出版社，2006.

②　王义高，赵玮，毕淑芝.发展性教学问题［M］.南京：江苏教育出版社，1996.

③　兰德曼.哲学人类学［M］.张乐天，译.上海：上海译文出版社，1988.

非特定化和不确定性，使得人不停留于已经成为的样子，而是在自觉自为的活动中按照自己的要求去寻找适合自己的存在方式，追求新的规定性，不断地再创造自己。人的应然性存在说明人内在地具有自我发展的动因，表现为他对当下自我发展状况的不满与否定，对更高水平、更完善发展状态的企望与追求，以及实现这种种企望之"自我筹划"等。这种发展动因的"发展"可以在很大程度上预示人的发展的可能性。正如苏霍姆林斯基所说："人的心灵深处总有一种把自己当作发现者、研究者、探索者的固有需要。"①

因此，语文教学积极倡导的探究式具有深厚的人性根源，它是人类精神追求的理想方式，运用这样的方式必然使语文教学充满生命的活力。语文的内容特别是那些优秀的文学作品，既是对人类生存的描述和回忆，更是对未来理想生活的展望。理想性是语文课的根基，对人类生活充满诗意的热情的想象是语文课的灵魂和永不衰竭的动力。

大学语文教学是一种具有情感体验、展现生命活力的感性化汉语教学。它不应该简单地诉诸概念的解释、句法的疏通、情节的分析、要点的归纳、主题的概括等。它应该是一个完整、健全的生命体，既时时闪耀着理性的独白，也处处洋溢着感性的挥洒；它需要适时的、理性的启发与诱导，更需要如春风化雨般的、感性的点燃与熏陶。我们的汉语教学，是应该以人的感性生命作为出发点和最终归宿的！因为语言本身就是人类心灵的歌唱，而汉语则是中华民族五千年以来的生命呐喊。一个汉字、一句汉语、一首诗歌、一篇散文、一部小说……它们凝聚了多少我们民族的悲与喜的情感，承载了多少我们民族欢乐与哀伤的记忆！这些又岂是几个冷冰冰的概念术语所能概括得尽？又岂是某些硬生生的理论方法所能分析得透？

每一个汉字、每一句汉语，都非常生动地指向生活本身、指向事件本身、指向人物本身，而这些人物、事件、情节又都是由一个个生动丰富的、充满感性的"象"所组成的。这也就意味着，我们的汉语课堂教学不能简单地进行概念的解释、逻辑的判断，而必须回到"象"中来，回到汉语言文字生命的活水源头！由"言"回到"象"，目的在于探求与"言"相对的"意"。而这个"意"应该包含三个维度，或者说三层意思。其一是指"意象"，即汉语言文字所呈现出来的融入了作者情意的画面。其二是指"意境"，

---

① B.A.苏霍姆林斯基.给教师的建议［M］.马琳，译.成都：四川文艺出版社，2021.

是由意象叠加和连续呈现而形成的一种特定的情绪氛围，或称"情境"。其三则是指"意蕴"，即作者通过"意象"和"意境"最终所要言说的意义，它是一种弦外之音、言外之意。只有"意的三重性"才能构成一个完整的、丰富的、独特的汉语言文字之"意"，也只有实现这三重之"意"的探求，才是真正感性的汉语教学！

富有灵性的语文教学应当首先回归感性，唤醒我们心中原本那个活泼、有着丰富想象与敏锐感受的心灵，徜徉在语言的大路上，穿行于汉语的字里行间，去倾听来自汉语自身的心灵歌唱，我们会惊讶地发现，与我们最终相遇的，不仅仅是那一个个跳动的语言文字，更是一种鲜活丰富的生命情思、深沉悠远的文化精神。与汉语的每一次面对，就是与一个个高贵灵魂的每一次促膝而谈，就是一次次自我心灵的洗刷与涤荡，就是一次次人生智慧的提升与激扬。教师引导学生把自己的一颗心沉潜于汉语的字里行间，去感受每一个汉字的内在情感与文化意蕴，从而去感发、提升自我生命活力与潜能的一个完整的教学过程。

回归感性应建立在"文本细读"的体验的基础上，诵文以求其气、立象以见其意、循情而探其本。

诵读能够帮助我们感受到隐藏在语言文字中间的声气、节奏和神韵，而这些又都是作者生命情思与精神能量的外化，所以，诵读从根本上来说，是为了实现读者与作者之间生命能量的转化、生命精神的延承！在汉语教学中，最好的方式便是让汉语凭着自己的言语存在去说话，让学生在汉语的字里行间去穿行，去倾听汉语文本自己的心灵歌唱，裹挟着自己的生命体验，去直觉地、形象地、深情地感受每一个汉字的生命气息，从而实现你我交融一体的诗意对话，最终开掘出语言文字背后的价值取向、精神母题和文化传承，这就是"循情而探其本"，"本"就是一种深厚久远的文化，就是一个民族精神的血脉。汉语文教学会因为文化的延伸而走向深刻，变得厚重。

孟浩然《早寒江上有怀》有："木落雁南渡"，"木落"传达出自古以来就有的"悲秋"情绪。从屈原到宋玉、到汉武帝，一直到与孟浩然同时代的陈子昂，他们面对北风劲吹、黄叶飘零，都曾经发出过深沉的人生悲慨。"袅袅兮秋风，洞庭波兮木叶下。""悲哉！秋之为气也，萧瑟兮草木摇落而变衰。""秋风起兮白云飞，草木黄落兮雁南归。""雁"的意蕴则可以追溯到《苏武传》中"鸿雁传书"，后来魏文帝曹丕也写过"群燕辞归雁南翔，念君客游思断肠"这样凄婉的诗句。天上的雁可以自由自在地飞来飞去，而客居他乡的人却不能像鸿雁那样想回家便可以回家，所以这里又多了一重对故园的渴盼与向往。"木落雁南渡"，就这么简单的五个字，虽然在语词的表层没有一个字言情，可在景物中却深隐着如此久远的文化，于是，当我们涵泳于其字里行间，便自然而然感受到一种深沉的文化力量扑面而来。

第二节　大学语文课堂教学的原则

语文课堂的教学原则既要符合一般的教学规律，又要体现出语文课堂的特殊性。语文课堂的特殊性决定于语文学科的特殊性和课堂认知活动的特殊性。语文学科的特殊性表现在语言的工具性和言语的人文性。课堂认知活动的特殊性在于认知对象的既定性和认知过程的可控性，而且教师的教学设计制约着认识活动的方向并影响它的质量。

一、大力弘扬人文精神的原则

现代社会要求公民具备良好的人文素养，具备创新精神。语文是最重要的交际工具，是人类文化重要的组成部分。所以语文课应当而且能够承担起这项任务。

马克思说："语言是思想的直接现实。"[①]"语言"和"思想"是不可分离的一个生命实体。语文的"工具"是指思维的工具、交流思想感情的工具，语文工具的运用是生命中最具人的特性的部分。语文和思想的关系如同舞蹈演员的形体与舞蹈艺术的关系。从语文的运用上来看，阅读决不仅仅是解词识字，其核心是通过语言来理解作品的内容、体验作者的感情、了解作者的思想，以提高我们的认识水平。作文也决不就是做个文字搬运工，而是运用语言把我们的思想感情表达出来，作文的过程是一个富有条理而且深刻有致的认识过程。听和说也一样，是借助有声语言来传递信息。再从语文教材来看，教材主要是由文质兼美的范文组成的。它们并不仅仅

---

① 卡尔·马克思.资本论［M］.何小禾，译.重庆：重庆出版社，2014.

是一般的符号，而是蕴藏着巨大的信息量。从个体来说，它们是作者认知的记录和思想的成果；从整体上说，它们是文化，是民族文化无所不包、无所不至的体现。这种文化既是我们成长的沃土，也是我们要传承的血脉。

人文精神是一个流动开放的价值系统。在我国古代，它表现为一种道德理想主义，人们崇尚的是伦理层面的自我完善，追求中和仁爱的心理状态。西方近代推崇以科学和理性为核心的人文精神，这种精神极大地加速了人类物质文明的进程。到现代，在世界范围内人本主义又被提倡。三者各有长短，可以互补。

语文课堂上的人文精神，表现为自由的求真精神、自觉的发展意识和超越的价值意志。一个人应该具有独立自由的人格和求真的渴望，这既是生命的价值基础，也是社会进步的动力。自觉的发展意识是个人觉醒的标志，这意味着一种切实的负责和承担，生命会因此而沉实厚重。超越是在积极入世基础上的越超，没有入世，也就无所谓超越。入世就要自始至终热情地关注现实的人的生存状况，就不得不贴近现实。超越表现为对个人和社会理想状态的永恒的追求，这种追求应内化为一种价值意志。"人文"还意味着一种特殊的认识方法，人文方法不同于自然科学的实证方法，是一种以主体的体验、理解为基础的认识自然、社会和人生的方法。而"人文"的方法正是语文学习的重要方法。

语文课堂上的人文精神不是抽象的，它是具体的，往往在一个人一件事上表现出来。所以，我们既要充分发掘课堂学习材料中所蕴含的人文精神，又要用主体的人文精神来观照学习材料的人文价值。这要求我们既要精心选择学习的材料，同时也要具有较高的人文素养。

如此，语文课堂应该是文与思、情与理的统一。从词句的解读入手，循文求意，披文入情，因文明理，一如钻木取火。这火光会照彻学生的心灵，给生长着的人性指明方向。所以，在语文课堂上，我们不能满足于抽象的逻辑推理，不能停留于文字的解读，还应该引来汨罗江的涛声，还应该让学生感受到孔乙己心底的无奈和悲凉，还应该和学生一起倾听人类艰难前进的脚步声……千古之幽思、九天之豪情、人间之至理，都一齐来自课堂。真正把语文课上成人文课、上成文化课。人文精神既是语文学习的目的，也是语文学习的动力。

弘扬人文精神，在教法上要重视通过阅读课文来引导学生进行自我评价，以提高其个人通过课文激发思维能力的过程。思维发展的起点在于必须依靠每个人自己的努力，发挥自己的才智，针对课文的刺激组织相应的反应。教师的任务就是促使形成良好的相互作用，或更确切地说，是引导具体阅读者对具体作品产生交流。

二、努力提高学生认识水平的原则

从静态来说，语文无非是人们认识自然、认识社会和人生的成果；从动态来说，语文就是这些认识的具体过程。从根本上决定语文水平高低的是人的认识水平。提高学生的认识能力和认识水平，是语文教学的重要目标。

"不论哪种语文，对它的完整和细微的知识是很不必要的，如果有人要去达到这种目的，那是荒谬和无用的。""语文的学习，尤其是在青年时代，应当和事物的学习联系起来，使我们对客观世界的认识和对语文的认识，即我们对事实的知识和我们表达事实的能力得以同步前进。因为我们是在形成人，不是形成鹦鹉。"① 因此，努力提高学生的认识水平，既是培养人的需要，也是提高语文表达能力的需要。这是由语文的性质和功能决定的。

夸美纽斯为语文学习制定的规则是：学生应当受到训练，用文字去表达他所看到的一切事物，应当教他懂得他所使用的一切文字的意义。谁也不许谈论他所不懂的任何事物，他也不可在领悟任何事物的时候不能同时用文字去表达他的知识。因为凡是不能表达自己的心思的人就像一座雕像，凡是一味多嘴，而并不懂得自己所说的人就像一只鹦鹉。但我们要训练的是"人"，要训练得越快越好，这个目的唯有语文教导和事实教导并进时才能达到。他还说："悟性应该先在事物方面得到教导，然后再教它用语文去把它们表达出来。""学生首先应当学会理解事物，然后再去记忆它们，在这两点经过训练之前，不可强调言语与笔墨的运用。""一切语言通过实践去学比通过规则去学来得容易。"② 他甚至主张"我们应该把那些专教文字，不能同时使人知道有用的事物的书籍，全部从学校排除出去"③。只要我们想想语言是从哪里来的，语言栖身于何处，语言又最终要到哪里去，我们就不难理解学习语文的正确道路在哪里了。"实际上，建构论者最强调的是语言运用的实际条件和限制。不存在纯粹的语言，因为在某些游戏

① 夸美纽斯.大教学论［M］.傅任敢，译.北京：教育科学出版社，1999.
② 夸美纽斯.大教学论［M］.傅任敢，译.北京：教育科学出版社，1999.
③ 夸美纽斯.大教学论［M］.傅任敢，译.北京：教育科学出版社，1999.

的形式之外并没有什么可被真正理解的陈述。任何语言都是在一定意义上'被应用'的，这一意义就是它在某种共同体中运作其功能。"①语言来自人们对事物的认识，语言存在于文学、历史、地理、政治、经济等学科中，语言活在人们现实世界的生活中。正如我们不能指望玉米在犁耙上抽穗、小麦在锄头上扬花一样，如以"纯粹的语言"去学习语言，那实在是捕风捉影的虚妄和缘木求鱼的愚蠢。

一个人的认识水平是指对事物分析判断，透过现象抓住本质的思维程度，它包括认识的能力和认识的结果。认识水平包括知、思、情三个要素。知即知识，是对事物存在状态了解的程度，是构成认识的基础。思即思考，是运用知识分析判断得出结论的能力，这是认识水平的核心。情即对认识对象的专注力，通常称为意志，这是认识的动力。要提高认识水平，就要不断学习新知识，扩大和深化认知的领域，在这个过程中要进行良好的思维训练，发展思维的能力。思维能力是一个人智力的主要标志。思维的方式主要有寻找因果联系的纵向思维，又有通过对比抓住事物特征的横向思维，还有全面分析、由表及里的辩证思维。

对课堂语文教学来说，认识水平表现在三个方面：一是识字解词求意的能力；二是对作者已经认识的对象感受、批判再认识的能力，以及对作者思维特征——表现为表达的艺术方法——领悟、认同和鉴赏的能力；三是对自然、社会和人生的观察和思考的能力。正所谓"世事洞明皆学问，人情练达即文章"。认识水平提高了，人才能是明白人，明白人读书为文做事才能不糊涂、不肤浅。

读万卷书，行万里路，是提高认识水平最好的方法，也就是要广见闻、多思考、勤实践。就语文课堂的教学来说，提高认识水平主要是多读、多思、多问。

多读，一是要读得多，二是要读得熟。读书广博，可以扩大眼界，增长见闻，积累间接实践的经验，所谓积学以储宝。读得熟才可悟得个中滋味，解透书中真义。"书读千遍，其义自见，谓读得熟，则不待解说，自晓其义也。"多读可以强记忆，开悟性，知情理。所以应要求学生熟读背诵一些优秀诗文。

多思。读书的目的在于心有所得，行有所用。孔子说："学而不思则罔，思而不学则殆。"②思才能透脱，才能把别人的文章化为自己的才学。食而

---

① 夸美纽斯.大教学论［M］.傅任敢，译.北京：教育科学出版社，1999.

② 孔子.论语［M］.兰州：敦煌文艺出版社，2015.

不化是无用的表现。朱熹说："大抵观书先须熟读，使其言皆若出于吾之口。继而精思，使其意皆若出于吾之心，然后可以有得尔。"① 他提倡"读书要有三到，谓心到、眼到、口到。三到之中，心到最急"。心到就是思考，刨根问底，弄个明白。不仅要明白人家已经说了什么，还得明白自己想说些什么，自己想说的才是重要的。

多问。如果说解决问题是一种才干，那么发现问题则是一种智慧。应鼓励启发学生多问。发现问题是一个思维过程的起点，因而提出一个问题往往比解决一个问题还重要。学生在发现并提出高质量的问题的同时，必然伴随着分析综合、比较归纳、演绎推理等一系列思维活动。语文课堂上，教师更应该善于发问，通过问来引导、推动学生的思维向纵深发展。

三、切实加强语言历练的原则

加强语言历练是由语文的实践性决定的。对非语言专业的大学生来说，学习语文并不是学习关于语言的抽象的理论，而要培养运用语言材料搜集信息表达自己认识活动的言语能力。这种能力，只有在运用语言的实践活动中才能形成。"一切语言通过实践去学比通过规则去学来得容易。"这是指听、读、重读、抄写，用手、用舌头去模仿，在可能的范围以内，尽量时时这样去做。曾国藩也多次强调：要"专心读书，多作古文"，"时时作文，常常为之"，"看、读、写、作四者逐日无间"，"时文亦不必苦心孤诣去作，但常常作文"。因为"心常用则活，不用则窒；常用则细，不用则粗"。语文的历练已不仅是学习掌握语文工具的需要，还是在语文实践活动中锻炼心智的需要。

"学，觉悟也；习，鸟数飞也。"学习是一个循环往复、心灵不断觉悟的过程。在自然的一切作为里面，发展都是内发的。语文学习要追求意义，而有价值的意义不是外界强加的，是由心灵生发的。语文学习要形成能力，而能力是学生在反复的言语实践活动中顿悟、积淀而成的言语智慧。"正是在不断的言语实践中，人和语言的关系逐渐转换，人由被动地受言语支配转换到主动地支配言语，并由此产生控制言语，做言语主人的愿望。而主体意识的滋长、主体精神的健全、主体能力的提高，则使人的言语行为由'自在'向'自觉'发展，人的语文活动变为一种能动的活动。人因

① 朱熹，吕祖谦.近思录全鉴［M］.北京：中国纺织出版社，2020.

此完成了向'人'的跃升。"①

语文历练，即语文实践活动，从广义上说是在生活世界中学习言语并将言语学习融于生活世界。具体到语文课堂来说，语文实践活动是借助语言材料的一种认识活动，一般表现为听、读、说、写四种形式。前面所说的弘扬人文精神和提高认识水平都要在语文历练中才能实现。

语文历练的主体是学生。读是学生的读，听、说是学生的听说，写也是学生的写。历练是主体内部的心智活动。主体的感受、体验、领悟、共鸣、想象等一系列的心理活动是别人无法代替的。学生在言语活动中获得情绪的体验，这种情绪体验可以激发他们的思维，唤醒他们的主体意识，反过来觉醒了的主体意识又能提高言语的质量。教师只是在"或多或少地扩大学生原有的语言行为手段，亦即扩大学生原有的一套思维规则或思维方式"。他的"任务在于使别人能够表达自己的意向，输出自己的信息。他不是教别人应该说什么，而是教别人怎样说"。

语文历练是一种情境性的活动。"传统认为，语言是一个'语言的'语言学概念。它很少关心'适合性'这一概念，也不考虑语言行为对不同社会环境的反映方式。而现代语言教学的一个很大的优点是，它较多地从社会的角度来对待语言，并且重视语言在不同的社会环境中的交际功能问题。"②交际都是在具体的情境中进行的。离开了特定的情境，没有对象，没有条件的言语很难发生。"言语发送活动，实际上就是作者和说话人不断地适应语境，生成言语的过程。言语接受活动，实际上就是读者和听话人依据言语成品，不断地还原语境，理解语境时的过程。因此，语境既是言语交际过程中主要矛盾的焦点，也是言语交际过程中主要矛盾最终获得解决的前提条件。"③每一个具体的言语情境都包含着言语的对象、目的和动力三个要素。

语文课堂教学中，教师应经常给学生提供言语的情境，促进言语活动的开展。其方法有三：一是接通生活的源头活水，把学生置身其中的有价值的生活焦点问题作为言语的话题。二是给学生提供能吸引他们的材料。三是在教材中文章思维的错节冲突处设疑，以疑启思。

语文历练终究还要落实到字词上。通过对比、揣摩领会文字运用的妙

---

① 王尚文.中学语文教学研究［M］.北京：高等教育出版社，2002.
② 王尚文.中学语文教学研究［M］.北京：高等教育出版社，2002.
③ 王尚文.中学语文教学研究［M］.北京：高等教育出版社，2002.

处。对词语的敏锐感觉是一个人语文水平的重要标志。可以对范文中重点语句反复品味，发掘其深厚意蕴；可以精心选择、锤炼词语来准确地表现自己的思想认识。我国"一字传神""一字生辉"的例子很多。用字之妙，乃心思之巧；手法之高超，乃见识之脱俗。

四、积极打通对话渠道的原则

语文教学应重视学生主体性的构建。所谓主体性，就是具有自由的人格、强烈的自我意识和高度的创造力，就是人所能意识到的潜能被充分地发掘出来。语言是一种实践的、既为别人存在也为自己存在的现实的意识，人是在积极的言语过程中完成自我确证的。

知识来源于主体与客体之间的相互作用，即主体作用于客体的活动。"思想即涵义的诞生，并不是在某一意识内部，而是在两个意识的交汇点上。真知灼见不是在某一个头脑里飘忽而至，而是在两个头脑的接触中撞出火花，谁的大脑也不能独自分泌出思想和真理来。"[①]这里的两个头脑既是两种思想观点，也指两种或多种质类相异的材料，把这些放在一个头脑中才会产生思想。

语文教学的"对话"就是作为学习主体的学生和作为客体的学习材料交流、碰撞，从而在主体内部产生出新意义的过程。"对话"使语文学习真正成为言语的实践活动。语文课堂的对话有多个参与者：教师、学生、课文、教材编写者以及潜藏在这个因素背后的自然、社会和人生。从根本上说，对话就是学生和整个世界的对话。课文是对话的凭借，教师是对话的桥梁。

语文课堂的对话者包括教师、学生与文本。他们共同参与对话，通过自己各自的经验与内涵，展现自己的存在与价值，实现自我与他人的提升与超越。以对话对象为依据，可将对话分为三类：一是"人与文本的对话"，包括教师与文本的对话、学生与文本的对话。这是一种意义阐释性对话，是对文本的理解与阐释；它是教学中师生对话的前提之一。二是"师生对话"，包括学生与教师的对话、学生与学生的对话。这是一种实践性对话，是在人与文本对话和个体经验基础上进行的合作性、建设性的意义生成过程。三是自我对话。这是一种反思性对话，是个体对自身内在经验和外在

① M.巴赫金.小说理论[M].白春仁，晓河，译.石家庄：河北教育出版社，1998.

世界的反思。在反思、咀嚼、回味中，个体认识世界、认识自我从而确认存在，生成意义。在本质上，一切对话都不指向对话本身，也不指向他人或外部世界，而指向对话者自身。

在教师和学生之间的对话中，教师起启发和引导的作用，调动起学生思维的积极性，提供产生思维成果的有关材料和方法，意义的追问和获得是学生的任务。所以教师不能灌输，不能把现成的结论拱手送给学生。

教师和课文及教材编写者的对话，既要深入探求课文和教材中所蕴含的文化价值，更要重视省察获取文化价值的思维的路径和方法，这对学生来说是很有教育意义的。

学生和课文及教材编者的对话是课堂对话的主体。和课文的对话实际上是和课文作者的对话，"两个头脑在接触中撞击出火花"。和编者的对话往往是很隐蔽的，它表现为一种文化的选择。在这种对话中，教师起着重要的作用。学生之间的对话起到一种激发的作用。和师生之间的对话相比，它的导向性功能比较弱，而反思性功能比较强。

不断地对话向主体提供不断的刺激，输送不断的思想的材料和动力。多个对话者之间、多重对话之间相互碰撞，相互推动，相互补充，相互促进，不断进入新的精神境界。学生正是在这种对话中学习对话，学会对话。

课堂上学生的对话要以听、读、说、写四种形式进行。听主要是师生之间、同学之间的对话，读是学生和文本及作者之间的对话，说是学生和听者之间的对话，写是学生和特定对象之间的对话。在这些对话中，学生以生命的积累参与其中，语文活动成为心灵与心灵的交流、生命与生命的对话。我们所期待的学生的主体性便由此逐渐确立。

要进行对话，首先要有吸引学生的话题。设计话题，提供言语情境，是非常重要的。对课文，教师要设法让学生明了它产生的条件，也就是让学生和作者置于同一话语情境之中，学生联系自己的生活积累，才能准确地感受、理解课文，对话也才可以进行。要做到这一点，并非简单地介绍作者经历和时代背景所能奏效，而是要揭示出言语情境和言语作品之间的深刻的因果关系。生命的参与是对话的必要条件，也是动力的源泉。话语来源于生活，来源于真实新鲜的材料，来源于心灵深处的颤动。对话要特别重视学生的感悟。学生思维的过程是语文教学的重要目标。意义只能由对话者在对话过程中生成。学生作为对话者，一切只有融入他的视野、参入他的思维活动，意义才能真正生成。意义既不可能被灌输，也不可能被接受。教师头脑中的意义、课文中的意义，不可能移植、粘贴到学生的头脑中去，只有通过学生的体验、感悟等一系列的思维活动，意义才可能诞生。感悟是精神生命在对话中碰撞出来的火花，是学生全身心投入的结果，是与他的"自我"反复对话的结果。对话教学特别注重通过读和写，通过讨论和研究而有所得。

对话还要求建立起平等的师生关系，营造民主和谐的课堂气氛。教师工作中"最重要的是要把我们的学生看作活生生的人。学习——这并不是把知识从教师的头脑里移到学生的头脑里，而首先是教师跟儿童之间的活生生的人的相互关系"。① 对话要求平等。平等是教师对学生精神生命的尊重和保护。语文教师正是在和学生一道不畏艰难险阻的精神攀登中获得快乐的。我们知道，任何人都是有话可说的，任何人也都有倾诉的愿望，只要有了亲切的对象，有了一个宽松的环境，那么，他心中的所思所想会自然而然地流露出来。语文课堂上话语的主动权一般来说掌握在教师手里，所以教师的态度是营造课堂气氛的关键。他必须是亲切的而不是严厉的，是善于倾听的而不是唯我独尊的，是巧妙设疑的而不是僵化木直的。教师必须是一位打开学生心灵之门的对话高手。

五、潜心激发创造热情的原则

创造力是时代的当务之急，也是一个永恒的话题。一个民族或社会能否打开僵局开发前程，有赖于是否朝着创造的方向迈进。没有创造力的民族或社会将无法面对未来的冲击，亦不足以适应现代世界动荡的局势。教育存在的意义决不仅仅在于知识的传授，更在于创造力的培养。"人们不断要求教育把所有人类意识的一切创造潜能都解放出来。"②

创造能力的核心是思考能力。世界各国的语文教学都将培养学生的思考能力，尤其是创造性思维能力置于突出的位置。重视学生思维能力的培养，这正是全面提高人的素质的需要，而创造性思维能力更是一个现代人生存和发展所必需的。语文学科因其自身的特殊性——长于感性思维，想象丰富，感情浓厚——对创造力的培养具有得天独厚的条件。

语文教学主要是培养学生言语创造的能力，或者说是在言语实践活动

---

① B.A.苏霍姆林斯基.给教师的建议［M］.周蕖，王义高，刘启娴，译.武汉：长江文艺出版社，2014.

② 李世明.思维方式论［M］.北京：中国大地出版社，2004.

中发展学生的思维能力。

创造或创造力是"无中生有"的"赋予存在"。这有两种情况，一种是"特殊才能的创造，指科学家、发明家、作家、艺术家的创造，其创造成果对人类来说是前所未有的"。另一种是"自我实现的创造"，指在开发人的可能性、自我潜在能力意义上的创造，其创造结果对人类来说或对他人来说可能并不新，但对他自己来说却是前所未有的。学生的创造绝大多数是"自我实现的创造"，而语文学习中的创造往往是两种创造的结合，因为言语是独立的个性化的思维活动，一个人的感悟是不可能跟别人雷同的。比如，阅读，潜入文本，能进行生命深层的交流，其所思所想的对话结果就是个人的独创。任何有价值的阅读都是一种再创造。再如，写作，"所有的写作都是创造性的，所有的写作都包含一种新的表达的'起源、发展、形成'的过程，即使你使用的是'旧'思想和第二手材料，你也为它们创造着一种新的而且是唯一的表达方式。你产生完一些完全新的、一些认真的，完全表达出你的性格和才能的东西"①。除思考力以外，感情和意志、知识和事实等，也是形成创造力的重要因素。

"教育既有培养创造精神的力量，也有压抑创造精神的力量。教育在这个范围内有它复杂的任务。这些任务有：保持一个人的首创精神和创造力量，而不放弃把他放在真实生活中的需要；传递文化而不用现成的模式去压抑他；鼓励他发挥天才、能力和个人的表达方式，而不助长他的个人主义；密切注意每一个人的独特性，而不忽视创造也是一种集体活动。"②这些都是我们培养学生创造力时所应该遵守的。

在实施这项原则时，教师起着决定性的作用。一个思维活跃、创造能力强的教师，可以给学生做出表率，可以提供思考的材料和方法，可以营造一个良好的环境，从而点燃学生创造的热情、获得创造的成果。反之，如果教师头脑僵化、思维呆滞、唯书是从，那要想带出有创造力的学生是绝不可能的。

创造力源于生命的活力，即敏锐的感悟能力、深刻的思考能力和流畅的表达能力。所以，要把语文学习真正作为生命的活动来对待。在阅读中，把学生的思维和作者的思维对接、交流、碰撞，产生出属于自己的认识成

① 威廉·W.韦斯特.提高写作技能[M].章熊，章学淳，译.福州：福建教育出版社，1984.

② 联合国教科文组织国际教育发展委员会.学会生存——教育世界的今天和明天[M].华东师范大学比较教育研究所，译.北京：教育科学出版社，1996.

果，并把它表达出来。对阅读的材料要进行质的分类，通过对比、分析、综合和批判来锻炼思维能力。听和说的活动是要经常开展的，形式的多样、话题的引人入胜、参与的积极深入、成果的展示和交流，正是孕育创造力的良好途径。作文要真正置身于生活的焦点和思维的旋涡之中，真正处于对话的心理状态，这样的写作过程就是运用语言的创造的过程。

第三节　大学语文课堂教学的艺术

一、语文教学方法的本质及多样性

在高校课堂上，大多数情况下并不是教师将自己的研究成果在课堂上发布，而是将学术精神、创造思维、研究方法等融入教学过程之中，是"生产"和"推销"的合二而一，是前人的知识生成过程的高效率的再现，是知识的发现者、知识的传授者和知识的接受者三者的"相遇"，是学生的再创造，是师生智慧的展现。高校课堂不仅是知识的交易所，还应该是知识的产房。它的目标是不仅培养学生的创造能力，还要有学生学习过程中的人格养成和精神升华。课堂教学是在教师与学生结成的真实情境的实践共同体内展开的。教师在教学的过程中组织、带动学生发现知识、解决问题，培养学生创造的能力和勇气。学生也不以接受现成的结论为目标，追求的是自主的发现和创造。在课堂教学的过程中师生主体精神高扬，充分显示出人的创造的本质力量。

语文课程中大量更有价值的隐性知识要靠学习主体的体察、感悟和实践，在自己发现并解决问题的过程中习得。语文素养诵读和表达的过程中习得的，是在运用语言解决问题的实践情境中逐步感悟、积累，在反复主动的实践中获得的。这必须依靠学习主体的切身体验，使独立于个体的外在的语文知识转化为个体内在的思维与信念，进而凝聚、升华为人生的能力和智慧。因此，大学语文教学应当具有传承、孕育和养成等多种含义和功能。语文教师要善于设置各种问题情境，把独立于个体经验的静止、先在的语文知识与学生的创造活动结合起来，让学生充分展现和经历其中的思维活动——不仅包括从起点到结果的完整的思维轨迹，还包含价值的期待和精神的指向。这是一个发现、生成和表达的过程。

教师要结合不同专业特点，因专业制宜，调整大学语文教学的重点。如在旅游管理专业授课中，大学语文应注重游记文学、历史风物等相关内容的解读，加强口语表达能力训练，为学生从事导游等相关职业服务；在艺术设计专业授课中，大学语文应注重中华传统文化解读，加强学生审美能力培养，为学生从事设计类职业服务；在学前教育专业授课中，大学语文应注重文学作品的鉴赏教学，鼓励学生上台发言交流，甚至让学生自主讲解一篇文章，加强学生鉴赏能力和教学基本功的培养，为学生从事幼儿教育职业服务。

各专业的大学语文教学都应运用启发式和探究式，教学的过程跟学术研究一样，都要经过问题的选择、查找与问题相关的资源、确定解决问题的方案、实施解决方案，并对得到的结果进行分析和反思。知识的教学、实践性的教学和综合学习，虽然各有特点，但性质是一样的，都应当结合情境认识、理解和解决问题，都包含着一种创造因素。即有价值的问题、完整的过程、成果的生成和清晰的表达。这并不是"传授"一个结果，更重要的是"传授"一种过程和方法，生成一种智能。

语文课适应于角色扮演、分组讨论、影视欣赏等教学方法，不断激励学生进行思考和交流沟通能力的训练。教学中注重引入"社会热点问题探讨"和"热点人物讨论"等教学环节，引导学生关心国家、社会和人生，培养爱国主义情怀。注重因材施教，鼓励撰写调研报告和科研小论文，指导学生参加社会实践，培养科学研究的意识、习惯和能力。

还应充分利用现代技术制作教学课件，借助电子邮件、QQ与学生课外交流。课文讲解与人文讲座相结合，系统教学与专题讲座相互促进。在以教材为主系统讲解本课程的同时，开设人文讲坛，以专题讲座形式拓宽学生学习途径，从而促进本课程的学习。注重教学内容的拓展及延伸，形成相关的系列课程。教学评价的重心由关注学生对书本知识的掌握的熟练和牢固程度向灵活地运用知识、掌握基本的学习方法、培养创新意识和实践能力转移。建立单项评价和综合评价相结合，形成性评价和结果性评价相结合，教师评价和学生的自主评价相结合的教学评价体系。

二、语文教育的艺术在于设计过程，寻找方法

过程和方法不仅是实现目标的途径，还直接决定着目标的质量。语文教育在本质上是学生自我建构的过程，语文教育的艺术就是调动起学生的能动性，推进建构的进程。这个过程要经由学生的感悟和想象、思考和表达。所以教师首先要提供感悟的对象，然后是刺激想象的起飞，再次是启发思考，最后是推动表达。学生感悟认知对象，想象、思考和表达对象，都有一个角度、方向和路线的问题，这就是方法要解决的问题，就是主体以什么样的姿态和客体以及其他主体建立起深刻而又广泛的联系。

知识只有在由具体的方法组成的过程中才能转化为信息和能力，信息和能力只有在运用的过程中才能形成智慧。情感、态度和价值观，是从主体内部生长起来的，外部的输入只有经过主体的内化跟主体的生命融为一体才有意义，内化也是在过程中发生和完成的。如果离开了这样的过程，所谓的知识、所谓的情感和价值，只不过是没有生命力的漂亮的碎片，是抓来别人的一张皮披在自己身上的一种伪饰。

语文教育方法的本质是思维的方式，思维的方式决定于事物发展的规律。所以，正确的方法是认识事物、实现目标的前提。夸美纽斯把它叫作"秩序"，他说："秩序是把一切事物教给一切人们的教学原则的主导原则。"① 那么，语文教育的秩序或者正确的方法是怎样的呢？夸美纽斯认为：要"先预备材料，再给它形状"②。

语文教育要"从小心地选择材料开始"。选择的材料应当适合学习者的心理特征。"学生不应当受到不适合他们的年龄、理解力与现状的材料的过分压迫，否则他们便会在和影子搏斗上耗掉他们的时间。"③ 在语文教育中，有价值的材料是重要的。语言不会凭空产生，语文也不能无所依傍地凭空运转。为学生选择有趣、有用的合适的材料是语文教育的第一步。

材料的来源有两个：一是自己亲自去认识事物，二是阅读优秀的语言作品。一方面，认识事物对语文学习极其重要。"语文的学习，尤其是在青年时代，应当和事物的学习联系起来，使我们对于客观世界的认识和对语文的认识，即我们对事实的知识和我们表达事实的能力得以同步前

① 夸美纽斯. 大教学论［M］. 傅任敢，译. 北京：教育科学出版社，1999.
② 夸美纽斯. 大教学论［M］. 傅任敢，译. 北京：教育科学出版社，1999.
③ 夸美纽斯. 大教学论［M］. 傅任敢，译. 北京：教育科学出版社，1999.

进。""悟性应该先在事物方面得到教导，然后再教它用语文去把它们表达出来。"①对事物的知识是语文表达的内容，语言的运用是一种形式；离开了内容，形式将不复存在；而且学生在认识事物的过程中可以提高智力，变得聪慧、敏锐。事物不仅是指自然界的存在，还包括事件、各种社会现象以及人自身。另一方面，"一切语文都不要从文法去学习，要从合适的作家去学习"。"文法只能供给形式，即关于字的组成、次序和结合的法则"。②学生是学习运用语言而不是研究语言，"完整细微的语文知识是很不必要的"，"没有一个人单靠规则精通任何语言"。③文法、规则是抽象、枯燥和消极的，学习语文，应多读优秀作家的合适的作品，反复揣摩，学习运用。"通过实践，即使没有教诲，精通也是可能的。"④优秀的作品就是运用语言的榜样，榜样的作用远远胜过教诲。而且作品中的认识、思想、感情都具有多方面的启迪和推动作用，它是鲜活的、富有生机的。

所以，识字应当和认识事物结合起来，"阅读写作的练习永远应当结合在一道，学生可以在他们学习的教材上面去运用他们的能力"⑤，至于说话，"谁也不许谈论他所不懂的任何事物，他也不可在领悟事物的时候不能同时用文字去表达他的知识"⑥。认识、理解和表达应该是一体化的。任何一个语文教育活动都要产生出一个结果。语文教育具有广泛而深刻的综合性。

语文教育的过程是体验、理解和应用。存在是过程性的存在。如果没有过程，一切事物的存在都是不可思议的。语文教育尤其重视教育的过程。方法只有在过程中才能运用，语文教育的目标也只有在过程中才能实现，或者说，方法和目标都成了教育过程的重要因素。夸美纽斯对语文教育过程提出了不少卓越的主张，比较重要的是他对教育过程三阶段的描述，即体验、理解和运用。

体验就是以身体之，以心验之。体验是人获取知识、产生情感、形成思想的门户。对语文学科来说，"一切知识都是从感官的知觉开始的"。"存在心里面的事情没有不先存在感觉里面的，所以心智所用的一切思维材料

---

① 夸美纽斯．大教学论［M］．傅任敢，译．北京：教育科学出版社，1999.
② 夸美纽斯．大教学论［M］．傅任敢，译．北京：教育科学出版社，1999.
③ 夸美纽斯．大教学论［M］．傅任敢，译．北京：教育科学出版社，1999.
④ 夸美纽斯．大教学论［M］．傅任敢，译．北京：教育科学出版社，1999.
⑤ 夸美纽斯．大教学论［M］．傅任敢，译．北京：教育科学出版社，1999.
⑥ 夸美纽斯．大教学论［M］．傅任敢，译．北京：教育科学出版社，1999.

全是从感觉得来的。"①"感官可以比做密使与间谍，灵魂得了它们的帮助就可以支配身外的万物。"②"任何知识都不应该根据书本去教，而应该指证给感官和心智，得到实际指征。"③ 所以，语文教育必须调动起学生的全部感官，用眼睛观察，用耳朵倾听，用舌头品尝，用鼻子嗅，用手触摸，用整个肉身来感受、来体验，这样，事物便和生命融为一体了。就是那一行行的文字也都成了鼻息撩人、光彩闪烁、温情流动的有生命的存在。文字以及事物通过学生的体验，经由联想，才可以进入人的灵魂并在灵魂里面升腾飞翔。如果关闭了体验之门，文字、事物便成了与人心隔绝的东西，语文教育的通道也就被截断了。

体验是理解的前提，理解是体验的深化，是从感性走向理性的关键环节。理解包括三个要素：一是接触实际，明了真实的存在；二是把握事物的本性，从事物的原因去解释事物；三是寻找事物之间的联系，促进运用。要获得对事物的真正理解，就要开启悟性、独立思考。语文教育不仅要鼓励、引导学生用自己的眼睛去看，用自己的耳朵去听，更要鼓励、引导学生用自己的脑筋去想，进而得出自己的结论。这样才能使自己成为一个不糊涂的人。人一旦不糊涂了，说话、写文章才可能明白起来。所以，"人类这个理性的动物不要由别人的心智去领导，要由他自己的心智去领导"④。学生"不单只阅读别人的见解，把握它们的意义，或把它们记在记忆里面，再把它们背诵出来而已"，还要"亲自探求万事的根源，获得一种真能了解、真能利用所学的事物的习惯"⑤。了解了事物，弄清了事物的根源，形成了自己的真知灼见，那么，语文学习也才具有了生命、拥有了灵魂。

运用可以帮助理解，运用可以培养技能，运用是一切教育的最终目的。运用就要把知识转化成自己所理解了的东西，运用总是在和实际接触过程中的运用。运用的动力是主体的思考力，运用总是要形成自己的意见。我们所应追求的不是虚幻的、捉摸不定的、各个不同作家的意见，而是关于事物的真正性质的知识，因此，我们切不可让别人的见解把我们引入歧途，切不可用别人的眼睛来取代自己的眼睛，用别人的头脑来取代自己的头脑。为了得到有用的知识，我们必须研究事物本身，发出我们自己的声音。这样，

① 夸美纽斯.大教学论［M］.傅任敢，译.北京：教育科学出版社，1999.
② 夸美纽斯.大教学论［M］.傅任敢，译.北京：教育科学出版社，1999.
③ 夸美纽斯.大教学论［M］.傅任敢，译.北京：教育科学出版社，1999.
④ 夸美纽斯.大教学论［M］.傅任敢，译.北京：教育科学出版社，1999.
⑤ 夸美纽斯.大教学论［M］.傅任敢，译.北京：教育科学出版社，1999.

对学生来说，在语文学习的过程中不仅形成了语文材料，而且也形成了"我们自己"①。

第四节 大学语文课堂教学评价

大学语文课堂评价标准应体现大学语文课程本身的特点，语文课堂评价的核心内容应是语文的。语文学科是所有学科中比较特殊的学科，大学语文课程又是这一学科比较特殊的一个阶段。大学语文课堂教学评价应充分考虑这一学科在这一阶段的特点，突出个性，制定出更加适合本课程特点的课堂评价标准。评价的根本标准是看课堂教学能不能提升学生的人文精神，发展学生的语文能力。课程教师介绍一些学科前沿理论、对文本做多元化解读时的方法如何评价，要看这些方法能否扩展学生的文化视野，激发学生的思维。语文课堂上要不要放相关电影、电视、文化专题片视频？这要看这种方式能不能发展学生的语文能力。大学语文的本质是通过言语认识世界，熟练地运用语言表达自己对世界的认识。所以，思想认识水平和言语活动效率是评价一切语文课堂教学的最高的标尺。

一、大学语文课堂教学评价的内容

大学语文教学评价的内容极为复杂，就像它的学科定位一样存在许多分歧，不同的语文教学理念看重的教学内容并不一致。但是，以下几个方面的内容大约是能够取得共识的。

教学思想。努力发挥学生主体作用，积极引导学生主动探究，重视学生的思想提升和能力培养，致力于全面提高学生的语文素养。

教学目标。目标具体、明确，能够面向全体学生，符合大学语文课程标准的要求，注重语文的应用与拓展。

教学内容。能够体现大学语文学科的本质，在言语历练中把语文的功能和学生的发展紧密结合起来。

教学过程。教学思路清晰、层次分明，注重语文的思考与领悟；课堂

---

① 夸美纽斯.大教学论［M］.傅任敢，译.北京：教育科学出版社，1999.

大学语文教育与文学素养

气氛活跃，体现学生的主体地位；教学组织灵活有效。

教学方法。运用启发式，注重引导学生体验和探索；因材施教，符合学生的认知规律和心理特点。

教师素质。语言生动形象，清晰典雅；思想犀利，富有激情，对言语有敏锐的感受与鉴赏能力。

二、大学语文课堂教学评价的标准

任何教学的真正有意义的评价标准只有一个，那就是学生的学习效果。教学的评价似乎不大讲究动机与效果的统一。这对教师来说是很苛刻的，然而现实从来就是这样残酷。学生是教师的镜子，社会对教师的评价不是看"真实"的你而是看镜子里的你。从学生学的过程及效果来衡量一个教师的教学水准往往是准确的。在语文学习中，通常是从以下几个方面来考察学生的：

学生参与的程度高。积极自信，主动投入，善于倾听，乐于表达。

学习过程中的创造性强。善于思考，勇于质疑，掌握语文学习的方法，能够独立思考。

学生学习的效果明显。课堂读写兴趣浓厚，能够快速形成读写作品，语文能力得到提高。

三、大学语文课堂教学评价的主体

大学语文课堂评价的主体跟其他学科的评价一样，具有多元化的特点，学校教学管理人员、语文教育专家、同行和学生，甚至社会业界成功人士，都可以做大学语文课堂教学的评价者，他们都能从自己的职业或者语文学科的角度对教学效果做出自己的评价。他们评价的侧重点和结论虽然会有很多差异，但对语文教学的管理和反思都会有促进作用。最全面最理想的评价主体应是这几类评价者的优化组合。只有"教、学、管"几方面共同参与的教学评价，才能使教师更深切地体验到教学中的成败得失，才能使他们自觉地进行自我调节并做出主动的努力，不断改进教学工作，实现课堂教学评价的最终目的。目前大学只采用学生或者其他一方的评价意见来衡量课堂教学效果的做法是有失偏颇的，这样的评价往往不被教师接受。

· 140 ·

四、大学语文课堂教学评价的基本原则

发展性原则。大学语文课堂评价的作用在于语文教学，而不是区分学生的优劣和简单地判断答案的对错。语文课堂评价要促进学生发展，促进教师的发展，不能只对学生的学习情况、教师教的情况做简单的好坏之分，在于强调其形成性作用，注重发展功能。一次评价不仅是对一段活动的总结，更是下一段活动的起点、向导和动力。

学生中心原则。评价的主体和对象应是学生。所有评价活动的宗旨在于促进学生进一步有效学习的进行，避免没有方向和低质量的评价。

评导相结合的原则。课堂教学评价的目的是改进课堂教学，提高课堂教学效益。因此，评价要和指导相结合，把评价的结果上升到理论高度来认识，从评价对象的实际出发，提出改进意见和努力方向。评价要注意因人而异、因课而异。

性量相结合的原则。由于课堂教学质量牵涉的问题较多，且许多问题难以量化，因此，课堂教学评价一般以抓住评价的主要指标进行定性评价为主。但如果在评价过程中适当结合定量分析，则更有利于提高评价的准确性和说服力。比如，师生活动时间的统计，学生发言、质疑次数的统计，学生朗读、默读次数、时间的统计等，对分析教师的教育教学观念和对语文学科教学特点的把握等都有重要的参考价值。所以，课堂教学评价应以定性评价为主，定性和定量相结合。

五、大学语文课堂教学评价的方法

对教师教学评价可以运用调查表或评价量表，并结合概括性问题，采用课堂观察同师生调查相结合的方法对课堂教学进行评价。课堂观察法是课堂教学评价中最常用、最基本的方法。评价人员在上课前进入教室，在整个教学过程中，对教师的教和学生的学进行有重点的观察、记录，课后进行分析，提出指导意见，指出可供选择的改进做法等。在评价过程中，一般采用记录表的方式对要重点评价的方面，如教学目标、教学设计、教学方法和手段、教学效率、学生参与情况等进行记录，然后分析、阐述这节课的得失。

调查法包括教师访谈和学生座谈。教师访谈和学生座谈，即用概括性的问题对课堂观察进行补充。在对教师访谈开始之前应把访谈提纲发给任课教师，并且向教师说明访谈的目的。提纲可以起到提示的作用，使访谈紧扣主题；也可以让教师对访谈的主题有大致的了解，使教师有心理准备。问卷调查可以采用调查表和概括性问题相结合的方式进行，由教师本人、学生等根据他们对课堂教学过程和效果的主观印象来填写和回答。调查表用来调查常规性问题，而概括性问题反映的内容则较为抽象概括。教师自评的内容可以包括：基本教学能力，教学过程中的创新，对教学内容的熟悉程度，是否注重学法培养，课堂气氛，学生参与的积极性等；学生问卷的内容可以包括对自己掌握情况的反馈，对教师行为的评价，对教师行为的建议等。问卷调查一般在课堂教学结束后进行。这就需要评价者全面了解教师的情况，做出准确的判断。

学生是语文学习的主人，评价语文教师的信息资料在很大程度上来源于学生。对学生的评价是语文教学评价体系的核心。对学生语文学习进行评价的基本方法应该是正确的观察和科学的推断，其次才是以各种考试、考查出现的测验法以及师生共用的调查法。程序性知识分技能和心智技能两部分，其测量方法是观察学习者的表现；心智技能是运用语言文字及其规律进行理解和表达的内潜性的行为，其测量的方法主要是依据学习者的行为表现，对其能力进行推测和评断；认知策略是语文学习者对其学习技术和方法自身的认知和运用，其测量的方法只能通过对学习者的各种学习活动中的行为表现及其结果的分析，从中推断出所使用的策略，并对策略的运用进行评判；情感和态度，指的是从课文中学习做人处事的价值标准，其测量的方法是通过观察学习者的行为表现，推断他们所选择的价值标准。测验法是借助预先设计的试题、作业或特定情景，通过评价对象的言语和非言语的反应行为的间接推断而获得量化的评价资料的方法。测验法可分为试题测验和情景测验两大类。试题测验是以试题、论题、作业和课题的方式来进行的，情景测试则是通过创设特定的生活场景，借助学生在该场景下的行为反应而进行。

六、大学语文课堂评价要注意的几个问题

鉴于大学语文课堂教学评价的复杂性，有必要再对一些问题进一步

申明。

第一，评价态度的整体观。每一堂课都是由多种教学元素组成的运动过程，是一个不可分割也不能独立观察、测评的有机体。针对整个课堂的元素，教学目标类似文章的中心，教学内容和教学过程类似文章的段落和层次，教学内容的安排和教学过程的推进是否围绕教学目标展开就类似文章的段落和层次是否围绕文章的中心展开。教学方法类似文章的表现手法，教学语言类似文章的语言表达，二者的作用类似表现手法和行文语言对文章中心的作用，是否很好地表达了要表达的内容，是否引起了学生学习阅读的浓厚兴趣等。板书和多媒体的作用则类似文章的摘记和插图，是教学的辅助手段，始终不能喧宾夺主。评价者若能做到这种整体类比，就会在很短的时间内从整体上把握一堂课的优劣，而不至于进入评价细化标准而走不出来。"在大学语文课堂评价量化表实施过程中，除了需要具有课堂整体评价思想外，还必须关注教学流程中教与学的质性体现，在定量的同时重视定性。"①

第二，评价内容的个性化。语文是一门具有综合性和实践性的文化课，它的两个核心要素是人文性和工具性，而且这两个要素是在言语活动中统一起来的。评价内容的个性化就是要紧紧抓住语文学科的这个根本特征，看大学语文课堂是否担负起学生精神成长指引者的重任，使得学生在大学语文课堂上实现其精神成长的飞跃；看教师是否注重向学生传达一种学习方法和学习态度：广涉博览，注重实证，在研究的过程中掌握探索的方法，养成勇于探索的科学精神；看大学语文课堂是否承担起传播人类文化精髓的任务。

第三，评价指标的具体化。评价指标的具体有利于对教师教学行为的督导，从而实现教学评价的价值而不是流于一种定性的工具。大学语文教学的内容广博，不同的内容性质不同，诗歌的欣赏和实用文体的写作，教学内容的组织和教学手法的选用有很大差别。即使同是阅读教学，叙事文本和抒情文本的教学目标也并不相同，传授一种知识和训练一种方法的教学途径差异更大。讲诗歌就要有诗情画意，讲小说就要讲究情节的起伏，要剖析人物的性格、抓住人物的命运。所以，大学语文课堂教学的评价不能简单化和笼统化。

① 沈毅，罗子明，林刚.传媒的经营与经济文化信息的传播［M］.沈阳：辽宁美术出版社，2009.

第四，评价方式的动态化。对一位教师的大学语文课堂评价应当是个动态的过程，不能以一堂课的表现论英雄。这是对教师应有的负责的态度。动态化包括三个方面的内容：一是在不同的时段观察课堂教学，看教师教学水平的变化，全面考察教师的教学态度和教学水平。二是以不同的方式测评学生的学习效果，看学生语文学习兴趣和学习成绩的变化。三是对教师不同教学内容和采用不同教学方法的考察，看教师学养和教法的长处与不足。

第七章 大学语文教师

第一节 大学语文教师的角色定位

一、大学语文教师的心理角色

孟子说："君子有三乐，而王天下者不与存焉。父母俱存，兄弟无故，一乐也；仰不愧于天，俯不怍于人，二乐也；得天下英才而教育之，三乐也。"①"得天下英才而教育之"是自我价值的实现，能够为社会培养有用人才是一种极大的精神满足。要在日常的教学中实现自己的人生价值，在教育学生成才的过程中延续自己的生命，必须当一个好老师，时刻不忘自己育人的责任并且善于担当责任。好老师不能仅仅把教师职业作为谋生的手段，更要把它作为安身立命之所在，在对教育的追求中实现自我发展的人生目的。

而在社会从传统向现代转型的时期，教师职业受到多方面的挑战。现代化把个人的物质利益推向了价值的核心，原本丰富的人简单化为经济动物，人类相信经济手段可以解决一切问题。现代性导致了社会各要素的分离，然而，教育却是统一的，德智体的统一，过去、现在与未来的统一，本土与外域的统一。一方面，教师是经验的传承者、个体社会化的促进者、个人成长中的引导者，教师要学为人师、行为世范。另一方面，社会的现代性又是经济的和个人主义的。在这种社会状态下，教师普遍滋生了一种职业角色的困扰，这实质上是现代性与传统交织产生矛盾的结果。"春蚕

① 《孟子·尽心上》

到死丝方尽，蜡炬成灰泪始干"是对教师职业的一个经典描述。现代性严重消解了这个信条存在的现实基础。

而且，在我们当下的高等教育课程中，大学语文教师是一个特殊的群体，他们的职业困扰除了社会的现代性所造成的心理分裂之外，还有更为切身的原因。大学语文课程开设已有百年历史，20世纪80年代以来，一直有专家呼吁将大学语文列为本科必修课程。语文的重要性已为社会各界所认同。大学语文"被认为重要"又"被实际忽略"的现实，使许多教师对自己的工作不能给予较高的价值肯定，反而产生深层的"自卑情结"，对自我专业发展感到迷茫。

最理想的职业角色应该是与从业对象融为一体的，能够从主体对象化的过程及结果中确证自己作为人的本质力量。"动物和自己的生命活动是直接同一的。动物不把自己同自己的生命活动区别开来，它是自己的生命活动。人则使自己的生命活动本身变成自己意志的和自己意识的对象。"①因此，教师要做灵魂的工程师，首先要做一个理想精神的守望者。我们也只有站在这个坚实的基础上才能讨论大学语文教师的职业角色。

教师的职业角色并不是一种自我选择，而是具有相当程度的社会规定性，体现了社会对从事教师职业的人所形成的一种期望行为模式。职业角色的定位是由职业的内在要求和外在期望所决定的。教师职业角色内在要求是传播人类文化，培养一定社会所需要的人才；教师职业的外在要求是社会赋予教师的期待，包括社会理想和社会规范等。教师的角色不是单一的，一个教师要同时扮演好多种角色，承担多种任务。我们在此只讨论大学语文教师职业的心理角色。大学语文教师的心理角色是指语文教师应该具备的心理方面和思维方面的素质以及行为规范。大学语文教师是人文精神的弘扬者，大学语文教师应该称为学生的精神导师。同时，他应该找到专属自己的风格，倾听自己内心深处的声音。"一个人应该在与其他人的联合中使自己沉入到作为历史具体的整体的世界中，以便在普遍的无家可归的状况中为自己赢得一个新家。他与世界疏离造成了一种精神的个性，而沉入则在个体自我中唤醒一切属人的东西。前者要求的是自我修炼，后者是爱。"②语文教师职业的最高意义正在于此。

① 马克思.马克思恩格斯选集(第一卷)[M].中央编译局，译.北京: 人民出版社，2012.
② 卡·雅斯贝尔斯.三联精选 什么是教育[M].童可依，译.北京: 生活.读书.新知三联书店有限公司，2021.

　　语文教师肩负着传递优秀文化的重任，是精神价值的阐发者，是丰富感情的点燃者。在人们心目中，教师往往被认为是"社会的代表"和"伦理的化身"。语文教师往往容易引起学生的认同感，从而产生模仿的行为。语文教师最容易与学生交流思想认识，语文教师自身的文化修养会直接影响着学生的精神世界。学高为师，身正为范。语文教师要在知识、能力和做人方面给学生做出榜样，把深厚的情感倾注于教学之中，这是语文教师应有的教育修养，也是搞好语文教学的重要基础。在讲课过程中，讲到悲的地方能潜然泪下，讲到喜的地方兴高采烈，讲到美的地方心驰神往，讲到丑的地方则怒形于色。用感情的力量撞开学生思维的闸门，激起学生感情上的共鸣。

　　语文教师精神导师的身份是做教师的至高境界，臻于这种境界的必要条件是对学生精神生命充满人间大爱的殷切期待。学生美好、强健的生命应当成为教师坚持不懈的终生追求。你唤醒了他的灵魂，你给了他力量，你眼中的光影成为他生命航船上一直高挂的风帆。这既是学生的幸运，也是语文老师的幸福。这种心境太美妙了，笔者借用方思《竖琴与长笛》的意境来表达我们语文教师的情愫：

　　"有一个少年，他在默默地前行，有一天他发现周围的一切都改变了模样：绿树、红瓦、蓝天、白云。鸽子振翅的声音似乎更响了，小羊，一只洁白的小羊，渐渐地在他的视野中走失。他的内心滋生出一种说不出的孤独。只觉得有一朵花在开放，在心海，在海中的小岛上。花香似清清的涟漪，一圈一圈地荡漾开来，像浓浓的雾一样，充满了所有的日子。这就是爱情吗？爱情产生于孤独。生命在早晨睁开眼睛的时候，发现了花瓣上的露珠，她凝视着露珠的美丽，突然悟得了露珠和时间、美丽和存在的关系。于是起风了，树林间传来一阵阵的响声。生命渴望爱，渴望被爱。时间渴望和空间结合，瞬间渴望和永恒结合，存在渴望和意义结合，孤独渴望和丰饶结合。"

　　语文教师应该在学生的生命感到孤独的时候给他爱——你代表大地和天空，代表历史和未来，代表良知和正义，向他发出深情的呼唤。把种种人生的感受一一道来，诉说得情真意切、委婉动人、摇曳多姿，像是俊朗的少年和款款的少女。这是爱的绰约的风姿，这是爱的生命的真谛。爱是给予，是创造。生命因为爱的呼唤和追求而觉醒，因为爱的照耀而熠熠生辉。至此，学生们的语文学习已经升华为一种命运："像鹰追赶希望"，执着，坚定；蓝天，白云；滑翔，搏击；自由的意志，追求着的生命。年轻的心没有归宿，只有永不停息的追逐。去那样一个热烈的"舞蹈之国"，去那样一个静谧的家园，去那样一个生机蓬勃的地方。美好的生命是追求着的生命，最美的地方是想要到达的地方。生命的意义在于不断地追求。多姿多彩呀，光辉灿烂呀，正是不断追求的结果。人的躯体是物质的，只有注入精神的因素，才能成为美丽的生命。生命是一个过程，呈现开放的状态，它的强健和富足是自我修炼、自我完善的结果。

这样的大学语文老师，会成为学生精神的图腾！

二、大学语文教师的行为角色

在教学的过程中，有两种不同的教师角色：一是"牧师"，一是"老板"。所谓牧师，就是以权威的身份传播"真理"，即所谓布道；而老板的任务则是组织员工积极生产以争取最大的利润。教师以先知的优越感向学生传播前人的知识，类似于牧师的布道，学生的创造并不是他所追求的目标。"老板"型的教师应该善于创设研究的课题，组织和促进学生的研究过程，追求的目标不再停留在对前人认知结论的掌握上，所追求的最大"利润"应该指向学生思维成果的产生和创造性思维习惯的养成。教师亟须完成从"牧师"向"老板"角色的转变。

因为在我们这个时代，一个人生存和发展的最重要的资源就是创造的精神和能力，创造的精神和能力并不是在占有了大量的知识之后自然形成的，而是在学习知识、运用知识的过程中生成的。那种认为学习只是接受前人的知识，学习书本上的知识，谈不上什么创造的观点是错误的。固然，书本上的知识对于人类来说是已有的认知成果，从科学上来讲，学习这些成果算不上什么创造。但对学生个体来说却是"未曾发生的"，如果学生在学习的过程中探明了"知识"的来路，并且学会了应用，这对他们来说就是创造，因为这确实是他们一系列思维活动的成果。真正的学习者是从自己的经验中建构自己的意义的人。

联合国教科文组织国际教育发展委员会 1972 年在《学会生存——教育世界的今天和明天》中指出："教师的职责现在已经越来越少地传递知识，而是越来越多地激励思考，除了正式职能以外，他将越来越成为一位顾问、一位交换意见的参加者、一位帮助发现矛盾论点而不是拿出真理的人。他必须集中更多的时间和精力去从事那些有效果的和有创造性的活动：互相影响、讨论、激励、了解、鼓舞。"① 小威廉姆·E. 多尔在他的《后现代课程观》中也表达了相似的观点，他说："作为教师我们不能，的确不能，直接传递信息；我们帮助他人在他们和我们的思维成果以及我们和其他人的思维成果之间进行协调之时，我们的教学行为才发生作用。这就是杜威为什么将教学视为交互作用的过程，而学习则是那一过程的产物。"② 教师应当在教学的过程中带领学生去创造，他引导学生分析问题，启发学生思考，决不把最终结果端给学生，而且，还要在创造知识的过程中承担起提升学生生命，使其灵魂得以再生的重任。

在上述理念指导下，大学语文教师基本的工作程序有三个步骤：

第一，给学生提供合适的材料。学生的认知结构具有开放性和动态性，它必须与外界不断进行信息能量的交换才能维持和发展其生命力。材料是"外界刺激"，既是学生研究的对象，在本质上还是一种有助于启动思维的酵母。教师的任务是提供材料，或者指出搜集材料的方法和途径，甚至是只提出对材料的要求，剩下的全由学生自己完成。再就是揭示材料和观点之间的逻辑关系，提示研究的角度和方法，阐发那些包蕴比较艰深的观点。为学生提供的材料一般要在"最近发展区"内，材料所含信息的强度能够打破学生原有图式结构的稳定，使之远离平衡状态。这样，学生在自组织力的驱使下就形成精神上的探求欲。提供材料的方式是多种多样的，或亲身体验，或实物感受，或符号转换等。王步高主编的《大学语文》③ 辑录了总论、集评、汇评、真伪考、作品争鸣、作品综述、研究综述、参考书目等深化和拓展教学内容。集评、汇评中甚至辑录了互相矛盾的观点，让学生听到不同的声音。这样不但加深、拓宽对课文的理解，让学生能看到作品更深层的内涵，多角度感受作品的艺术魅力，也看到某些作品的瑕疵，更重要的意义在于发展学生的思维能力和批判精神。

学生从大量材料的阅读中获取知识，再对这些知识进行加工整理，使之系统化并纳入自己的生命结构之中，再进一步和自己所面临的问题结合起来，制定出运用于现实的策略。完整的过程一般要经过感应、感知和思

---

① 联合国教科文组织国际教育发展委员会.学会生存——教育世界的今天和明天 [M].华东师范大学比较教育研究所，译.北京：教育科学出版社，1972.

② 小威廉姆·E. 多尔.后现代课程观 [M].王红宇，译.北京：教育科学出版社，2000.

③ 王步高，丁帆.大学语文 [M].南京：南京大学出版社，1999.

维三个层次。感应、感知是基础，是思维材料的来源和动力。思维是感应、感知发展的高级阶段，也是人认识的目标。对感性材料进行思考和抽象，对理性材料进行想象和创造。想象就是寻找联系，生成意义；创造就是在各种联系中有所发现，就是主体对客体存在真相的揭示，而且在想象和创造中寄托着主体的精神向往。由形象到抽象再到想象和创造，学生研究的过程是一个多次超越的过程。这个过程并不是直线式的，也往往不是一次就能够完成的。它要经过学习主体多次的自我抽象和想象，才能有所发现、有所创造。

第二，教师要善于组织研究。英国著名的课程论专家劳伦斯·R.帕斯特纳克（L·Stenhouse）认为：文科教学的基本内容应该是问题而不是既成的结论；探究问题的主要方式应该是讨论而不是灌输式的讲授；教师应在学生争议中秉持中立立场；教师不该以权威或书本上的观点来封锁学生的思维疆界，问题讨论不一定达成一致意见；教师作为讨论的主持人应对学习质量和标准承担责任。"文科不是讲知识，而是讲智慧。"[①] 这种意见落到实处就是教师要善于组织研究，在学习语文的过程中做一个组织者和引导者。

教师的具体任务是开发语文资源，搜集教学材料，实施教学计划，设计语文活动，激发学习的兴趣，鼓舞学习的力量，评价学习的结果，组织和推动学习进程。学生的能力和精神只有在对问题的研究中才能发生和发展。研究是一个实践性的动态过程，它包括问题的发现和提出、材料的搜集和整理、观点的孕育和形成，最终是成果的表达和交流。研究式的学习不以接受现成的结论为目标，它追求的是自主的发现和创造，能够发现问题并设计出解决的方案，表达出自己的观点。研究式学习需要主体精神的高扬，最能显示出人的本质力量。对学生来说，这是一个发现的过程。学生在研究的过程中体验到发现的欢乐，这将成为他们追求科学真理的持久动力。

第三，教师要及时推动表达。有效学习活动的指标之一是通过产生创造性成果来体现的。这种成果可以是一种语言作品，也可以是一种认识或方案设计。表达就是对这些研究成果的呈现和交流。表达具有生成性和物质性，生成性是指表达是知识、能力和精神交互作用、共同发展的过程；

---

① 劳伦斯·R.帕斯特纳克.康德哲学与当代社会译丛 纯然理性界限内的宗教中的康德［M］.刘凤娟，译.上海：上海人民出版社，2022.

物质性是指表达是以外显的形态进行的。表达是教学形式的最高阶段。大学语文的表达形式多种多样：提问、回答、讨论、演讲、辩论、写作、文案设计乃至演出等。

大学语文教师行为的终极目标是发展学生的思想，提高学生的认识水平，在这个过程中形成独立自主的创造能力并最终实现完美人格的发展目标。教师的行为直接制约着学生思想的进程和结果。语文教师要担当起自己的行为使命，首要的是自己要保持敏锐的思维，善于设置思想的环境。要有效地发展学生的思想，首先教师必须是一个有思想的人，目光犀利，慧眼独具，对事物能有自己的判断，而不是只会人云亦云地向学生贩卖别人的现成结论。而且，活的教学具有瞬间性，思想的萌生和催发往往像火花一样一闪即逝，教师必须能够敏锐感受、及时捕捉，帮助学生把瞬间的火花燃成思想的火炬。

启动学生的思想往往是困难的，教师要善于设置思想的环境。所谓思想的环境，即观点对立冲突的情境，这情境中潜伏着一个充满诱惑的疑问。人的思想是从质疑开始的。在疑问的逼迫下休眠的思维被唤醒，发散的思维被集中和定向，从自在状态进入自觉状态，从而形成一种精神的力量来解决疑问。人的主体性就是在这个过程中发挥作用并得到证实。思想环境来自于教材并指向教学目标，教师的任务在于发现和揭示，在于引导和推动，还在于对思想环境的范围和程度的把握，设计的标准要能契合学生思想的现状，能够激发起思考的愿望。

教师要善于为学生提供思想的动力，促进思想的进程。思想的生成需要一个完整的思维过程，过程的顺利推进需要持续不断的动力输入。在学生思想的过程中，教师要抓住时机，根据需要，或发问，或提供材料，或讨论交流，努力使学生的思维处于活跃、定向、集中的积极状态。引入活水，投石于心湖，都是为了打破学生内心图式的平衡，最高的境界是使学生能产生一种灵魂的焦虑和期待。这时，飞扬起来的思维具有一种神奇的力量，它虽然无形，但它可以冲破认识的坚冰，迎来百花盛开的思想的春天。

教师还要为学生提供积极负责、切实有效的价值导向。真正思想的状态应该是自由和富有个性的，这样才能有创造。压制和划一产生不了真知灼见，但自由和个性不是乌烟瘴气。引入异质的思想，多方共同参与对话，是思想过程中必不可少的材料和动力。但是引入不是为了陈列，而是为了创生；多方参与的众语喧哗也绝不是乱七八糟，它们最终要指向一个价值目标。思想在穿透事物的同时，还应该以精神的光芒照亮事物，还应该有一种高贵的价值追求——对美好人性的呵护、对正义的尊崇、对人类缺陷的救治以及对未来精神出路的探求。教师往往不以自己的观点结束思想的过程，学生的思考往往也不容易统一，但是，没有定论绝不是丢弃价值标准。教师的导向是隐蔽的、内在的。这要求教师的思想要达到相当的高度，而且表达的方式也要具备一定的艺术。在夏天里，所有的植物都在疯狂地生长，但田野最后的收获却是对人类有用的粮食。如果说教师的行为比农民艺术一点的话，那就是农民要伸出手去把杂草锄掉，而教师"锄草"却并不动手。

语文教学工作复杂、繁重，又要耐心、细致，学生知识的获得、语文能力的形成、人生观世界观的确立，无不需要语文教师的熏陶感染。语文学科的教育成效周期相对于其他学科要长，语文教师要有坚忍不拔的顽强意志和无怨无悔的敬业精神。

第二节　大学语文教师的专业修养

大学语文课程内容涉及古今中外的文学作品，要讲的还有古代汉语、文艺理论、哲学、艺术以至宗教等。大学语文除具有语文固有的感性特征，还具有突出的思辨性。如《楚辞》《庄子》等天马行空式的想象、联想所带来的博大精深、神奇莫测，其中蕴含着深邃的哲学思维、理性思考和人生追求。教学这样的篇目不仅要有较深的学识根基，还须辅之以丰富的生活经历、深刻的人生体验、严谨的思索分析。要胜任大学语文的教学，教师需要多方面的高深修养。我们在这里只从人格修养、学术修养、能力修养三个方面来讨论。

一、大学语文教师的人格修养

从社会出现教师这个职业以来的全部历史证明：一个好教师应具有好的人格。乌申斯基说："教师的人格，就是教育工作的一切。"[1] 教师对学

---

① 乌申斯基.人是教育的对象（下）[M].张佩珍，译.北京：人民教育出版社，2007.

生的影响是"任何教科书、任何道德箴言、任何惩罚和奖励制度都不能代替的一种教育力量"①。现代社会价值观的多元化和教师教学方式的变化，使得教师人格的重要性更为突出。

在现代教育中，教师越来越少地传递知识，越来越多地激励思考，其角色扮演将越来越成为一位顾问、一位交换意见者、一位帮助发现矛盾论点而不是拿出现成真理的人。教师不再像过去那样仅仅致力于传授和灌输各种文化知识，而在于帮助学生创设丰富的教学情境，为学生提供各种便利和服务，如组织讨论、相互评价、共同决策等，使每一个学习者的智慧为整个"学习团体"所共享。因而教师工作也相对更具有专业性，教师人格的独立性更强。这种教师的独立性表现为对新信息、新知识进行过滤、筛选，将之合理化组织后再呈现给学生的能力；不迷信定式，不屈从于权威，具有自由意志和自主行动的倾向，这也是创新型教师的一个鲜明的人格特征。

再进一步，因为大学语文鲜明的人文性，大学语文教师的人格已经成为语文课程不可缺少的一部分，而且是最活跃最具生成性的部分。语文教育的理想性决定了教师理想人格存在的价值和必要性。语文教师是认知、评价、决策与实践的生成者，与学生共享生命的资源；是道德、审美与信仰的生成者，与学生同构生命的意义与希望。在很大程度上，语文教师之所以能对学生产生重大影响，不仅在于课程内容本身，也不仅有赖于语文教师的权威与学识，更重要的是通过教师的人格力量在课程中的辐射和对课程内容的激活来发挥作用的。

"一个好教师应具有的人格品质包括：提高别人的学习能力，增强他们的自尊心与自信心，缓和他们的焦虑感，提高他们的果断性以及形成并巩固他们为人处世的积极态度，等等。"②一个好的语文教师的高尚人格内涵应该更丰富、更深刻、更具有文化精神，充满智慧的力量、道德的力量、情感的力量、意志的力量和审美的力量。其中有三个基本的要素：个性、人文和理想。

人格作为一种文化的积淀是有其共性的，但是这种教师人格的共性并不排斥教师人格的个性，更不意味着广大教师都千人一面、众口一声。相反，

---

① 乌申斯基.人是教育的对象（下）[M].张佩珍，译.北京：人民教育出版社，2007.

② 乌申斯基.人是教育的对象（下）[M].张佩珍，译.北京：人民教育出版社，2007.

每个教师都应当有自己鲜明的个性。人的才华通常是由人的个性表现出来的。只有坚持共性与个性的统一，才能塑造出符合客观实际的现代教师人格。教师的人格魅力不是追求完美而是发展积极的心态，表现真实的自我。我们希望把学生培养成有个性的人，教师自己就必须有个性。这种个性越突出、越明显，就越有魅力。

乌申斯基说："一切教育因素都必须建立在教师的个性的基础上，因为人的个性是教育力量的唯一的活的源泉。"①语文教师个性的基础和核心都是自己生命感悟、孕育、喷发出来的思想。所以，"要真正发展，得学会思考，学会思辨，学会反思，浓缩之就是思想。在我自己的领地里，开出我自己的果子，这就是思想！……思想能使教师站立起来！风格的背后是思想。思想源于思考。作为知识分子的教师应该是一个思想触觉十分灵敏的人：追求真理，崇尚科学，独立思考，这应该是每一位教育者坚定的人生信念。教师在读书的过程中要学会反思——反思书中人、书中事；反思自我生存状态；反思现实生活……唯有如此，教师才能跨越匠人，成为一个思想者。""我美丽，因为我在思想。""人的心灵除了具有思想的力量和构成正确观念的力量以外，没有别的力量。"②语文教师应当能够赋予自己的教学以这种力量。

人文指人类社会的各种文化现象和文化精神。概括地说，人文精神至少由六大方面构成：以积极的价值信仰确立生命的意义，以正确的伦理观念培育人际关系，以崇高的理性精神探寻存在的规律，以自觉的公民意识参与社会事务，以坚定的文化自信传承民族传统，以高尚的审美理想创造美的世界。

康德说："人是需要教育的唯一的生命。人只能通过教育而成其为人。人无非是教育造就而成的产物。值得注意的是，人仅仅是通过人而施行教育；换言之，施教之人，自身也要接受教育。"③语文教师的使命是培育学生的人文精神，而要担负人文教育的使命，语文教师必须具有深厚的人文情怀和高度的人文素养。这一方面是指拥有丰富的人文知识，熟知各种文化现象。另一方面是指具有坚定的人文信仰，把人文知识内化为自己的人文精神和

① 乌申斯基.人是教育的对象（下）［M］.张佩珍，译.北京：人民教育出版社，2007.

② 乌申斯基.人是教育的对象（下）［M］.张佩珍，译.北京：人民教育出版社，2007.

③ 康德.康德说道德与人性［M］.高适，译.武汉：华中科技大学出版社，2012.

人格力量。具体地说，就是对历史学、哲学和文学的通晓以及对社会和人生的深情关怀。

在大学语文教育实践上，人文素养表现为对汉语的热爱，对语文中人文价值的体验和认同、阐发和传达。特别是要关注和发展学生的个性，用语文课中洋溢的人文气息熏陶和感染学生。作为一个语文教师，要深知人不仅是教育的对象，而且是教育的出发点和归宿，任何教育活动的内容和形式，如果忽视了人，看不到教育对象的人格特质，就根本没有教育的科学性可言。语文不仅仅是工具，更是人的生命活动的逻辑起点和"精神的家园"。语文教育要引导学生学习各种文化知识，培养学生具有听说读写的能力，以适应、改造自然和社会；通过听说读写的语文实践活动，促进学生自身的生产，发展学生的主体，不断提高人的本体价值。

教师的道德理想是对现实问题的超越，而不是对现实的顺应和屈从。"这个目标就是身处于现代社会，观念上要走到现代之后：在二分化、分离、机械化和实用主义盛行之际，坚守一体、统合、系统性和理想主义的价值取向，以道德之心对待学生，以自律之心对待自我，以宽容之心对待社会，并通过教师的职业性格影响学生和社会。"① 语文教师应该是一个富有理想的人，像点燃了的、永不熄灭的精神火把一样，在和学生的相处中感染、引导、照亮学生，成为他们人生路上的精神导师和力量源泉。

即使单纯地从语文课程实施的角度来考察，也只有富于理想精神的语文教师才能使用好手中的教材。这包括两个方面：一是敏锐地发现语文课程的意义，二是深入地开掘语文课程的价值。发现是指语文教师与教材内容灵犀相通、谐和共振，把教材的内容经过心灵的放大传达给学生。开掘是指语文教师以自己精神的阳光照射教材内容，无论是悲是喜、是丑是恶，在阐释的过程中都能够反射出高贵思想的光芒。语文教师理想的沦丧会导致精神上的平庸和羸弱，从而导致对教材中的理想因素视而不见、无动于衷，教材中蕴含的精神矿藏就会白白流失掉，语文课就会因此失去灵魂而僵化。具体说来，语文教师应该是一个敏感多情的人道主义者，应该具有高尚的人格，不苟同、不屈服；对人生充满诗意的热情，对社会心怀黍离之悲，丰富而深刻。

语文教师的理想精神灌注在自己的语文教学设计里，渗透在所有的语文教育活动中。每一项语文活动会因为理想的贯注而成为淙淙流淌的小溪，

① 康德.康德说道德与人性［M］.高适，译.武汉：华中科技大学出版社，2012.

欢快而富有生机。每一个字词都会被理想照耀得闪闪发亮，在明媚的阳光下无比灿烂。语文教师的理想随着教师感情的汹涌，通过教师的价值评判而形成一种心灵的召唤，于是，学生心灵中沉睡的高贵的种子睁开眼来，思考和行动开始了。被理想鼓舞着的人是不可阻挡的。在理想性的老师组织带领下，学生的语文学习就成了精神的探险，惊心动魄又充满乐趣。

朱光潜在《论大学教育方式的机械化》中指出："教育是一种人性的接触，没有情谊做基础，无论制度如何完密、设备如何周到，决难收获完美的效果。"① 语文教育不仅是传授和启发，还是熏陶、浸染和召唤，语文教师的人格是实现众多功能的富有人性的"情谊的基础"。

二、大学语文教师的学术修养

学术修养是大学教师从业的基本条件。不同的学科所要求的学术修养有很大的差异。大学语文教师的学术修养包括学科造诣、文化修养和研究能力三个方面的内容。

语文教师的学科造诣是指语文教师从事语文教育工作应具有的知识储备和能力素养。一个优秀的大学语文教师应该饱学有识，掌握语文学科的专业知识，通晓教育心理学理论，具有多方面的兴趣和广博的科学文化知识，并能够用以指导和丰富语文教学实践。

语文学科的核心是语言文学素养。语文教师对语言的掌握和理解要能达到精深、熟巧的程度，能够熟练地操作和富有创意地运用。要有丰富的阅读储备，了解文学艺术的知识体系和历史渊源，并能预测未来的发展趋势。扎实的专业知识是完成语文教学任务的基本条件，学生最气愤、最不能原谅的是教师的不学无术。

语文教师要掌握教育科学理论并用以指导语文教育实践，形成语文教学的能力。教育科学理论包括教育哲学、教育学、教育心理学和语文学科教育学，这是教师组织教学的理论基础。教师只有了解教学的客观规律，运用科学的教学方法，才能有效地促进学生主体作用的发挥，从而获得最佳的教学效果。

大学语文教师在强化人文学科专业理论修养时，尤其应加强哲学的研习，多阅读古今中外的哲学名著，了解一些有影响的重要的思想家和哲学

---

① 朱光潜．朱光潜全集（第 7 卷）［M］．合肥：安徽教育出版社，1991.

大师以及哲学流派，因为哲学是一切理论科学的基础，哲学思辨能力是掌握和建构理论体系的基本条件。文学理论体系是一种哲学演绎体系，要密切关注和吸纳当代文艺学研究的新进展、新成果。文学学科的专业理论具有认识论的意义，可以指导我们进行各种文学实践活动，如引导我们正确阅读，培养审美情趣，提高鉴赏能力，提供价值体系和方法论体系。在任何科学中，理论都是知识的最高形式，是对被研究客体的最完整、最本质的反映，是对客观规律的最系统的概括。

大学语文教师还要有广博、精深的文化修养。文化是整个语文课程体系的背景，甚至也构成语文课程的内容。语言背后是文学，文学背后是文化，缺乏对中国传统文化的深刻理解，既难以成为一个合格的语言教师，更难以成为一个合格的文学教师。缺乏对世界文化的了解，对语文课程目标的定位必然浅陋促狭。所以，一位合格的大学语文教师要对我国及世界的历史、哲学、政治、宗教等方面的经典悉心研读，并能够在理解的基础上运用于对社会生活的观察和预测。例如，对影响世界最为深远的三部文化经典《论语》《理想国》《圣经》的研读，对三大文化渊源柏拉图阐释史、《圣经》阐释史、《论语》阐释史或《十三经》阐释史的梳理和研究。即使对文学文本的阐释也应上升到文化的精神境界。比如，李白、杜甫、王维，他们被称为诗中的仙、圣、佛，诗中的天、地、人，诗中的真、善、美。他们代表着三种生活态度，体现着三种人格精神：李白是飘然不群，傲岸不驯，蔑视权贵，恣意反抗的精神典范；杜甫是以使命感立世，以天下责任为行为原则，从而在此岸世界成就大我生命的精神典范；王维则体现了一种以一切本空为世界观，以自然适宜为人生哲学，以清净解脱为生活情趣的精神境界。从诗仙到诗圣，再到诗佛，又显示了个体生命历程的三个必然阶段：青春意气，向往浪漫的李白；中年深沉，认同博大的杜甫；渐入老境，回归淡泊的王维。这是三颗伟大的诗心，也是人生在世的三种态度。

语文教师具有与语文教学相关的科学素养，才能形成科学的世界观和科学的方法论。新兴学科不断出现，文理学科相互渗透，语文教学的内容不仅局限于语言文学方面，还涉及广泛的社会科学、自然科学等方面的知识。要做一个合格的语文教师，就要博览群书、采纳百家，不断拓宽知识领域。这样才能感染学生，才能唤起他们强烈的求知欲望。此外，各学科知识的相互渗透、综合课程的实施，更要求教师涉猎广泛的科学文化知识来丰富教学的内容，适应现代教育的需要。同时，教师的博学也是建立威信的重要条件。

高等学校的教师是以学术为生的人，其职业特征是发现。发现有两类：一类是自己在科学研究中的发现，这属于教师自己的专业学术；另一类是在课堂上教会学生发现。在课堂上教会学生发现的过程是课堂学术。

大学语文教师必须有自己的专业研究领域，在语言、文学、写作的一个方面深入下去并且取得自己的研究成果。这不仅是自己在学界立身的资本，更是教授大学语文课程的必要条件。教师自己科研的经验和成果，在研究过程中的创造精神和能力，会积淀为近乎本能的思维方式——他将习惯于从问题指向解决方案的创新。只有这样，他才可能在课堂上指导学生研究，他的教学才可能是创造性的。很难设想一个没有科研背景的人走上高校课堂会是一种什么糟糕的情景，他除了做一名知识的搬运工还能做什么？

总之，语文学科是一门交叉性极强的综合学科。语文教师要"精"于语文专业，"博"于文化科学，能以正确的教育理论指导教学，让教学过程充满学术精神。这样，才能把语文课教活，使学生学有所得，终身受益。

三、大学语文教师的能力修养

语文教师的能力修养是指语文教师在教学中对学生进行知识传授、能力培养和思想砥砺的效率而采取的方式方法。作为教师，需要将所拥有的知识转化为学生所能掌握的知识，并借以发展学生的智能，这就需要掌握教育知识和教学技能。语文教师能力的外部标志首先是要求语文教师能负责任地、创造性地履行教师的职责。外部标志的第二个表现是教学情景具有明显的目的性和适应性。语文教学工作不但要让学生掌握语文知识技能，而且还要对学生进行情感价值教育。在具体的语文教学过程中，语文教师要能根据学生心理特点和教学内容的特点设计出符合学生语文学习规律的实践活动，特别注重自主、合作、探究式学习方式。让学生多动脑、多动手、多实践，锻炼独立获取知识的能力。语文教师技术态度外部标志之三，是要求语文教师能卓有成效地发展学生的思维能力。在语文教学中，要让学生掌握语文基础知识并能把语文知识转化为读、写、口语交际的能力，在训练、发展学生的常向思维的同时，也发展学生的变向思维、创造思维，不断提高学生的思维品质。

　　语文教师能力的内部标志包括教师的职业品质，对待教学的正确态度，兴趣爱好，教育能力和组织才干，适合学科要求的性格、气质和心理特征。语文教师应该有理想、有道德、有文化，热爱祖国，热爱教育事业，热爱学生，富于献身精神。应该具备独立思考、不断追求新知识、勇于创造的科学精神。应该坚韧、乐观，富有激情，富有丰富的想象力，以良好的心态和健全的人格给学生以激励、启发和鼓舞。

　　语文教师的能力还表现为对语文传媒运用的技能、言语的技能、教学设计的技能、课堂控制的技能、组织语文活动的技能、教学评价的技能和搜集材料、分析材料的技能。语文教师要能够潜心研究和熟练运用这些技能。

　　在语文教师应具备的多种技能中，言语和思维的能力是容易被忽略的。语文教师的言语既是教学的工具，也是教学的内容，它包含着丰富的文化信息，具有强烈的激发和组织的功能。教师的言语修养在极大的程度上决定着学生在课堂上的脑力劳动的效率。好的言语可以顺畅地传达教学内容，有效地组织教学活动，可以像蜜一样牢牢地黏住学生的注意力，引导他们在知识的海洋中扬帆远航，激励他们奋然追求生活的真谛。

　　大学语文教师教学言语的特征，除了一般的形象、开放以外，还要富有哲理美，要具有思辨性、创造激情和批判精神，精彩睿智而又闪耀着辩证法思想的光辉。语言的哲理是对人生的深刻总结和深情展望。大学生的抽象思维已经进入成熟期，对人生的思考日趋深沉。富有哲理的言语吻合大学生的心理，因而受到他们的喜欢。从学科的角度看，大学语文教学不能再满足于语文知识的传授，而应注重语文能力的培养和语文方法的获得，并且在这个过程中实现对学生的人文关怀和人生引导。语文教学言语的哲理美来源于教学内容。它是语文教师在对教材进行深层次地挖掘与深刻把握的基础上，结合教师人生感悟和高尚的情操，以独特的审美慧眼从课文世界中"开采"出的人生真谛，能给学生以强大的人格魅力的影响。

　　语文教师的言语还应当具有审美性。"言之无文，行而不远。"内容美要求教师的言语思想深刻，富于哲理，充实而又含蓄，常常具有令人豁然开朗的启迪性；形式美则要求教师在遣词造句和修辞上显示出高超的艺术，不能只满足于一般的规范化语言，要锦上添花，努力做到具有"建筑美、色彩美和音乐美"。

　　语文教师不单是靠语文的内容来激发学生的思想和感情的，他是有思想有感情有敏锐的感受和创造力的生命，所以课堂上的语文教师总有一副兴致勃勃的面孔，有一双一忽儿在科学的丰功伟绩面前燃烧着赞美的火光，一忽儿又好像在怀疑所做的结论的正确性而眯缝起来的眼睛。纽曼说："凡是书籍，在传达论题的特殊神理和微妙特色方面，都谈不上伴随着心有灵犀的那种一点即通和胸有成竹，那是通过眼神、表情、语气、风范，随时随地，尽有可观，三言两语，脱口而出，还有熟悉的交谈之中不经意的拐弯抹角……任何学科的一般原理，大家可以足不出户，通过书本而知之；可是细节、色彩、口吻、氛围、生气，使得一门学科融入我们血脉的那股生机，凡此种种要从师长那里把捉，因为学科已经在他们身上获得了生命。"教师的体态语言是展现其人文风范的重要方式。

总之，语文教师的课堂言语具有鲜明的学科性质，即可感性、情感性和启发性。语文教师要能够把深奥的事理形象化，把远处的东西近处化，把抽象的事物具体化，把无声的文字变成有声的言语，生动地再现教材的思想内容。语文教师应该成为运用语言的艺术家。真正优秀的语文教师，其口头和书面的表达就是学生学习母语的活生生的教科书。教师今日语用之修炼，就是学生明日语用之造化。与其说是一本优质的教科书造就了人，不如说是一位卓越的语文教师熏陶并升华了青春生命。即使有一本优质的教科书，充其量它只是教师实施教学的一个小小道具而已，而比道具本身更重要的是教师自身那种超凡脱俗的思想力和表达力。

教师职业思维很特殊，其突出的特征是强烈的生成性和主动的反思性。他要认定，一切事物及其本质是在其发展过程中生成的，而不可能在事物运动之前就存在。生成不是指数量的叠加而是指"变成某物"。这是一种哲学层次的认知观念，优秀的教师总是以此来指导自己的课堂教学。他羞于、不屑于捧出一个现成的结论，哪怕这个结论是真理。他总是习惯于从头开始，从问题开始，和学生一起经过烦琐的过程、艰苦的思维而获得。语文教学的生成性表现为从想象文字、感受形象、体验情绪到产生思想并表达观点的完整过程。

波斯纳教师的成长公式是"经验 + 反思 = 成长"。教师职业角色的发展开始于回归自我的批判与反思。经验主要通过学习实践而获得，而反思则是对经验和实践的思考发现并提炼，是积极主动地寻求自己的专业发展并评判性地思考过去的过程。具有较完美师德的教师会主动地根据时代和社会发展的需要，通过反思自己的伦理行为是否恰当，反思自己的知识体系是否合理，以及如何提升自己的教学技能，反思自己的道德取向是否正确等，来对自己的从教能力和个人德行进行回顾与总结，从而获得更好的职业发展。反思贯穿于教学全过程的各个环节，教师是运动员、裁判员和教练员三位一体的，既要潜心于教学内容，又要对自己的教学过程做出评价，并且及时总结经验教训，提出改进的途径。一个优秀的语文教师会经常向自己发问：我有没有打动学生的感情，我有没有点燃学生的智慧，我有没有把学生带到一个精神的高地，还有没有更好的教学途径？

《礼记·学记》中说："不兴其艺，不能乐学。"教师不兴其艺，也不能乐教。教师的艺，从根本上说就是对真理的明了揭示和对感情的深刻体验，能让学生感到新奇甚至震惊。如果能让学生在学习中意识和感觉到自己智慧的力量，体验到创造的欢乐，为人类的智慧和意志的伟大而感到骄傲，那么语文教师也就会赢得学生的尊敬和爱戴。语文教师的课堂应该是飘洒着感情的春雨，播撒真理的阳光，气象万千，奇幻、瑰丽。

第三节　大学语文教师的任务

一、大学语文教师工作的特点

大学语文教师的工作具有鲜明的文化性、实践性和艺术性。

文化性。文化是人类精神的空气，人是通过文化跟生存的这个世界建立起深刻而广泛的联系的，一个人的力量来自于他所掌握的文化的程度，而人们接受和传承文化则是从学习语文开始的。语文能够为学生的终身学习和有个性的发展奠定基础，也主要是指通过与文化著作的对话来培养起学生的深厚、坚定的文化精神。当今世界的语文教育，不论中国还是外国，也不论是国家的课程标准还是教育界的有识之士，都深刻地意识到了这一点，并且正在积极组织实施。

《普通高中语文课程标准》指出："语文是人类文化的重要组成部分"，语文教育要"增强文化意识，学习探究文化问题的方法，提高认识和分析文化现象的能力，吸收优秀文化的营养，参与先进文化的传播"，要"选读经典名著和其他优秀读物，与文本展开对话。通过阅读和思考，领悟其丰富内涵，探讨人生价值和时代精神，以利于逐步形成自己的思想、行为准则，树立积极向上的人生理想，增强为民族振兴而努力的使命感和社会责任感。养成独立思考、质疑探究的习惯，发展思维的严密性、深刻性和批判性"。相比较而言，大学语文更加具有文化高度和精神价值的向度，因而，大学语文教育的文化性更加突出。民族的文化传统、哲学理念和思想情感渗透在语文教材当中。各种语文教学资源都是文化的载体。开发众多的语文资源其实就是要多方面吸收中华民族和人类文化的丰富营养。

语文中的"文化"有别于一般的文化。语文课程实质上体现了教育对文化的一种"选择"，这种选择具有定向整理功能，即所选择的文化一般都是社会规范的、稳定的、优秀的文化，镌刻着人类的智慧。语文教材，特别是那些文质兼美的经典性教材文本都是人类优秀文化的结晶，如果看不到它的文化内涵，不能充分挖掘它的文化意蕴，语文教材的功能和价值就无法得到充分体现。而且，教育对文化选择的过程也是文化系统化、条理化的过程，如教材的编写，经过了教育者的精心加工、组织，其结构、体系更趋合理与完善，有利于提高学生的能力。因此，一般而言，大学语文中的"文化"是一种规范的、优秀的文化。

就狭义的大学语文教学而言，基于文化层面的语文中的"文化"更多地体现在"文本"以及"教学"中。这种文化更多地体现在"精神层面"上，即从类型上讲，属于心理意识层面，它包括文化传统、规范、价值观念、信仰、思维方式、表意象征符号、行为模式等。文本中所包含的文化是指课文所体现出的价值观念、信仰、规范、思维方式、思想感情等；互动文化则包括师生在教学中所表现出的人文精神、价值、规范、思维方式、表意象征符号、行为模式等。因此，语文教学要充分挖掘文本所蕴含的文化以及在互动中力求更多地体现文化意蕴。

语文教学要让学生感知理解教材内容，在思想、情感、精神上受到启迪和陶冶的过程。语文学习的教与学的全过程，就是一个传递文化、接受文化、培育文化精神的过程。指导学生开展听说读写各种练习的过程，就是发展学生思维能力、开发和提升学生主体性的过程。大学语文教师工作的目的、凭借以及全过程，都有着浓郁的文化色彩。语文教师就是一个热心而又坚定的文化使者。

实践性。语文教师工作的实践性是由语文课程的性质决定的。教师不再是单纯的"教"师，而是"导"师。在教学过程中形成以学生为主体，以在做中学为重点，以掌握听说读写的经验和能力为目标，融"教、学、做"为一体，强化对学生能力的培养。陶行知认为："教学做是一件事，不是三件事。在做上教的是先生，在做上学的是学生。先生拿做来教，乃是真教；学生拿做来学，方是实学。不在做上用功夫，教固不成为教，学也不成为学。"①

语文教师工作的实践性应从两个方面去理解。其一是语文教师本身应该具有丰富的语文实践体验，并能把这些体验转化为教学的能力。其二是语文教师的教学要着力培养学生的语文实践能力。

要培养学生理解和运用语言的能力，教师对语文内容的感知和体验是极为重要的。语文学科是形象的、感性的，具有极强的熏陶感染作用。语文的内容是人类生产活动、社会斗争、文化生活、道德观念以及各种体验、体会的总结和概括，这些对于学习语文的学生而言，都是间接经验、间接认知。语文教师要努力把课程中的间接经验、间接认知转化为学生的直接经验、直接认知。这就要求语文教师既要有较多的社会阅历和语文实践体验，还要具备表达、感染的卓越才能。如语文教师的阅读经验和写作经验可以扩大和丰富自己的感悟和体验。具有实践感悟和实践体验的讲解和引导，才会有感染力和说服力，才会产生良好的教育效果。另外，语文是实践性很强的课程，要让学生多进行语文实践，在大量的语文实践中掌握运用语言的规律。语文教育的过程是学生听说读写不断实践的过程，是学生在语文实践中受到熏陶感染的过程。理解语言运用语言的能力，只能是在亲身练习、实际操作中逐步获得。语文教师要多设计有针对性的练习，让学生动脑、动口、动手，引导学生自主、合作、探究地学习。同时，语文教师更要注意把课堂教学与课外活动结合起来，充分利用各种教学资源，让学生在广泛地接触社会，在实际应用中综合性地学语文、用语文。

艺术性。语文教师工作的艺术性指的是语文教学具有相当的技能技巧，具有鲜明的个性。语文教学是一门科学，也是一门艺术，教学的每一个环节都闪烁着创造的智慧。语文的教学过程，是按照美的规律进行的认知实践活动。语文教师在教学活动中的艺术性，表现为语文教师要掌握教书育人的技能技巧，能运用富有创造性的方式方法，能够熟练运用言语、动作、音响、图像等形象化手段，生动有趣、卓有成效地表达特定的教学内容。语文教师言语的形象性、启发性是教学艺术最主要的特征。语文教师借助于形象化的言语，通过打比方、做类比、举例子、摹声、绘状等艺术处理，

① 陶行知.教育的本质［M］.长沙：湖南人民出版社，2019.

使学生感知语文材料时如临其境，如见其人，如闻其声，从而产生巨大的艺术感染力，促进学生的感知、思维、理解和想象等认识活动的积极开展。综合运用叙述式、说明式、论证式、抒情式等各种表达方式，则能化难为易，容易引起共鸣。娓娓动人的讲解，丝丝入扣的分析，循循善诱的点拨，引人入胜的谈话，张弛跌宕的节奏，可令人荡气回肠。教学言语的抑扬顿挫、诙谐幽默，或是慷慨激昂、深沉委婉，都能令人回味不尽。语文教师的各种非语言教学手段，如眼神、手势、体态、表情等，同样可以是一种教学艺术的表达，对搞好教学起着重要的辅助作用。

教师是课程和学生之间的一座桥梁。语文教师讲授语文材料的过程和学生感知语文材料的过程，就是对艺术形象感知和理解的过程。通过这些艺术形象，教师达到教书育人的目的，学生达到掌握语文知识、养成能力以及净化和提升灵魂的目的。语文教师所设计的教学活动的程序要新颖活泼，符合学生的认知规律，具有审美性。语文教师的智慧和创造性常常就在这里发挥出来。

语文教师要教好语文，就要像一位艺术家那样对待自己所教的课程，对课本上的知识深入研究，细细消化，融入自己的感受和体验并使之具体化，转化成为具有美学特质的教学行为。这个过程就是语文教学工作艺术化的过程。语文教学艺术的目的和标志都是在教学过程中激发学生的感情，把教学内容转化为学生的体验，抵达学生的灵魂。

二、大学语文教师的课程建设

语文教师要对语文课程的性质、地位做到正确、深入的理解。语文课程的基本特点是工具性和人文性的统一，语文课程是学好其他学科的基础，也是学生全面发展和终身发展的基础。语文课程的奠基作用和多重功能决定了语文课程的重要地位。

语文课程着眼于全体学生获得基本语文素养，还要让每一个学生具有适应实际需要的识字写字能力、阅读能力、写作能力、口语交际能力，熟练掌握语文的方法。语文课程是具有丰富人文内涵的课程。语文教学具有极强的感情和价值的引导作用。语文还是实践性很强的课程，应该让学生尽可能多地直接接触语文材料，在大量的语文实践中学习语文、运用语文。学生是学习语文的主体，必须激发学生学习语文的积极性，倡导自主、合作、探究的学习方式,改变单纯师传生受、死记硬背、机械训练的学习状况,唤醒、提升学生的潜能, 培养学生的创造力。

语文课程是实践的, 更是开放的, 语文课程要改变过于强调语言本位、与其他学科割裂的状况,努力沟通与其他学科的联系,加强与生活的联系。语文教师要强化课程资源意识,因地制宜地开发、利用各种课程资源,努力建构开放和富有活力的语文课程,扩展学生学习语文的视野。大学语文教师要立足于自己所教学生的实际, 积极建设开放、多样、有序的语文课程体系, 适应学生对语文教育的不同期待。

大学有不同的类型和层次,从学历的层次来看,有本科与专科之分,本科又有重点大学和普通大学之别;从学术层面来划分, 大学又可分为研究型大学、研究教学型大学、教学研究型大学和教学型大学几类;从学科层面来划分, 还有文科与理科之别;从专业层面去划分就更多了。不同类型和层次大学的办学定位、培养目标以及学生的素质水平存在很大的差异。大学语文教育也必须进行差异性定位,教学内容必须因人制宜、因材施教。重点大学本科主要培养目标是逐步遴选学术性理论型人才, 学生驾驭知识的能力比较强,对学术问题反应敏感,因此,大学语文课程应该突出人文性、综合性和研究性,着重实现人文素养的提升, 同时也适当兼顾高等形态的逻辑思维训练和思考力以及说写能力的提高;充分运用文学文本内容丰富性的优势, 对大学生进行文、史、哲、艺和宗教等相关文学文化知识的教育, 为这些学生未来的学业深造和职业发展构筑基础性和通识性的文化平台。而三本、高职、专科教育主要是职业教育,职业教育主要培养技术性应用型人才,学生动手能力相对较强, 做技术性工作是他们的优势。因此,这些学校的大学语文课程定位应该以工具性、综合性为主, 并兼及人文性。专科大学语文课程的综合性主要侧重于语文如何与未来职业发展相适应,立足于学生的就业需要, 体现职业教育的特点, 走 "应用语文" 或 "实用语文" 的路子。语文能力的培养可以与专业相结合,采用课堂教学与实训教学相结合的办法进行。如实用阅读、实用口语和实用写作等都可结合职业核心素质和技能, 有针对性地进行教学, 以培养学生走上职场应具备的职业素质、人文素质和语文能力。

语文教师要加强对语文教材的研究、实施和反思,努力构建属于自己的教师课程。语文教材是语文教师进行教学最直接、最主要的凭借。语文教师要做好语文教学, 就要对语文教材有深入的了解和研究。深刻理解教材编写的指导思想、体系、模式、所选范文、练习设计。研究教材的方式主要是通读全套教材，比较不同体系的教材，对范文进行悉心的揣摩和深入的分析。语文教师要能够深入挖掘教材的潜在的发展功能，充分发挥它的作用，并能够创造性地把语文教材设计成富有启发性的教学活动。教材实施的目标是把教材的教育因素通过教学实践活动内化为学生的语文素养，其关键环节是听说读写的教学设计和组织落实。对语文教材的反思主要是看它的内容和形式是否符合人才成长的需要，是否符合时代的要求，是否符合学生学习语文的内在规律，并能对不恰当之处及时修正、调整和补充。语文教师要做到既能实现教学目标，又能灵活运用教材，同时也要注意为学生留出选择和拓展的空间，以满足不同学生学习和发展的需要。

教师还要积极编写校本语文教材。这种教材紧密结合学生的专业目标，给学生补充本专业的文献资料，帮助学生养成专业技能，对学生的生存和发展起到奠基作用。这是对国家通用语文教材的补充和延伸，是针对本校学生的学习能力而开发的教材资源，难易适度，适合学校大多数学生使用。教师和学生共同参与语文教材的开发，也有利于创造性的教与学。编写校本课程要积极探索语文与其他学科的联系和沟通，发现活动课题，设计活动程序，这对提高学生的综合素质有很大的好处。

语文教师对语文活动的组织和管理，主要是设计好活动的目标、选择活动的内容和方式，加强交流和评比，同时，要使语文活动结构化，要具有典型性和可发展性。比如，指导语言艺术社、学生文学社团活动，推荐学生优秀习作发表，指导征文比赛、朗诵、演讲、课本剧等。指导学生的社会实践，学会交流沟通，写作社会调查，增强社会责任感。对社会热点问题、热点人物、社会现象等进行探讨，使学生正确看待社会和人生。提高学生的实践能力、创造能力、就业能力和创业能力。锻炼学生的竞争意识、参与意识，端正学生的人生态度，让学生学会解决问题的方式方法。

语文教师要出色完成自己的教学任务，必须有成熟的自我意识，以自己渊博的学识和人格的光辉去自觉地观照语文课程和教学的各个方面，创造性地开展工作。语文教师在教学工作中要一方面能潜入语文教学过程的长河中畅游，另一方面又能站在岸上观察和反省，这样，教学活动才是自觉、清醒和有效的。

三、大学语文教师的日常工作

大学语文教师日常工作的主要环节有了解学生、钻研语文教材、设计教学方案、上课、布置作业和学习评价，以及听课评课、开发语文综合课程和写教学笔记等。有些环节的内容和方式与中学语文老师并没有本质的区别。这里仅从大学教学的角度和容易被忽略的几点予以说明。

"大语文"的教育观念已为广大语文教师所接受。在科学技术迅速发展、文化科学知识急剧增长、各种信息高速传递的时代，开发和利用课外各种教学资源，组织好学生的课外活动，对巩固扩展学生的语文知识、培养学生的语文能力、强化语文创新意识、丰富学生精神生活，都具有重要意义。积极开发和利用本地本专业的教学资源，引导学生联系生活实际和现代社会中的现象考察文化问题，学习对身边的这类现象进行分析和解释，提出自己的见解，展示学习的成果。语文教师应高度重视课程资源的利用与开发，充分发挥自身的潜力，参与必修课和选修课的建设，创造性地开展各类活动，增强学生在各种场合学语文、用语文的意识，多方面地提高学生的语文素养。

大学的语文学习特别要经常组织学生开展文化论著选读与专题研讨，"探究"古今中外的文化问题。指导学生阅读文化论著、交流阅读体会，对其中的主要内容或观点进行讨论。应指导学生领会精神，抓住重点，不必面面俱到，纠缠枝节问题，深究微言大义。应指导学生通过阅读论著、调查梳理材料，学习文化问题探究的方法，吸收优秀文化的营养，增强文化意识，提高认识和分析文化现象的能力，更好地传播先进文化。探究学习的目的是要培养学生的探究习惯和探究能力，让学生体验探究的过程、学习探究的方法。其他领域的探究学习中，撰写考察报告、论文之类涉及语文的活动，属于语文"应用"的范畴。进行文化问题的探究，也要注意提高学生的语文运用能力。

写教学笔记，对自己的教学及时反思是一个教师良好的职业习惯。反思作为联结知性与理性的桥梁，是具有较高价值的内省认识活动，是认识真理的高级方式。教学反思是教师对自己的职业行为以及由此产生的结果进行审视和分析，以批判的态度、挑剔的眼光和追求完美的劲头进行深刻的再认识。反思的本质就是理想与实践的对话。反思的过程实际上是使教师在整个教育教学活动中充分地体现为双重角色: 既是引导者又是评论家，既是教育者又是受教育者。这种双重角色的定位实际上是自我意识的觉醒、主体性的具体体现。在反思、咀嚼、回味中，个体认识世界、认识自我从而确认存在，生成意义。从更高的意义上说，是在反思中追问自我、发现自我、实践自我、超越自我，体验并获得人的意义，不断走向人之为人的存在。

四、大学语文教师的专业发展

自我专业发展的意识是指对自己过去与现在专业发展状态的反思，以及对未来专业发展的规划意识。自我意识强烈的人具有反思精神，对自己所处环境条件、专业结构、专业水平和发展状态能客观分析。在此基础上，确定发展方向，制订切实可行的专业发展计划，对计划实施可能产生的结果也有清醒的认识。大学语文教师的专业发展既具有本专业的特殊性，又具有这个学科在高校学术体系中的限制性。语文教师对此要有清醒的认识，确定明确的目标，采取切实可行的方法。一般说来应从以下几个方面着手：

语文教学实验和语文教学研究。语文教学实验和语文教学研究是语文课程改革中的重要内容。实验可以由国家、省、市、校组织，也可以是语文教师个人探索。教学实验可以是教学内容方面的、教学方法方面的，也可以是综合性的。教学实验需要语文教师加强学习，更新观念，树立正确的人才观和学习观、质量观，把创新意识和实践能力的培养真正贯穿到学校教育教学各个环节中。同时，要加强课程改革实验的科学研究，对实验课题要进行充分论证、认真构思，切忌搞"假、大、空"，要在实验中注意总结经验。

语文教学研究能力是一个合格的语文教师必备的能力。一个语文教师不仅要掌握教什么、怎么教，还要深究为什么，要不断追问怎样的教学内容和方式才是更理想的。这就要求语文教师探索语文教学规律，研究语文教学现象，关注时代对语文教学的要求。诸如，对语文教学现状的调查、历史经验的总结、实验方案的反思、教学方法的改进、教学观念的进步以及教育体系的创新等，都是语文教师教学研究的内容。语文教师的教学研究能力，主要表现在听课、评课、组织教研活动、教学改革实验、总结教学经验、撰写教学论文和专著等方面。要做好语文教学研究，语文教师要善于学习新知识、了解新信息。要勤于实践，善于积累，勇于创新。要注意搜集有关资料和数据，选准课题，并敢于动笔撰写教研论文或专著，交流自己的科研成果，丰富和发展语文教育理论。选择教研课题要注意从教学实际出发，由小到大，由点到面，逐步扩展，一开始不宜选题过大。

　　大学语文教师要不断提高自身专业学术研究的意识和能力，使自己拥有专家学者和教师的双重身份。专业学术研究素养是提高大学语文教师专业素养的关键，也是提高大学语文教育质量、改变大学语文现状和命运的关键。"教师即研究者"是国际教师专业发展的重要理念。大学语文教师要努力使自己在专业学术研究领域有自己的感受、观点和结论、成果，努力提高自身的学术研究水平，以深厚的专业学术修养来增强教学内容的学理性，提升教学的层面和质量，使教学活动永葆旺盛的生命力。

　　从事科学研究、学术交流，参加专业的学术团体，在学术活动中充分发表意见。在认识自我与周围环境现实关系的前提下，自觉创造专业发展条件，加强沟通与协作，学术交流和合作研究既可以在同校教师之间进行，也可以跨学校、跨地区团队合作进行，充分利用资源，相互支持配合，共同促进学科发展和自我专业发展。尽量参与专业范围内公共的、共同瞩目的研究活动。比如，主动地与同行中的资深学者、专家、人士横向联合，申报并研究省部级乃至国家级的科研课题。再如，积极参加某些专业的学术研讨会等，以此增进与本学科主流的学术研究领域的相互联系、沟通和合作，从而规范自身学术研究方法，启迪学术研究思路，开拓学术研究视野，提升学术研究综合实力。积极撰写并努力发表有较高学术含量和价值的专业论文、专著等，以此促进本学科学术研究能力的提升，并培养自身学术研究的求真求实精神和不浮不躁、严谨科学的作风。实践也证明，提高大学教师的学术研究水平和能力，是提高高等教育质量的有效方法之一。要想在日益激烈的教学竞争中站稳脚跟，或者追求更高的目标，不断地以精深的学术研究和丰硕的成果充实提高自己也是必由之路。

　　语文教师要善于寻找大学语文研究的学术生长点。现代科学技术迅速发展，新知识、新学科不断出现，社会的生产方式和生活形态迅速变化，语文学科与其他学科互相渗透融合，社会对语文教育的目标、内容和方式也在不断变更。我们要善于从这种变化中寻找学术研究的生长点，从蜗居式的研究走向开阔和深沉。在语文研究的方法上注重学科交叉、大数据和实证调研，长期关注语文教育的行动研究和叙事研究。

　　语文教师要经常、反复地研读中外文化经典，使自己成为一个文化人，成为语文课程生动活泼、富有创新力量的载体。"教师应该是博览群书的饱学之士。五湖四海，古今中外；上下五千年，纵横八万里，教师都应该有所涉猎。这样，教师在课堂上才有可能口吐珠玉，游刃有余，讲起课来左右逢源，旁征博引，妙趣横生，见地别具，谈吐不凡，从而给学生带来一路春风，使其如同进入一个辽阔纯净甚至是可以嗅到花草芬芳的知识王国。"①语文教师要拜谒经典、扣敲人文，与童心为伴、与时代携手。教师要不断汲取自然科学和社会科学的最新研究成果，关注社会生活和意识形态的发展趋势，给学生以正确的引导。关注时代前沿是为了自身的新鲜活跃，须知在我们不得而知的广阔世界还有这么多的不可思议，我们不可将自己摒弃于时代之外，不可将自己轻易划入老年一派；关注前沿更是为了教育的新鲜活跃，了解孩子们的心态，才能与他们探讨，才能更好地引导他们形成正确的价值观。我们语文老师教的是语文、是历史、是文化，是思想、是精神、是智慧、是力量，那么，语文教师就要成为这些要素的载体甚至就是它们的闪光。

"教师要把学生造就成什么人，自己就应当是这种人。""教师要先于学生而努力锻炼自己的思想和表达力。思想力可以从异质阅读开始，在指令性课程范式中，教师自身接受了太多的同质化阅读，导致自己的思想也被高度同质化乃至日益趋向机械化、刻板化、单一化。我们应该非常自觉地展开多元开放的异质阅读，深读超越'语文'的古今中外思想者们丰富的多元思想。只有经过如此多元阅读的长期砥砺，才能催生每一位教师蜕化出思维精彩、表达个性的新自我！"②

我们所置身的社会"是这样的一个社会，除能够为每个人在其成年以后的每个阶段提供业余式的成人教育之外，还成功地实现了社会价值的转换，即学习、自我实现和成为真正意义上的人已经变成社会发展的目标，而且所有的社会制度都以这一社会目标为指向"③。既然如此，作为以教育人为职业的大学语文教师又怎能不终身学习？语文教师的业务进修和终身学习是一项具有战略意义的工作。

---

① 王云洁. 智慧带来尊严［J］. 人民教育，2004（1）：33-34.
② 王云洁. 智慧带来尊严［J］. 人民教育，2004（1）：33-34.
③ 王云洁. 智慧带来尊严［J］. 人民教育，2004（1）：33-34.

五、大学语文教师的评价

雅斯贝尔斯认为，大学的任务有四项：第一是研究、教学和专业知识课程。第二是教育与培养。第三是生命的精神交往。第四是学术。他说："就科学的意义而言，大学的四项任务是一个整体。它构成了大学的理想：大学是研究和传授科学的殿堂，是教育新人成长的世界，是个体之间富有生命的交往，是学术勃发的世界。每一任务借助参与其他任务而变得更有意义和更加清晰。按大学的理想，这四项任务缺一不可，否则大学的质量就会降低。"① 雅斯贝尔斯把高等教育传统的教学、科研和服务社会三个基本职能与人的精神成长连接起来，回归到人本身。回归人的教育离不开教师道德人格的价值功能。对此，联合国发展计划署教育顾问德怀特·艾伦说："教育有两个目的：一个是要使学生变得聪明；一个是要使学生做有道德的人。如果我们使学生变得聪明而未使他们具有道德，那么，我们就为社会创造了危害。"② 而"20世纪，高等教育自发地把如何使学生变得'聪明'当作了主要目的。当今，知识量已经翻了好几倍。高等教育忙于应付令人头晕目眩的新知识，无暇顾及价值观和道德教育"③。

从这种认识出发，教师不仅是知识的传授者，更是学生学习的促进者；教师不仅是传统的教育者，还是新型教学关系中的学习者和研究者；教师不仅是课程实施的组织者、执行者，也是课程的开发者和创造者。新的教育观对教师提出了全方位的要求，教师的工作也因此变得更加富有创造性，教师的个性价值、伦理价值和专业发展得到了高度的重视。如果说"教育是人的灵魂的教育，而非理性知识和认识的堆积"，那么，属于人文学科的语文教育，更应点燃精神、陶冶人格，抵达并澡雪学生的灵魂："一棵树摇动另一棵树，一朵云摇动另一朵云，一个灵魂唤醒另一个灵魂。"

据此，大学语文教师评价应设置以下几个方面的指标：

课程教学思想和教学方法的理论研究与实践探索，大学语文课程的开发和构建。

教学目标明确，以培养语文读写能力为核心，教学中高扬人文精神的

---

① 卡·雅斯贝尔斯.三联精选 什么是教育[M].童可依，译.北京：生活.读书.新知三联书店有限公司，2021.

② 德怀特·艾伦.中国高等教育的将来[J].国家教育行政学院学报，2005（10）：7-9.

③ 德怀特·艾伦.中国高等教育的将来[J].国家教育行政学院学报，2005（10）：7-9.

大旗。

　　教师作为学生学习的引导者和促进者。

　　教师成为学生心灵世界的向导，组织和指导学生徜徉在语文世界，共同提升语文能力和文学审美趣味。

　　语文课堂教学充满激情，闪耀着思想的光芒。

　　运用现代化手段为学生创设学习情境，开拓广阔的教学空间。

第八章　大学语文素养系统

第一节　语文素养系统的构成

一、语文素养的内涵、层级和维度

在我国语文教育界，对语文教育的目标或者说是语文教育的核心，有几个习惯的提法，即语文能力说、语文技能说、语文素质说和语文素养说。语文课程必须充分发挥自身的优势，弘扬和培育民族精神，使学生受到优秀文化的熏陶，塑造热爱祖国和中华文明、献身人类进步事业的精神品格，形成健康美好的情感和奋发向上的人生态度；应增进课程内容与学生成长的联系，引导学生积极参与实践活动，学习认识自然、认识社会、认识自我、规划人生，实现本课程在促进人的全面发展方面的价值追求。"语文素养的提出，标志着我国语文教育界对语文学科的性质、地位、目标和方法进行全面反思之后进入了一个新的认识阶段。

由于国家迄今还没有制定大学语文课程标准，许多开设大学语文课的学校自己编写的教学大纲通常用"在高中的基础上进一步提高学生的语文素养"来表述。高中语文课程标准对语文素养的阐述全面、深刻，已经具有相当的高度。大学语文的"进一步"意味着在高中基础上知识的掌握进一步拓宽和加深，能力的运用上进一步自觉和熟练，精神的培育上进一步自由和高尚。大学语文更加注重创造能力的培养、人文精神的熏陶和完美人格的养育。大学语文作为一种精心选择组织的文化，它的最高目标是在我国和世界进步文化的涵泳中孕育成熟大学生的独立人格和自由精神。

语文素养是一种以语文知识为基础，以语文能力为表现形式，以人文素养为灵魂的包括众多语文要素在内的认知功能的运动系统。如果把语文素养的构成要素归纳一下，大致有以下十一个方面的内容，可以称为语文素养系统的构成要素。语文素养要素正是语文教育要实现的目标，深入研究语文素养要素的层级和维度，对于理解大学语文课程的内部结构，对于考察语文教育的规律，提高教育成效，都具有重大意义。

语文素养系统的要素包括：一、字词句段篇的积累；二、语感；三、思维；四、识字写字、阅读、写作、口语交际的能力；五、语文学习的方法和习惯；六、知识视野；七、文化品位；八、审美情趣；九、情感态度；十、思想观念；十一、个性和人格。

语文素养从外至内可以分为四个层级：

第一个层级：听说读写。

第二个层级：语文知识、言语技能、语文感觉和语文思维。

第三个层级：语文的动机、情感和态度、语文习惯和语文行为的意志。

第四个层级：言语主体的思想品德修养、文化知识积累、智力水平、人格个性以及具体的言语环境等。

第一个层级是显性的言语行为，表现为言语的实践能力，是主体参与生活、作用于客体的重要手段。第二个层级是支配听说读写行为的智能因素，它制约着显性言语行为的质地和速度。第三个层级是极为潜在的心理因素，它们参与和支配言语实践，为言语实践提供动力支持，是言语实践取得成效的保证，同时也影响着言语成果的质量。第四个层级是言语行为的背景，这是一个人长期文化生活的积淀，其中的言语环境对这种积淀产生一种刺激和召唤。这个层级是语文素养中的最高层次，它既是稳定的，又是在言语过程中发展的；既是在言语行为中随时显露出来的，又是相当持久的。

这四层清晰地揭示了语文素养存在的不同状态：有显性的，更多的是隐性的。有的已内化为人格修养，融入人的生命之中，有的则外化为支持人的言语行为的技能。

语文素养是一个具有强大生产能力的完整的系统，它深刻地反映了人的整体性。语文教育就是培养和发展学生的语文素养，学生语文素养的提高，标志着他们生命层次的提升。由此，最终达到适应生存和创造性生活的境界。

语文素养各要素是在三个维度上展开的，即知识和能力、过程和方法、情感态度和价值观。

字词句段篇的积累、知识视野，属于知识的范畴；语感、思维、识字写字、阅读、写作、口语交际表现为能力。语文学习的方法和习惯属于过程、方法的范畴。文化品位、审美情趣、情感态度、思想观念和个性人格则是情感态度和价值观的体现。

知识和能力是奠基性的，是语文学科质的规定性得以存在、显现的基础，也是语文学科得以发展的依托。过程和方法是知识和能力、情感态度和价值观得以实现的手段、途径。情感和价值观既是语文学科教育的重要目标，又是实现知识和能力、过程和方法目标的动力。

这三个维度的内容并不是像积木一样一层层搭起来的，而是相互渗透，融为一体。各个维度的要素之间相互作用、相互制约，一个维度内容的缺乏将导致其他维度内容的崩溃。

二、大学语文素养系统的特征

跟中小学语文相比，大学语文素养系统有自己鲜明的独特性，它更广泛、更博大、更深邃。大学语文系统的存在是客观事实，但人们从系统的角度对它的研究还比较少，而静止、孤立、局部地观察大学语文系统，必然导致认识的偏斜和谬误，不能正确认识大学语文系统的结构和功能，也必然找不到大学语文教育的正确路径。我们运用系统论的观点来对它做出多角度的分析，以求全面、深刻地理解它，准确、高效地运用它。

系统是普遍存在的。在宇宙间，从基本粒子到河外星系，从人类社会到人的思维，从无机界到有机界，从自然科学到社会科学，系统无所不在。英文中的系统（system）一词来源于古代希腊文（syst ε m α），意为部分组成的整体。一般系统论创始人路德维希·冯·贝塔朗菲认为："系统是相互联系相互作用的诸元素的综合体。"[1] 他强调元素间的相互作用以及系统对元素的整合作用。

我们先从一般系统的特性来认识大学语文素养系统的结构和功能。

系统具有多元性。多元性是指系统是由两个以上的元素构成的多样性的统一，越是复杂的系统构成元素越繁多，而且差异越大。大学语文是一个由众多元素构成的结构复杂、规模庞大的系统。从语文学科的角度考察，

---

① 路德维希·冯·贝塔朗菲.生命问题 现代生物学思想评价[M].吴晓江，译.北京：商务印书馆，1999.

它是由知识和能力、过程和方法、情感态度和价值观三个维度的元素构成的。从语文结构功能的角度考察，它是由语言、文化、生命和世界四个子系统构成的。作为大学语文构成的每一种元素也都不是单一的结构。它们又由许多元素构成而且自成系统，甚至是一个更庞大更复杂的系统。只不过它们是以这个系统中的一部分元素参与到语文素养系统中。

系统具有关联性。系统不存在孤立元素组分，所有元素或组分之间相互依存、相互作用、相互制约。系统的规律也必定要通过要素之间的关系体现出来。存在于整体中的要素都必定具有构成整体的相互关联的内在根据。要素只有在整体中才能体现其要素的意义。语文素养系统中的各种元素相互作用，共同发挥语文的功能。任何元素一旦疏离语文素养系统，都必将导致语文整体功能的减损。语文素养系统的功能决定于系统中最不活跃的那种元素，而不决定于最活跃的元素，这种状况跟"木桶理论"极为相似。

系统具有整体性。系统是所有存在差异的元素共同构成的复合统一整体。系统所具有的整体性是在一定组织结构基础上的整体性。要素以一定方式相互联系、相互作用而形成一定的结构，具备系统的整体性。系统是从整体与要素、层次、结构、环境的关系上来揭示整体性特征的。系统的整体性是由各构成元素的性质及其之间的关系决定的。一个充满活力的系统的各元素必然表现为某种有序状态，而且这种有序状态必定是有一定方向的。也就是说，语文素养系统的整体性是跟它的有序性和方向性紧密相连的。语文素养系统的秩序是人的认知规律。语文活动是一种认知实践，众多的语文元素在认知实践中遵从认知规律并在认识过程中发挥各自的作用。语文素养系统的方向是认知过程中的价值取向。语文活动总是沿着人的理想、情绪等精神追求的方向前进。语文的方向就是生命的方向。

再进一步，语文系统还具有生态系统的性质，属于典型的耗散结构。

在自然界，任何生物群落都不是孤立存在的。它们总是通过能量和物质的交换与其生存的环境不可分割地相互联系、相互作用着，共同形成统一的整体。这样的整体就是生态系统。任何一个能够维持其机能正常运转的生态系统都必须与外界进行能量的交换，其行为经常受到外部环境的影响，所以它是一个开放系统。任何生态系统及其各种组分都具有能量流动、物质循环和信息传递三大功能特征。

大学语文教育系统具有生态系统的显著特征。它由三个生态圈构成：

微观的生态圈由听、说、读、写四种组分构成；中观的生态圈由知识和技能、过程和方法、情感态度和价值观三种组分构成；宏观的生态圈由语言、文化、生命、世界四种组分构成。每一种生态圈的构成元素都具有生物界生态圈的一般特征。生物界生态圈各元素的能量通过一系列的取食和被取食关系在生态系统中传递。一个无形的食物网把所有生物都包括在内，使它们有着直接或间接的联系，构成一种相互依赖、错综复杂的食物网链。大学语文生态系统又具有不同于生物界的只属于自己的特性。生物之间的营养和能量是单方向传递的，老虎可以捕食山羊而山羊绝不可能捕食老虎，而语文各组分间的营养和能量是双向传递的、相互的。物种间常因利用同一资源而发生竞争，而语文组分之间的关系不是自然界的竞争而是互利共生，而且各组分同时具有生产、消费和分解三种功能。这并不是说每一个组分自身是生产者、消费者和分解者的封闭的内循环，恰恰相反，它们都是开放的和耗散的。语文素养系统不是生物圈的金字塔结构，而是呈双向奔流的环状分布。

我们以宏观的语文生态圈为例来说明语文的功能结构。语文生态系统包括语言、文化、生命和世界四种组分。语言是人认知实践的结晶，是文化的重要组成部分。虽然语言中包含着已经揭示的事物的特性以及主体的认知智慧，人们可以凭借语言认识世界，但是，任何富有创造性的言语活动的内容、动力和目标，都跟言语主体的生命质量紧密相关。没有生命的赋予，语言可能只是一堆前人用剩的空壳。刘禹锡身居陋室却高贵无比的心灵，杜甫长夜沾湿却想大庇天下的人道主义情怀，李白天子呼来不上船的傲骨和飘逸，以及王勃"穷且益坚，不坠青云之志"，柳宗元"士穷乃见节义"，范仲淹"先天下之忧而忧，后天下之乐而乐"，周敦颐"出淤泥而不染，濯清涟而不妖"等伟大的人格和高尚的情操。正是他们高贵精神和博大温暖的情怀，才使他们的文章闪烁着千古不灭的光辉。人的生命跟自我个性有关，但它的根须又深深地扎入一定的文化中。古人讲，要读万卷书，行万里路，主张广泛深入地了解世界、体验社会、感受人生，这实在是对语文生态系统的功能的切中肯綮的把握。

大学语文教育系统的功能是由系统各组分共同决定的，其中的一个甚至几个组分并不能决定系统整体的功能。在语文生态系统中，言语行为并不是自主的，而是有系统的生命感情和价值系统指挥的。语文的生态失衡是一种或一种组分萎缩，会导致整个系统功能的萎缩。语文素养系统的动力源是人的价值追求。

语文素养系统的内部结构属于耗散结构。它结构的状况决定着这个系统功能的发挥。结构的畸形、混乱将导致系统功能的减弱。结构状态的合理性是系统功能实现的内在依据或方式。语文素养系统具有相关性、开放性和动态性特征。

语文素养系统内部各因素的相关性是由耗散结构的非线性决定的，是指语文素养系统内部结构的各要素不是以一种线性状态存在的，也不能各自独立地发挥作用，而是各个要素相互影响、相互制约，一个要素增强或减退，将导致另外一个或几个相关要素的增强或减退，从而影响系统整体功能的发挥。语文知识积累的增多，将使阅读能力增强；阅读能力增强将有利于培养写作能力。反之亦然。良好的情感态度和价值观将给知识注入生命活力。语文能力、生命意志、言语成果等要素是相辅相成的，其条件关系、因果关系十分紧密，且又往往产生转化和迁移。语文知识和语文能力具有基础性，它是显性的材料和工具。过程和方法处于中间的位置，它是知识和能力与情感态度和价值观连接的桥梁，它的状态是以语文要素的流动方式呈现的。而情感态度和价值观是前两个层次的动力和内容源泉。离开了这一层次，前两个层次将会瘫痪，而离开了前两个层次，它将无以表达和实现，从而沦为虚无。但是，当这些要素存在于一个人的身上时，它是综合的、交融的。整体的功能必得它们齐心协力才能完成。

开放是耗散结构获得活力的必要条件。语文素养系统的开放是它获得生命的基本保障。一个封闭的系统将因为熵增引起结构老化，导致功能衰退。必须引进负熵才能激活结构，恢复和发展系统的功能。所以开放的系统必须与外界不断进行物质、能量、信息的交换运动。对语文素养系统来说，要充分开放边界，不断引进大量的新鲜的语文材料，特别是引进一些异质的语文材料，对系统的原有结构产生冲击，从而实现语文素养结构的进化。语文学习中和现实生活密切联系的观点、综合性学习的观点，就是语文素养系统开放性的要求和体现。我们不能指望在封闭的状态下来培养学生的语文能力。

系统的进化过程就是一系列的各种动态的平衡过程。这种动态平衡的演化导致水平愈来愈高的复杂组织的出现。平衡是相对的，运动是绝对的。实现动态平衡的条件是系统与外界环境中物质能量和信息的交换。语文素养系统中，知识的不断积累、价值观层次的不断提升，会促进系统向一个更高水平的演化。语文素养的各要素也只有在动态平衡的过程中才能表现出来，就是说，语文素养系统的价值是在运动中实现的。语文教学过程中要有意识地远离平衡状态，使知识、能力、思想、人格之间产生相干效应，实现个别要素的涨落，从而使语文素养的内部结构开始一个新的动态平衡的过程。

　　由于语文素养系统的相关性、开放性和动态性，使得这个系统必然具有发展的功能和实践的要求。发展的功能有两种含义：一是指语文素养系统内部各要素的发展，二是指由此而实现人的发展。人的发展是通过语文素养的发展而实现的，反过来，人的发展又促进了语文素养的发展。这二者本来就是一个不可分割的整体。因此，"语文课程应致力于学生语文素养的形成与发展。语文素养是学生学好其他课程的基础，也是学生全面发展和终身发展的基础。""语文是实践性很强的课程，应着重培养学生的语文实践能力，而培养这种能力的主要途径也应是语文实践，不宜刻意追求语文知识的系统和完整。""应该让学生更多地直接接触语文材料，在大量的语文实践中掌握运用语文的规律。"要"倡导自主、合作、探究的学习方式"。[1]语文素养系统动态的进化是通过和外部环境信息的交流而实现的。语文如果离开了外部环境信息的支持，它内部的结构将失去活力，其功能将日益减退甚至丧失。

第二节　语文素养系统要素分析

　　语文感觉、语文能力和语文思维是语文素养系统中的三个关键概念，它们都属于"能力"的层次，在系统中居于核心和枢纽的地位。这三个概念既分别独立又互相交叉。大致说来，语文能力居于显性的外层，它可以物化出来；语文感觉居于隐性的中间层次，联结语文能力和语文思维；而语文思维则处于最隐蔽的深层，为语文感觉和语文能力提供动力，并通过它们来体现。语文品质、语文精神和语文方法则是属于"态度和价值观"的层次，可以认为是语文素养的根系。它们隐蔽地存在于语文素养系统中，

---

　　① 王意如，叶丽新，郑桂华，等.《普通高中课程标准（2017版）》教师指导·语文［M］.上海：上海教育出版社，2019.

又对语文能力发挥着主导作用，它们根植于人的生命深处，在内为人的魂魄，在外为人的处世态度；发为言语则见风骨和灵性。语文感觉、语文能力和语文思维，语文品质、语文精神和语文方法共同构成一个人的语文态度。一个人的语文态度和他的生命态度相融合、相消长。

一、语文感觉

语文感觉通常简称为语感。在语文教育史上，语感是在 20 世纪 20 年代提出来的，之后不断有人对它加以阐发，但直到 90 年代才由于对语文教育现状的痛切反思而引起广泛的共鸣，从而成为一个理论和实践的热点话题。虽然如此，人们对语感内涵的揭示也还是不能统一。比如，"语感是一种文学修养，是在长期的规范的语言运用和语言训练中养成的一种带有浓重经验色彩的比较直接、迅速地感悟、领会语言文字的能力。"[1] "语感是感性和理性相统一的一种悟性。"[2] "语感是对言语对象的直觉感知和直觉判断。"[3] 还有观点认为："语感就是对语言直觉地感知、领悟、把握的能力，即对语言的敏感，是人于感知的刹那在不假思索的情况下表象、联想、想象、理解、情感等主动自觉地联翩而至这样一种心理现象。"[4] 这些看法分别从不同的侧面揭示了语感的特征。

其实，语文教育界的先辈们对语感已做过非常通俗明了的解释。夏丏尊说："一般做教师的，特别是国文科教师，对于普通文字应该比学生有正确丰富的了解力。换句话说，对于文字应有灵敏的感觉。姑且名这感觉为'语感'。"[5] 语感就是对言语正确丰富的了解力和灵敏的感觉力。"正确""丰富""灵敏"三个词准确地揭示出了语感的特征。接着他又举例加以说明："在语感敏锐的人的心里，'赤'不但只解作红色，'夜'不但只解作昼的反对吧。'田园'不但只解作种菜的地方，'春雨'不但只解作春天的雨吧。见了'新绿'二字，就会感到希望焕然的造化之工、少年的气概等等说不尽的情趣。见了'落叶'二字，就会感到无常、寂寥等等说不尽的诗味吧。

① 李珊林.语感训练的思考及做法［J］.语文学习，1990（9）：8-10.
② 杨炳辉.语法教学必须与培养语感相结合［J］.语文学习，1993（4）：5-7.
③ 王尚文.为"语感中心说"申辩［J］.语文学习，1995（9）：6-9.
④ 王尚文.为"语感中心说"申辩［J］.语文学习，1995（9）：6-9.
⑤ 夏丏尊.我在国文科教授上最近的一信念：传染语感于学生［J］.语文学习，2003（11）：40-41.

真的生活在此，真的文学也在此。"① 这里主要解说的是语感的丰富性，当然正确在其中，灵敏也在其中。对内容的丰富的了解，得力于丰富的想象力，而丰富的想象力又源自于主体丰厚的文化积淀。我国的文化传统源远流长，在长期的使用过程中，每个词语都浸润承载了丰富多彩的民族生活和感情的内涵，反映了民族的心理和意志。一见"杨柳依依"，便心生惜别之意，一见"雨雪霏霏"，就觉得路途多舛。一些平常的事物因文化的负载而具有诸多的象征意义。人们在阅读的时候，对言语的敏感也就是对言语的多重意义联想的能力，此一义彼一义，实义虚义，近义远义，都一齐来在心头，如此，便对作品有了一个透彻的了解。夏丏尊的这段话不仅说明了语感是什么，也指出了培养语感的途径。一个对文化传统不甚了解的人，是很难建立起语感来的。

叶圣陶从另一个方面阐明了语感的又一特征。他说："不了解一个字一个辞的意义和情味，单靠翻查字典辞典是不够的。必须在日常生活中随时留意，得到真实的经验，于语言文字才会有正确丰富的了解力，换句话说，对于语言、文字才会有灵敏的感觉。这种感觉通常叫作'语感'。"② "要求语感的敏锐，不能单从语言文字上揣摩，而要把生活经验联系到语言文字上去。"③ 唯有经历过的、感觉到的才能更好地理解它，一个字一个词就是一幅画，一个句子一个段落就是一段生活，真切的生活感受联系到文字上，那文字就化成了心底的涛声。

人的经验有两个来源，一是直接经验，一是间接经验，现代人的间接经验往往大于直接经验。阅读是获得间接经验的重要途径。人的直接经验是酵母，间接经验在"酵母"的作用下发生变化，逐渐积淀为人的一种文化修养。

文化积淀之上的丰富联想和个体经验之上的积极参与，是产生良好语感的基础。在这个坚实的基础之上，我们认为语感就是对言语内容的敏锐的感受力。敏锐是说感受得快速和直接，整个心理过程是在一个瞬间完成的，显示出直觉的特征。感受包括领悟和体验、理解和同化，这几个不同的阅读层次和阶段，在语感极强的人几乎是同时完成的。

语感的心理过程极为灵动和微妙，把它放大后加以分析，会发现它具

① 夏丏尊.我在国文科教授上最近的一信念：传染语感于学生［J］.语文学习，2003（11）：40-41.

② 叶圣陶.给初学写作者［M］.长沙：湖南教育出版社，2008.

③ 叶圣陶.给初学写作者［M］.长沙：湖南教育出版社，2008.

有三个特征：一是灵感性，二是无意识性，三是意象化。灵感性是指阅读过程中主体伴随着积极强烈的情感体验，这种情感体验的力量足以唤醒以表象的形式储存于记忆中的生活经验和文化积淀，它们像受到一种魔力的吸引而联翩飞来。反过来，不期而遇的表象又推动情感体验进一步发展，二者相互作用而使阅读过程出现一个又一个的体验高潮。无意识性是指阅读过程中的主体和客体（作品以及作者）达到一种高度的融合和交流的状态，主客一体，物我两忘，"在这种境界中，主体扬弃了'执着'（用意志动机制约身体运行的状态），从而使主体在无意、无为和自然的状态中实现对对象存在及其规律的黯然领悟"①。意象化是说在阅读过程中，语感起于意象，也终于意象。起点的意象侧重于感性的形象，终点的意象侧重于意义化的形象，两个意象之间的跃进过程极为短暂，甚至可以忽略。理解和观照是在一瞬间自动完成的。这三个特点可以概括为语感的直觉性，这是语感的最根本的心理特征。

从认识论的角度来说，人的认识过程一般是由感性到理性、由经验到思维的。一般的认识过程就终止在这个阶段，而语感却在这个基础上重又回到感性和经验的层次上。这种回归是理性和思维的直觉：理性和思维的内容退隐到幕后，沉到了底层，成为一种蕴含在言语直觉背后的深层内容。语感之所以能在简明直接快捷的形式中凸显深刻丰富的意义建构，奥妙就在于此。这是在长期的言语实践中由生到熟，化繁为简，变客为主的必然结果。

有的人阅读、写作和口语交际，都可以做到正确、丰富、快速，好像不假思索，如有神助。这是因为他的语感能力很强。语感是一个完整的言语概念，它由许多具体的因素组成，也可以由不同的途径来培养。

语感可以分为语音感、语义感和语体感。语感的培养，在每一个具体的实践环节中可有所侧重。我国传统的语文教育十分重视语感的培养，积累了许多宝贵的经验。

语音感。这里说的语音不单指由声母韵母和声调构成的音节——每个音节的物质构成和它表示的意义往往有相当紧密的内在联系——还指语气语调以及语句的舒缓长短等，言语的声音是由所有这些因素共同构成的。声音是最能直接表达内容的物质形式，对语音的感觉是语感的第一步。

我国传统的诗论、词论推崇"沉郁"的风格，主张诗词要写得往复深沉、

① 王尚文.中学语文教学研究［M］.北京：高等教育出版社，2002.

顿挫有致，以唤起读者内心深处的共鸣。小说叙述的快慢、疏密和虚实之间，常常暗含着情感上的节奏起伏。鲁迅的《狂人日记》，调子如急管繁弦，多用跳跃性短句作为狂人的内心独白，正好表现了狂人暴风雨般的愤激之情。《祝福》的调子徐缓低沉，像是为祥林嫂不幸的一生谱写的哀歌。《红楼梦》自第五十五回起，繁华将尽，变故迭生，日益显露出末世的光景，在全书结构上为一大转折。与此相适应，叙述的语调也从明朗从容转入悲戚忧伤。把握它的叙述语调所传达出来的情感氛围能够更好地理解这部伟大的作品。

培养语音感，主要靠诵读。古今学者都十分强调"因声求气"。周振甫认为："作者由气决定言之短长与声之高下；读者则由言之短长与声之高下中求气，得到了气，就能体会到作者写作时的感情。"[①]刘大櫆竭力提倡诵读，他在《论文偶记》中说："（读古人书）烂熟后，我之神气即古人之神气，古人之音节都在我喉吻间，合我喉吻者，便是与古人神气音节相似处，久之自然铿锵发金石之声。"至今一些有眼光的语文教育家，也一再呼吁要重视对现代美文的"美读"。

诵读可以达到"心凝形释，冥合于言议之表"的境界，比"专以沉思力索为事者"的默读更能锻炼语感。长期的诵读，可以使人敏锐地感受音之开合缓急、滑涩高下和意义之间的对应关系。

语法感。语法感是指不对句子做逻辑的语法分析而快速感知句子内容的能力，而且能够曲尽言外之意、文外之旨。王力曾说："就句子的结构而言，西洋语言是法治的，中国语言是人治的。"[②]"法治的"是说言语的形式是可以进行逻辑分析的，它的内部结构十分严密。"人治的"是指汉语言不太注重法则逻辑，它的组合自由灵活，采用什么形式由具体的语境决定。词的活用、成分的省略和倒置，再加上历代对含蓄简约的推崇，使得汉语言作品在形式之外往往留下了大片的"空白"，这就需要阅读者"以神遇而不以目视"，靠自己的经验积累和悟性来参透言语形式的意味。

语体感。语体也称作文体，任何文体都有自己的目的，这个目的又决定了它们各自所采用的不同的表达方法，不同文体的表达方法具有很大的差异。所以，语体感实际上也就是语境感，是对言语的目的、构成要素、使用手法的敏锐感觉，是主体对某种特定文体的全部表现形式规范的领悟

---

① 周振甫.文章例话 [M].南京：江苏教育出版社，2006.
② 王力.王力文集（第 1 卷）［M］.济南：山东教育出版社，1984.

与把握。离开对一种文体内在语境的敏感，是不可能真正理解言语的，也不可能有效地运用语言来表达。实用文体的目的具体明确，是"实"的，言语准确明了。读和写这类文体往往是为了一个特定的目标。文学体裁的目的则往往是"虚"的，它指向人的心灵，作用于人的感悟，言语讲究形象含蓄和有韵味。同是文学作品的诗歌和小说也各有特点。诗主抒情，其手段是意象的运用。读诗需要解读意象的深层内蕴，写诗则要寄情于物，把意义（感情）化为形象。小说则是为了塑造人物的性格，展现人物的内心世界，一切景物、行为等描写都是为了达到这个目的。语体感是最靠近言语实际的一种心理特征。它的形成依赖于对文体特点的深刻理解和大量文体阅读的实践活动。

语义感是语感中最重要的部分，它居于语感结构的核心位置。语义感的基础是对字词的积累和对意象的积累，积累的量越大，沉淀越丰厚，语义感越敏锐越丰富。字词的积累除掌握它们的公共意义之外，要特别注重其个性化的部分，就是在具体的言语活动中作者所赋予的带有独特体验的含义。作品的"文外曲致""言外之意""情在言外"，大都是由词语的个性化所催生的。意象的积累就是把自己的经验（直接经验和间接经验）以表象的形式储存在自己的大脑中。作品是由语言构成的，而每一语言符号都指向特定的事物，代表一定的意义。"曰意、曰词、曰气、曰法，之数者，非判断自为一事，常乘乎其机而混同以凝于一，惟其妙之一出于自然而已。"①"意""气"依托于"词"和"法"而存在于作品中，它们结合而成为意象。刘勰也说："独照之匠，窥意象而运斤。"②作为阅读主体的读者，唯有头脑中有丰富的意象，才可能被作品的词语迅速唤醒，从而主体客体的意象对流交结，共同组成鲜明丰富的新的意象群。

二、语文能力

能力是"人们成功完成某种活动所必需的个性心理特征"，就其作用来说，它对活动的进程及方式直接起调节控制的作用。个体心理特性的调节作用是经常的、一贯的，因此，作为能力本质的个体经验，必须是系统化、概括化了的个体经验，唯有这样的经验才能对活动具有稳定的调节作用。

---

① 出自张裕钊《与吴函父书》
② 《文心雕龙·神思》

系统化、概括化了的个体经验主要是知识和技能。

语文能力是指个体运用祖国语言文字，在与他人进行交际的过程中，能对自己的言语实践活动（听、说、读、写）直接起稳定的调节作用的个性心理特征。

语文能力的结构是一个由多种复杂因素组合而成的综合体。然而，从哲学的角度来看，不管一个事物、一个现象有多么复杂，其中必有一个因素或一个要素起着关键的、决定性的作用。在一个结构中，这种起着关键的、决定性作用的要素就是这一结构的核心。语文能力结构的核心是思维能力。思维能力有三种形式：动作思维、形象思维和抽象思维。它们在不同学段、不同个体上的发展并不平衡。而语文能力的发展，在很大程度上依赖于思维发展的水平。思维能力发展处于某一水平时，决定着当时语文能力发展的最大可能性。主体言语的特点取决于其思维的特点。因此，语文教学的种种努力，必须高度契合学生思维发展的水平和特点。

语文能力结构中的各要素是不可分割的整体。我们把外在的语文能力划分为听话能力、说话能力、阅读能力、写作能力只是为了研究的方便，以及在培养时更具侧重性、更能针对其特点。而在对某一特定语文情境做出反应时，则是一个人全部语文能力而非个别要素的显现。如果经由听话训练使学生在接受他人口语信息时能抓住要点，把握说话者的思想倾向，那么他们在阅读文字材料时把握文章中心思想、发掘文章的深层内涵将会容易得多。同理，当学生的阅读能力得到一定程度的发展之时，对听话的帮助，即对接受他人口头语言信息的帮助也是非常之大的。说话与写作也是这样。虽然不能绝对地讲能说者必定善写，能写者必定善说，但至少能说为善写奠定了基础，能写为善说创造了条件。写作训练也对说话活动中思维的逻辑性，言语的条理性、准确性有莫大的助益。当写作能力发展到较高水平时，即使不写下来，内化于头脑中的逻辑结构也会在说话过程中自动控制着说话的条理性。

如果学生不能有效地接受由外部输入的语言信息，那么他们在向他人发出信息时，语言将是苍白的，内容将是贫乏的，形式将是不规范的。他们不可能发出高质量的信息。而当发出信息的能力达到一个较高水准之后，势必对接受信息质量的提高大有裨益。因此，语文能力结构中听说读写四要素各自都具有不可替代性，不能以放弃一种能力的培养来换取对另一种能力的格外重视。对其中任何一种能力的放弃，将导致整个结构的失衡，致使整个语文能力包括格外重视的那一种能力也得不到良好的发展。

语文能力结构是一个开放的结构，语文能力结构不是在封闭状态中运行的。就其形成而言，它所需要的背景不仅仅是语文知识，还应包括生活经验以及自然科学、社会科学的有关知识。一个人语文能力的形成是多种因素共同作用的结果。因此，语文能力的提高在很大程度上依赖于综合素质的提高，学习语文必须开放边界、精选信息、广泛吸纳。仅仅就语文学语文，不可能达到上乘境界。

语文能力的培养有许多途径，我们这里从课程设置和教学角度来探讨。

第一，积累语言，丰富语感。语文是一门最基础的学科，或者说是一门元学科。"水之积也不厚，则其负大舟也无力"，丰富的言语储备，是言语实践可靠的保证。

言语积累主要有四项：字的积累、词的积累、锦言佳句的积累和精美诗文的积累。熟识 3500 个常用汉字是学好语文的基础。词汇是概念的载体，也是思维的基本元素，词的积累丰富了，表达能力才会提高。第三是锦言佳句的积累。大量的锦言佳句是人类思想的精华，是人类对自然、社会、人生、伦理、道德、科学、艺术和哲学的认识精髓，这些锦言佳句，千百年来广泛深入地影响着人们的言语、思想、生存和发展。第四是精美诗文的积累。相对上述积累，这是更高层次的积累，学生通过这种积累学到的语言不是纯工具性的语言符号，而是体现了民族的思想体系、价值体系、方法体系等。除此之外，积累语言还需要扩大阅读量。

第二，精选知识，重视经验。任何一种能力的形成，都需要知识为其引导和定向。语文知识不仅仅是语言知识，还包括他人的言语经验、言语主体的言语法则等。

社会的语言规律。语言是社会成员的"公器"。有效的社会交际必须遵循约定俗成的语言规律。传授语言规律的目的不仅在于规范和指导学生个体的言语行为，使他们明白自己言语实践的是非正误，从而匡正失误，弥补缺漏；还在于使学生已有的言语感性经验上升到理性水平。

他人的言语经验。语言，作为交际的工具，在实现和发挥它的交际功能时，是语言的各个构成部分——语音、词汇、语法、修辞等规则的综合应用，但是这种应用带有鲜明的个人经验和风格特色。从语言运用的综合性范例中去学习语言，是古已有之的传统。他人的言语经验始终处于运动状态，难以穷举。但是，成功的言语经验大抵具有以下三个共同点：

凸显语旨。语旨，即言语所表达的意义和情感，这是言语主体交际的目的。成功的言语经验首先在于它恰切、完美地表达了语旨。要研究言语主体选用了哪些语言符号、创造性地运用了哪些语言组合规律、表现了怎样一种意义或情感。

适应语境。语境是运用语言交际的环境。不论是上下文的句段、篇章等言辞语境，还是文篇之外的非言辞语境，对于语义的表达，都有制约、生成和阐释的功能。研究语境特征及其功能，是提高理解和应用语言能力的必要条件。

符合语体。语体是为适应表达内容和交际需要而形成的语言材料和表现方法的特点的总和，是根据语言交际功能而形成的言语风格类型。成功的言语总是得体的。了解语体特征，对于读解言语作品有引导和认同的作用，对于说写活动有规范和指导的作用。

言语行为的法则。幼儿学习母语是从模仿成人的言语开始的。入学之后，在学习言语作品的同时，进而学习了语音、文字、词汇、语法等系统规则，其目的在于提高读写听说的能力。因而，在语文教学中教给学生阅读、写作、听话、说话的方法和规则是至关重要的。教给学生在表达情意时如何察物、创意、缀言、得体，教给学生在读解言谈和文篇时如何感言、辨体、得意、及物，是语文教学的重要内容。这些法则知识可以用来指导学生的言语行为。

第三，训练技能，形成习惯。语文技能对个体言语实践活动起控制执行作用，即确定执行的顺序和处理的方式、变换的方式等。通过对技能的训练，使个体在言语实践中达到熟练化、自动化的程度。在训练有了一定的强度和速度后，学生的动作要素和顺序将随之发生一些变化和调整。而当这种训练达到一定数量时，学生的动作经验就可以在一定程度上实现内化、类化，使言语者能够根据不同的对象，实现自我调节。语文能力之中包括多种技能，比如，读文有认读技能、理解技能、速读技能，说话有言语编码的技能、运用语音表情达意的技能、运用态势帮助表达的技能等。

人的技能是一种活动方式，而任何活动都不可能是盲目的，因此首先必须明确目标、确定方向。其次，作为活动方式，它体现为一系列连贯的行为或心智运作过程，所以训练时应该分清要素、安排顺序，并且把握要领，选择恰当的方法进行训练。最后通过不断强化，形成迁移，直至养成习惯。

要特别注意的是，语文技能与其他技能的训练具有明显的区别。学生的言语活动并不纯粹是一种技能技艺，甚至也不仅仅是一种心智活动，它与人的整个认知世界和情感世界紧密联系。语文课程具有工具性，语文是用来进行言语交际的，因此语文的技能需要熟练化和自动化，但是语文这个工具与其他的锯子、刨子、凿子一类的工具是不一样的，它在具有工具性的同时，还具有人文性，人的语言运用也是人的精神活动和情感活动的产物。因此，在进行语文技能训练时，要把它与精神培育和情感体验结合起来，决不能以单一的知识点或技能点代替对言语材料的感受、领悟和内化。

第四，拥抱生活，扩大外延。"语文学习的外延与生活的外延相等"，语文是一门得天独厚的课程，因为它本身提供了贴近学生生活的最大可能，提供了实现他们作为一个人的生命活动、心灵活动的最大可能。读、写、听、说本身就是属于他们的生活形式，本来就是实现生命活动、心灵活动的主要渠道，因此，语文教学可以顺水推舟地把作为学习形式的读写听说自然而然地变为学生的生活形式。

三、语文思维

语文思维包括一般思维和特殊思维。一般思维是基础，反映了人类思维的共性；特殊思维是语文学科质的规定性，反映了人类对呈现或寄托的感性把握。语文思维通常是指特殊思维。

思维是许多学科研究的对象。哲学、逻辑学、心理学、语言学、脑科学、神经生理学等，都把思维纳入自己的研究范围。广义的思维是作为存在的对立物而言的，与"意识""精神""认识"同义。狭义的"思维"则是指对客观存在认识的形式。一般定义为，思维是人脑对客观现实的概括的、间接的反映，是人脑反映客观现实的高级形式。也有人认为："思维，就是人类在精神生产的过程中，反映客观现实世界、创构未来理想世界，应变现实环境的（秩序化）意识行为。"

思维可以分为形象思维、抽象思维、直觉思维、批判思维和创造思维等类型。

形象思维。形象思维又称艺术思维，是反映事物形象特征和形象联系的一种思维方式，它以记忆表象作为思维的材料，以联想和想象作为思维的方式，以丰富的情感作为思维的动力。形象思维是形象化了的思维，是思维化了的形象。就是说，它是以形象为手段来揭示现实世界和构想未来世界的，或者说它的手段和目的统一于形象之中。

抽象思维。抽象思维是以概念为思维要素，以判断、推理为特征的思维方式。它是以逻辑的形式来揭示事物的本质。抽象思维往往删除了事物的个性特征，通过归纳和演绎概括出一类事物的共同性质。

直觉思维。直觉思维可分为三类：第一类是本能直觉，它所依据的是一种生理的本能和传统习俗，类似于条件反射。第二类是感性直觉，是指人们依靠感觉形成的直觉，这种直觉主要依赖的是体验，是一种感性认识。第三类是理性直觉，是一种在对事物的本质有了深刻的认识基础上形成的直觉。我们一般所说的学习上的直觉思维，是指在第三类的基础上（性质）得以升华而具有第一、二类某些特点（形式）的思维。

批判思维。批判思维是指通过观察、体验、思考、交流收集和产生的信息，积极地分析、综合、评价和应用的智力活动。批判思维具有逻辑推理、深思熟虑、疑问态度和自主思维的特点。批判思维实质上是用探询的方法和态度看待世界，以创造和动态的观点看待事物。这种思维方式是一个人独立思考、尊重创造价值的表现。

创造思维。创造思维是指对社会现象、客观事物之间差异的思考，是在已有材料的基础上，进行想象、推理，从而解决和发现人类从未解决和从未发现的事物和问题的思维。创造思维在于揭示已知与未知、现象与本质的矛盾，在人类的思维领域追求独到的认知结果。创造思维是人类进步的动力。对学生来说，创造思维是指通过自己的亲身体验和独立思考获得认知成果的思维活动。

语文思维。语文思维是指语文学习活动中特有的一种思维。"所谓语文思维，是指主体在读写听说活动中与言语同步展开的思维活动与思维能力，包括对交际对象、情景的辨识、判断，听读内容的领悟、把握，说写目的、思路的确定与调整。"语文思维和形象思维、抽象思维、直觉思维、批判思维、创造思维并不是对立的概念，而是融合的。多种思维形式共同参与语文学习的过程。阅读时的"如临其境""感同身受"是形象思维，对作品中心思想的概括是抽象思维，语感表现为直觉思维，对文章价值的评判则是批判思维，写作又是创造思维。当然，语文学习过程中每个环节的思维活动都不是单一的，往往是几种思维交叉融合，共同推动学习活动的开展。语文思维具有三个显著的特征，即具体性、整体性和直接性。

具体性是语文思维的最基本的特征。虽然数学等学科也有图形，也讲想象，但它的图形和想象本身就是高度抽象化的，已经剥离了具体事物的外形。虽然历史等学科也举事例，但那事例是删除了细节只剩下"性质"的道具。语文学科完全不是这样。语文思维起源于感性，在上升到理性的过程中也始终不排除感性，而且理性的最终表达也还是靠感性形象来完成的。语文思维是最丰富最具有情感的思维。从这个意义上说，语文思维最贴近生命的本质。

阅读就是对文字所表达的世界的整体把握。生活中的一个个事物，往往是独立存在的，呈现一种自然的零散的状态，而作品中一个个词所代表的形形色色的事物，因为一种统一的精神因素的贯注而铸成一个完整的形象，人们在阅读时，就是在想象中牢固地把握住这个形象并对它进行欣赏。写作的过程，就是一个赋形的过程，把意思、感觉通过重复与对比、渲染与敷设等手法赋予以空间感觉上的可能和自由。刘永济说："盖人情物象，往往深迹幽香，必非常言能应其妙，故赖有敷设之功，亦为玉者必须琢磨之益，绘画者端在渲染之能，径情直言，未可谓之文也。"

语文思维的具体性表达的是对生命美（理想、向往、自由）的追求，它的目标是拓展或建构高远辽阔复杂的分维空间（生命空间、思维空间、情感空间、智慧空间），建立一种共时性精神空间的秩序。

整体性是指语文思维把认识对象作为一个整体来把握，主要包含三层意思：一是内外合一，即现象和本质一体化，本质就在现象之中，现象就是对本质的说明。二是局部和整体不分。本来整体是由局部构成的，但语文思维不对整体做割裂的分析。语文中的局部一离开整体往往就失去了生命。如"杨柳岸晓风残月""古道西风瘦马"，必须作为一个统一的完整的意象来观照，才能潜入领悟其意境的妙处。一旦分解，便一片死气。三是纵横联系。系统的观点是语文思维的基础。口语交际中对语境的重视和依赖，阅读中的"知人论世"以及主体的参与和超越，搜集、处理信息过程中对问题目标的考虑以及对学习成果的预想等，无一不是整体性的认知活动。

直接性。直接性有两层意思：一是指在第一次读到一个词唤起对应的表象的时候、在为表达一个意思而寻找一个词语的时候，往往有一个思索的过程，但经过第二次第三次如此反复的运用，记忆被积淀下来，所需要的时间大为缩短，直到可以忽略而成为直觉。二是指在听说读写等活动中，主体会主动避开"障碍"运用语言，从而显得"驾轻就熟"，而对"重"和"生"则自动跳过。语文思维的这个特点既可能提高语言运用的速度，也可能降低运用语言的效率。

语文思维的培养途径通常有这样几种：

第一，教给思维的方法。思维的方法主要有抽象和概括、归纳和演绎、分析和综合、比较和归类、系统和具体、联想和想象。

抽象和概括。抽象是在头脑中把事物共同的非本质属性或本质属性抽取出来加以考察的方法。对人物相貌的思考是非本质属性的抽象，对人物性格的思考是本质属性的抽象。概括是在头脑中抽象出来的事物共同的非本质属性或本质属性联合起来的思维方法。非本质属性的概括是感性的或经验的概括。本质属性的概括也叫作理性的或理论的概括，对作品主题思想的概括是本质概括。

归纳和演绎。归纳是从特殊到一般的思维方法，即根据大量已知的事实，做出一般性的结论。文学作品的分析多是归纳。演绎是从一般到特殊的思维方法，即从一般性的原理出发，认识那些尚不知道的事物。议论文中理论论证是演绎。

分析和综合。分析就是把事物的整体分解成各个部分或属性来进行考察的思维方法。综合就是把事物的各个部分或属性联合成一个整体进行考察的思维方法。阅读教学中的分段把握和对重点字词的揣摩是分析，对作品整体的观照是综合。分析的目的是综合，通过分析达到"一以贯之"的境界。

比较和归类。比较是把各种事物加以对比，以确定它们之间的相同点和不同点的思维方法，或者同中求异，或者异中求同。对作品的人物、主题、手法的比较，对占有材料的比较，是语文学习中经常进行的思维活动。归类是按照一定的标准把事物分门别类划成小组的思维方法。一是按照事物的非本质属性归类，一是按照事物的本质属性分类。写作特点的教学就属于归类。

系统和具体。系统是把各种有关材料归入一定的顺序或体系的思维方法。语文教学中的列提纲、板书就是系统化的方法。具体就是把理论知识应用于实际，或用实际来说明理论知识的一种思维方法。教给方法之后的作文就是具体化的实践活动。

联想和想象。联想是由一种事物唤起相关表象的思维活动。想象是由记忆中的表象加工组合构成新形象的思维活动。语文阅读中的参与、体验和理解，写作中的选材、构思和成文等都离不开联想和想象。没有联想和想象，就没有语文学习。

第二，指出发展思维的途径。充分利用已有的知识经验，从直接经验到间接经验，加深感受和理解。思维是获得知识经验的重要心理因素，知识经验又是开展思维的必要条件。语文感受是语文理解的基础，从自己的知识经验出发，展开联想和想象，设身处地，和作者的心灵相通了，思维才可能活跃起来。唤起、调动、补充相关的知识经验是学习语文的前提。

第三，积极提供多种直观材料，激发学生的思维，从感性到理性，从具体到抽象，推动学生思维的深化。在直观材料的作用下，学生的头脑中会形成丰富的感性知识。思维总是从感性到理性、从具体到抽象，在一定的直观活动的基础上，在丰富的感性认识的参与下展开的。语文学习的直观材料大致有三类：一是实物直观，就是在直接感知实际事物的过程中进行，如社会调查、社区服务等综合实践活动。二是模象直观，如教学图表、多媒体教学、参观展览等。三是言语直观，这是语文教学中应用最广泛的直观材料，应选择那些新鲜、形象、优美、富有价值又贴近学生生活的言语材料交给学生，也应鼓励学生自己去搜集、阅读。多接触这类材料是学好语文的必由之路。

第四，丰富学生的语言，以言语活动促进学生思维的发展。从信息论的观点来看，思维的过程就是对信息的加工过程。信息是思维的原料，原料越丰富，思维加工越容易有效地进行。而人类的言语成果是人类所独有的取之不尽、用之不竭的信息源泉，语文也是人类最重要的信息交流的工具。因此，在教学中，我们要善于利用这个信息源泉。这有两个方面的意思：一是引导学生积累一定数量的字词，背诵、阅读相当数量的言语材料；二是制造和抓住学生"愤""悱"的心理欲求，为思维蓄势。这二者结合起来，思维就能得到有效的培养。

第五，结合实际，创设问题情境，在解决问题中发展学生的思维。思维总是从发现问题开始，以问题的解决告终。思维的过程就是发现问题和解决问题的过程，就是缓和矛盾达到认知暂时平衡的过程。因此，为了激发和培养学生的思维，教师应结合实际积极创设问题情境，使学生在这种情境中产生矛盾，从而在内心产生困惑及解除困惑的要求。问题情境常以课题的形式设置，它的思维过程是完整和深刻的。其主要矛盾有学生的预料、期待同课题之间的矛盾，课题内部的矛盾，面对课题时学生认识内部的矛盾等。创设问题情境，也就是抓住并利用这些矛盾来激发和促进思维。

第六，打动学生的感情，为思维的发展提供动力。联想和想象是思维的两只有力的翅膀，而感情则是托浮翅膀的空气。没有感情的参与，任何思维活动都是乏力的，语文思维尤其是这样。感情来自于精神的渴望以及这种渴望的实现或者所遭受的打击。语文学习材料中大都蕴含着丰富的感情因素，教师要善于发掘和利用它们，关键的是把它们和学生的精神渴望联系、沟通。感情一旦点燃起来，语文材料就会被这火光所照亮，那字词语句就会活跃起来，迅速地向着一个目标奔跑。这个过程就是思维发育成长的过程。

第三节　大学语文素养的价值取向

一、大学语文的精神

就一般意义而论，不光语文学科，实际上几乎所有的学校课程都是以语言文字为载体，都是广义的学习语言。比如，动物学课里肯定也要讲到鸟，讲到麻雀或者老虎；在植物学课里肯定也要学到树，学到松树或者柏树；在天文学课里肯定也要学到星星月亮。但是，动物学里的"鸟"已经不再是读者看到的树枝上那只"叽叽"鸣叫的让人爱怜的画眉，也不再是老舍笔下的那只充满了恐惧的受伤的小麻雀，它已经是剔除了所有的作为一个小生命的特殊的物质实在，只剩下"有羽毛能飞行的动物"这样抽象的概念。在天文学里学习月亮或者星星，着重关注的是它是发光发热的恒星或者是围绕行星运转的卫星，而不关注阅读者在晚上看到的是否是一弯新月或者是使大地一片银白的那轮圆月，而这恰恰就是语文学习所要关注的重点。语文课程所关注的语言具有语文学科的特殊性。

一种语言里的大部分语词，实际上都是个体和群体、感性和理性、具体和抽象的融合。"松树"既指言语者通过直接或间接感知过的不同形状、不同地域、不同大小、不同种类的各种松树，也指"树皮多为鳞状，叶子针形的一种常绿乔木"。个体的、感性的、具体的，主要是语文学科所要学习的对象。群体的、理性的、抽象的和概念的，则是科学学科所要涉及的范畴。语文学科不仅为其他学科提供了用以表达的言语符号，而且提供了科学学科赖以进行概括的丰富的表象、事实，没有这些直观的、具体的、丰富的、感知到的表象和事实，科学课程的概念理解就无从进行。

艺术不是一个将我们的感觉材料加以分类的过程，艺术沉湎于个别的直觉，远远不需要逐步上升到一般概念上去。在艺术活动中，我们不是将世界概念化，而是将它感受化。一切真正的艺术首先是诉诸感觉的。卡西尔认为，艺术所运用的语言只是一种特定意义上的语言，它们不是文字符号的语言，而是直觉符号的语言。语言艺术家就是用语言建造一个直觉的感性的世界。所以，语文老师要用语文的眼睛、语文的耳朵和语文的心灵去教语文。大学语文学习首先要明确语文意识。语文以人文为灵魂，人文寄寓于语文之中，语文与人文有机结合起来的枢纽就是语文意识。语文意识是语文素养结构中情意因素的统称。语文意识关注的是语言的物质和精神的存在，要认真听听语言的声音、辨辨它的色彩、掂掂它的分量、摸摸它的"体温"，把它摆在它和语境的关系之中反复审视、掂量、咀嚼、玩味。从这里出发才能走上正确的语文学习之路。因为语言文字的运用绝不仅仅是运用语文的知识、技能、技巧的问题，而是和思想、情感、个性等人文因素密不可分。语文素养和人文素养具有深刻的相关性。

语文学科的语言大部分是情感的、审美的语言，情感的、审美的语言首先是直观的、直感的语言。"美是理念的感性显现"，这是美学给我们语文学科的启示之一。直观的、直感的语言还应该伴有言说者真挚的情怀和对世界真实的感受，体现出情感的、审美的属性。忽视情感的、审美的语言学习，对学生的语文素养甚至对民族素质都会造成很大的损害。在人之初，语言是具体的、感性的，在语言的发展历程中，不断抽象化而失去了自身的感性特指，因而语言便与生存之间出现了巨大的裂痕。更深刻的原因还在于生命感觉在生存的重压下变得日益迟钝和荒疏。拯救语言，也就是拯救我们人的生命，防止生命的分裂和异化，抗拒生命的冷漠和麻木，保持生命的鲜活和敏锐。

情感培养是一种人文素质的培养，也是一种言语素质的培养，二者是可以结合在一起的。语文学科的言语源于心灵的言语，它应该反映出主体和客体之间的真实、深刻的关系。语言的运用自如的能力不是仅靠多识字就能养成的，好的文章也不是单凭一点聪明灵性就能写出来的。一个人的生命精神要用优良的语文来涵养，要熟读经典、积聚学养，既广读史书又深知社会民情，以哲学培育思维，以良知修养德行，最终成为有卓然独立之精神、自由之思想的人。如果一味满足于知识的传授、踌躇于技能的训练而不问津人内在的"精神生活"，语文是没有出路的，人也极有可能沿着这条实利主义路径走上唯名利是图的邪路，那时，失魂落魄的就不仅是大学语文了。

真正的语文应该是扎根于优秀传统文化的深厚土壤，将传统文化人格化、情感化、时代化，赋予它鲜活灵动的生命活力，让学生受其感染，获得情感体验和生命感悟。更要引导学生思考人生，关注社会各阶层人民的生存情况，关注他们的精神状况。如果没有人文智慧的烛照，人类的精神之旅将是黑暗而漫长的。语文教学肩负一项重要使命：坚守精神家园，启迪灵性，让理想的花蕾绽放，让创新的种子萌发！语文课要做的就是教育追寻思想，做"会思想的芦苇"，夯实学生的精神底子。

语文的精神实质上是人的精神。"民族的语言即民族的精神，民族的精神即民族的语言。二者的同一程度超过人们的任何想象。"语文精神是对生命意义的探询和对人类美好情感的向往，是在语言文字中感受各式各样的人生，去体验人类生命中究竟具有什么样的能让我们为之深爱的本性。语文之精神在于一生的执着与精心，在于每一个生命的个体都能挺直脊梁，独立地思想，让人性之光芒一如冬日午后的阳光，暖暖地照耀着每一个平静的灵魂。语文之精神，是在于保存和发展人类之"善性"的基础上，追求心灵的纯朴简单。让我们像汲取阳光一样，去品味语文的智慧和境界，去体验自己内心的渴望和满足。语文之精神，唤醒心灵深处的自由、幻想和创造，寻找自我价值和心灵的归宿，一如生命的修行。语文之精神，在于铸就独立完整之人格，让真与善以最美的方式道出，在质疑和反思中创造，直到抵达理想的目标。

大学语文坚持普遍的人文教育必须从一种高于社会直接需求的对人的完整性的认识出发，必须基于一种高层次的文化关切和价值意识。这也正是大学教育立足当下孕育未来的特殊贡献的地方，它以承担培育出来完整的人这个根本性的任务来引导社会的发展。这是一个极为重大和崇高的使命，大学语文的意义和价值探索必须借助其他学科提供的方法，如历史、生活文化观察、文献搜集和诠释、社会政治研究等，在语文学科中贯注由哲学或宗教意识所体现的价值和意义探索，否则不能获得有自觉意识的人文导向。

二、大学语文的方法

"方法"一词来源于希腊文，含有"沿着"和"道路"的意思，表示人们活动所选择的正确途径或道路。《墨子·天志中》："中吾矩者谓之方，不中吾矩者谓之不方，是以方与不方，皆可得而知之。此其故何？则方法明也。"

在当代认识论中，方法具有两个层面的含义：在日常生活和工作中，方法一般是指为获得某种东西或达到某种目的而采取的手段与行为方式，如教学的方法，作文的方法等。哲学上的方法是指主体和客体之间的关系，这种关系给人们指示出关于解决思想、说话、行动等问题的门路、程序等。英国哲学家培根把这种方法称为"心的工具"，认为方法是在黑暗中照亮道路的明灯，是条条蹊径中的路标，它的作用在于能"给理智提供暗示或警告"。

哲学方法是探索实现主观世界与客观世界相一致的最一般的方法，在一定意义上说具有决定性作用，它对日常生活和工作解决具体问题、完成具体任务的方法具有指导意义。两种方法的区别在于：哲学意义上的方法是人们从什么角度、用什么样的方式来观察事物和处理问题的观念形态，主要解决世界"是什么"和"为什么"的问题。哲学方法论和世界观是一致的，它具有根本性；而日常生活和工作中一般意义上的方法主要解决"怎么办"的问题，主要是指解决问题的具体手段，它具有可操作性。我们在这里讨论的语文方法主要是哲学意义上的语文方法。

洛克、狄德罗、休谟、马赫等感觉论者肯定感觉的内容来自客观物质世界，是外界事物作用于人的感官而引起的结果。甚至对客观物质世界的存在持"存疑"的态度，认为"存在就是被感知"。人类绝不能越过感官印象而认识它之外的任何事物，强调感觉是认识的唯一来源，感觉是构成世界的唯一实在。这种感觉主义的认识论虽然有失偏颇，但是，它注重世界在人的感觉中存在的观念确实是有意义的，它揭示了人与世界不可分割的紧密联系，让人时刻意识到生命存在的有根性。

这种感觉主义在我国古代哲学中也能找到许多相通之处。老子《道德经》说："人法地，地法天，天法道，道法自然。"《庄子·达生》曰："天地者，万物之父母也。"表明人与自然的一致与相通。《周易·文言》从人格的最高理想和最终境界论述了人与天地的合一："夫大人者，与天地合其德，与日月合其明，与四时合其序，与鬼神合其吉凶，先天而天弗违，后天而奉天时。"先秦儒家主张"天人合一"，宇宙自然是大天地，人则是一个小天地，人类只是天地万物中的一个部分，人与自然是息息相通的一体。《论语·阳货》中孔子说："天何言哉？四时行焉，百物生焉，天何言哉？"四时运行，万物生长是天的意志的体现，天是一切现象和自然变化的根源，是宇宙的最高本体。人类的政治、伦理、语言等社会文化现象是自然的直接反映，而且是一种内在的生成关系和实现原则。《左传·昭公二十三年》中"夫礼，天之经也，地之义也，民之行也。天地之经，而民实则之。"天地之道是生成原则，人之道是实现原则。所以，人的一切言行都应顺乎自然规律。中国人最基本的思维方式，具体表现在天与人的关系上。它认为人与天不是处在一种主体与对象之关系，而是处在一种部分与整体、扭曲与原貌或为学之初与最高境界的关系之中。"天人合一"既是中国传统文化中的宇宙观，是关于人与自然或者说是自然界和精神的统一问题。

中国古代哲学思想都主张天人合一，追求物我一体、心物一体，达到人与自然的和谐统一。《礼记·乐记》说："凡音之起，由心动也。人心之动，物使之然也。"人心与物境相互交融，艺术家创作时，用自己的直觉观赏外物的艺术形象，将它与自己的主观精神相结合，产生艺术意象，这种意象就是一种"神似"的境界。它是客观事物的精神，又是艺术家主观的精神。意境是中国古典美学的重要范畴，是指艺术家从对客观事物的观察、认识、体验、感受中，产生了某种思想感情，通过特殊的艺术构思和形象塑造，把这种思想感情充分表现出来，于是在文字上产生一种动人境界，这是艺术家主观情感与客观物境互相交融而形成的艺术境界，也是艺术家与自然相近而又相融的精神感受。文学上的借景抒情、托物言志的手法，注重神似，提倡形神兼备的艺术追求，都是这种哲学思想在言语过程中的表现。圣人之心与天地万物不是相对的，而是一气同流的。"以天地万物为一体""一天地万物以为心"亦即物我一体、心物一体，表现为对天地万物的普遍关怀。

庄子言："藐姑射之山，有神人居焉。肌肤若冰雪，淖约若处子。不食五谷，吸风饮露。乘云气，御飞龙，而游乎四海之外。其神凝，使物不疵疠而年谷熟。"[①]这样一个神人，显然是庄子杜撰出来的神话人物，但是他也告诉了我们，忘我体验来达到"天地与我并生，而万物与我为一"的

① 庄子.庄子［M］.贾云，译.西安：三秦出版社，2018.

天人合一的精神境界。庄子所讲的庖丁解牛也同样告诉我们一个道理：遵循事物的规律，做到目无全牛，才能游刃有余。洛克的经验主义、王阳明的心学、怀特海的"相遇"说，都可以从一个侧面揭示和描绘语言运用的自由境界。

语言的运用，实质上是物我一体，乘物游心。就是遵循自然的规律和法则；只有最大限度地顺应自然，才能够"游心"——以实现精神的自由和解放。人生至高的境界就是完成天地之间一番逍遥游，也就是看破内心重重的樊篱障碍，得到宇宙静观天地辽阔之中人生的定位。这种逍遥需要用我们的心、我们的眼、我们的呼吸、我们的行为与世间万物紧密相连、水乳交融。这种逍遥需要我们能够欣赏花开、聆听水流，能够看见飞鸟掠过天际、朝阳跃上云端。这种境界告诉我们放眼长天，告诉我们道无所不在，需要我们用心去看、用心去问、用心去想，脚踏实地地去实践。"仰观宇宙之大，俯察品类之盛"，让自己成为天地至尊，有这样的定力、这样的功力、这样的境界。

语言运用的任何技法都是一个严肃的态度问题，我们只有全身心地投入，参与、体验、感同身受地"在场"，以敏锐的直觉的方式去把握，揭露出人类生存的真相和本质，表达人类的理想，呼喊出人们心底的渴望，这才是语言文字的意义和价值所在。

三、大学语文教育要重视发展学生的思想

由蔡元培先生鉴定，1922 年出版的《全国高小国文成绩新文库（甲编）》，抱持"以思想为主""具真精神""唯精神思想是取"的宗旨，所选文章中人格方正、遒劲、蓬勃，文气自然、清新、豪迈。其时的国文界于内忧外患、民生凋敝之中仍深知语文教育之堂奥。当今的大学语文教育却常常忽略发展学生的思想能力。

一个人的思想包括两个方面的内容：一是思想的能力，二是思想的价值。思想的能力就是能思能想，能对人、事、物独立地做出自己的识别、分析和判断。进一步说，就是能够对自然现象和社会现象做出符合因果逻辑的解释，对艺术作品进行富有个性和创见的阐释。这是一个从物质到精神或者从别人的精神成果到自己精神成果的动态的思维过程。思想的价值要看思想的成果对个人、对社会究竟有没有意义。意义是在诸种事物之间的关系中显示出来的。如果一个人的思想成果对他精神的上升有所推动，对社

会的文明进步有所助益，那他的思想就是有价值的。反之，就是没价值的。从本质上说，思想的价值在于对客观事物存在奥秘的发现和揭示。这里面闪耀着一种崇高心灵的照射。我们所说的发展学生的思想，是指既要提高学生的思想能力，又要使学生的思想具有一定的价值。这两个方面的结合才是我们所期望的教育目标。

思维闲置必然导致思维的退化。在知识方面只成为记忆的机器，在人格上则唯唯诺诺。最终的结果将是民族创造力的衰退和丧失，在竞争日趋激烈的世界上，其生死存亡的问题也就接踵而至。语文教育要为人的终身发展奠定基础，人的修养的核心是什么？是思想。思想是人的灵魂，是人与动物的最本质的区别。帕斯卡尔说："人只不过是一根芦苇，是自然界最脆弱的东西；但他是一根能思想的芦苇。"①人的强大就来源于思想的力量。思想既是人生取得成功的动力，也是人生在世的意义所在。由具有超拔思想的人组成的民族才是强大的民族，社会才是充满生机和活力的社会。历史发展到今天，卓越的思想已成为最为活跃的生产力。因此，发展学生的思想就成为教育最崇高的目标。

通常我们所说的语文教学要致力于培养学生的语文能力，即听说读写的能力。一个人的听说读写能力无不与他的思想密切相关。听读，只有思想达到相应的水平才能有效地接受别人的思想。说和写更是如此，运用文字在本质上是对思想成果的表达。很难想象一个思想水平低下的人能够顺畅地听说读写。肚里没货怎么跟人交流，这"货"就是思想。这好比一棵茂盛的大树，思想是其根本，表达和交流是这树上的花朵。每一朵耀眼的花朵都散发着思想的芬芳。任何写作的方法、技巧都是主体思想的现实，语言文字也只有插上思想的翅膀才能飞翔。欲木茂必先固其本，欲流远必先浚其源，要真正提高学生的语文能力，必须重视发展学生的思想。思想素养是语文素养的基础、关键和核心。对于一个没有思想或者思想水准很低的人来说，他所识的字、所知道的方法都是僵死的，就像愚蠢的驴子一样呆头呆脑、毫无生机。

从语文教育的特性来看，它要传授知识，更要培育人格精神。在今天互联网日益普及的时代，学科知识的查阅、了解已是比较便捷的事情了，而精神的培育却显得困难起来。对于语文来说，人的精神的高度直接决定着知识使用的效率和方向，崇高的精神能够重新赋予知识以生命。知识是手段，精

① 帕斯卡尔．帕斯卡尔思想录赏析［M］．刘烨，译．北京：中国电影出版社，2005.

神是目的。知识和精神既不是包含的关系，也不是因果的关系。精神是一种实践性的态度，所以必须在掌握、运用知识的实践过程中养成。只记住别人的一种观点一个结论的学习方式跟人的精神成长实在没有多大的关系。

发展学生的思想，语文具有得天独厚的优势。它自身工具性和人文性高度融合的特点，决定了它更应该也能够承担起发展学生思想的任务。

语文学习活动包括了人思维的全部形态。特别是语文学科所独具的语文思维，对学生思想成长的推动力几乎是无可替代的。主体在读写听说活动中，与言语同步展开的思维活动与思维能力，包括对交际对象、情景的辨识、判断，听读内容的领悟、把握，说写目的、思路的确定与调整等，都起源于感性，在上升到理性的过程中也始终不排除感性，而且理性的最终表达也还是靠感性形象来完成的。语文思维又是最丰富最具有情感的思维。从这个意义上说，语文思维最贴近生命的本质。

人是以肉体直接和外部世界接触的。肉体的冷暖是人最基本的生命经验，肉体的痛苦或幸福是人最基本的生命经历，肉体的真切的感受是衡量人生的准绳，人生的思考也必须从肉体开始。人的神经遍布于全身，躯体的各种感觉都汇集到大脑，感觉的条理化就成为思想，思想的定向和坚持就成为灵魂。感知、参与、体验、理解、想象是语文学习的基本方式。看、听、嗅、触摸，我们就是这样感受语文形象的，教师常常召唤学生让眼睛醒来仔细观看，让耳朵张大谛听幽渺处传来的心声，伸出手来，触摸心灵最深处的痛苦和幸福。语文理解的过程始终都有联想和想象的参与，都伴随着情感的活动，它最终指向对人的精神本质的把握。如果说语文是对于人类生活的深情的呼唤，那么，理解就是在学生的心底产生的巨大的回响。想象是用心来创造形象，想象能力就是制造形象的能力。康德说："想象力作为一种创造性的认识能力，是一种强大的创造力量，它从实际自然所提供的材料中创造出第二自然。"[①]语文中的想象既是对课文的想象，也是对人类的历史、现状和未来的想象，更包含着学生深刻的自我想象。所以，语文是学生思想获得成长的深情的沃土。

在发展学生思想的过程中，要注重发挥以下几个关键要素的作用。

第一，异质的思想。和其他产品的生产一样，思想的生产也需要材料。思想生产的最优良的材料就是异质的思想。所谓异质的思想，就是面对同一对象，而认识方法、过程，特别是结论大不相同甚至截然相反、尖锐对

① 康德.康德说道德与人性［M］.高适，译.武汉：华中科技大学出版社，2012.

立的思想。异质思想的相遇产生碰撞、交融和催生，如同不同质的气流相遇会产生降雨或风暴，异质思想的相遇会推动思维，生产出新的思想。异质的思想来源于不同的头脑。每一个主体都是富有个性的独立的个体，每个主体对客体的认识都有特异之处。发展学生思想的第一步便是引入异质的思想。思想的性质越是反差巨大、越是鲜明对立，产生的冲突越是尖锐，在学生头脑中掀起的思维的风暴就越是强劲，也越可能激活思想并产生出高质量的思想成果。

第二，完整的过程。任何思想成果都产生于思想的过程中，任何思想能力也都必须有思想的过程才能得到发展。因此，发展学生的思想能力必须极为重视思想的过程。一个完整的思想过程一般包括以下五个阶段，即确定思想的对象、引进思想的材料、推动思想的进程、产生思想的成果、表达思想的成果。

思维不能静态地呈现，它只有在实践性的动态过程中才能展示和发展。一般说来，思维包括五个要素，即思维的对象、思维的方向、思维的能力、思维的结果和思维习惯。思维不能空转，它必须指向一个具体的事物，当主体对事物产生兴趣、发生疑问，也就是说，只有当主客体之间产生某种互动关系的时候，主体的思维才可能启动。这个具体的事物就是思维的对象。思维的方向是指主客体之间的精神性的位置关系，它影响着思维结果，决定着思维价值。主体的思维应该能够穿透、照射和提升客体，揭示客体存在的意义。思维的能力包括思维的速度、广度和深度，也就是主体对存在去蔽和发现的能力。思维的目的正是求得去蔽和发现的结果。没有结果的思维是无意义的徒劳，甚至难以指证它的存在。从教学的角度说，任何思维过程都应当求得一个结果，当然，这个结果不一定是结论，更不一定是定论，只要是它在某种程度上具有对事物的揭示性，就意味着这个思维产生了结果，因而具有思维的价值。思维在本质上是主客交融的过程，在这个过程中最能够展示人的本质特征。良好的思维品质必须形成一种思维习惯，使思维成为主体生命的存在状态和精神渴望。

确定思想的对象是基础的一步，要选准对象，这对象要有思想的价值，暗含着思想的增长点，师生都感兴趣并且有能力把握。引进思想的材料是指引入异质的思想，发表不同的观点。推动思想的进程是尤为关键的一步，要引导学生展开深入的讨论，对各种不同的观点以批判的态度来分析评价，研究各种观点产生的视角、过程及其性质，吸纳其精华，剔除其糟粕，纠正其错误，弥补其不足，在可借鉴之处拓展其内涵。然后就是形成自己的观点，这是一种发现和创造。最后的一步是表达自己的思想成果。夸美纽斯说，任何教学活动都应当生成结果，思想的过程更应如此。表达可以以口头或书面的形式，要重视交流和修正。① 在这个过程中，应着力寻找支持自己观点的根据，阐发观点和材料之间的逻辑关系，使自己的思想臻于完善并且富于价值。

第三，持续的动力。思想是一种艰苦的脑力劳动，需要提供持续的动力支持。思想的动力来源于不同思想的不断深入的对话。语文教学的精神实质就是一场由多方参与的对话过程。各方都在发出自己的声音，各方对话的"媒介"是教材，目标是主体与世界的对话，而终极目标则指向学生主体性的建构。各种不同的思想渐次参与进来，互相碰撞，互相推进，互相生发，像不同的水流汇聚在一起，共同形成汹涌澎湃的思想的长河。

发展学生思想是以对话的方式进行的。巴赫金说："一个意识无法自给自足，无法生存，仅仅为了他人，通过他人，在他人的帮助下才展示自我，认识自我，保持自我，最重要的构建自我意识的行动，是确定对他人意识（你）的关系。""思想即含义的诞生，并不是在某一意识内部，而是在两个意识的交汇点上。真知灼见不是在某一个头脑里飘忽而至，而是在两个头脑的接触中撞出火花，谁的大脑也不能觊觎独自分泌出思想和真理来。"② 这里的两个头脑既是两种思想观点，也指两种或多种质类相异的材料，把这些放在一个头脑中才会产生思想。这就是说，对话交流是发展思想的有效方式。

语文教学的"对话"就是作为学习主体的学生和作为客体的学习材料交流、碰撞，从而在主体内部产生出新的意义的过程。"对话"使语文学习真正成为言语的实践活动。语文对话有多个参与者：教师、学生、课文、教材编写者以及潜藏在这个因素背后的自然、社会和人生。从根本上说，对话就是学生和整个世界的对话，课文是对话的凭借，教师是对话的桥梁。其中学生的自我对话最富有建设意义，这是一种反思性对话，是个体对自身内在经验和外在世界的反思。在反思、咀嚼、回味中，个体认识世界、认识自我从而确认存在、生成意义。在本质上，一切对话都不指向对话本身，也不指向他人或外部世界，而指向对话者自身。

要进行对话，首先要有吸引学生的话题。生命的参与是对话的必要条

---

① 夸美纽斯.大教学论［M］.傅任敢，译.北京：教育科学出版社，1999.
② 巴赫金.巴赫金集［M］.上海：上海远东出版社，1998.

件，也是动力的源泉。话语来源于生活，来源于真实新鲜的材料，来源于心灵深处的颤动。对话要特别重视学生的感悟。学生作为对话者，一切只有融入他的视野，渗入他的思维活动，意义才能真正生成。意义既不可能被灌输，也不可能被接受。教师头脑中的意义、课文中的意义，不可能移植、粘贴到学生的头脑中去，只有通过学生的体验、感悟等一系列的思维活动，意义才可能诞生。感悟是精神生命在对话中碰撞出来的火花，是学生全身心投入的结果，是与他的"自我"反复对话的结果。对话教学特别注重通过读和写，通过讨论和研究而有所得。语文课堂上话语的主动权一般来说是掌握在教师手里，所以教师的态度是营造课堂气氛的关键。他必须是亲切的而不是严厉的，是善于倾听的而不是唯我独尊的，是巧妙设疑的而不是僵化木直的。教师必须是一位打开学生心灵之门的对话高手。语文教师正是在和学生一道不畏艰难险阻的精神攀登中获得快乐的。

第四节　大学语文素养养成的特征

一、语文素养目标的阶段性和适应性

任何事物的发展都既有连贯性又有阶段性，人的认知能力的发展也是如此。皮亚杰认为，随着儿童年龄的增长，其认知发展将发生本质性的变化，表现为不同的认知图式。每一种新的图式的出现，都标志着儿童认知发展进入一个新的阶段。塞尔曼提出的关于观点采择能力发展的模式更能说明这个问题。学生的言语能力、感知能力、记忆能力、问题解决的能力、社会认知和自我认知的能力的发展，都呈现出明显的阶段性。

语文素养目标的确定应适合学生认知发展的各阶段的水平，这就像播种要适时一样。某一个目标提出的过早，越过了学生认知的阶段水平，他经过努力还达不到目标，就会增加学生学习的心理负担，压抑思维的热情，挫伤学习的积极性，结果劳而无功、师生两怨。而如果某一个目标的提出落后于学生的认知阶段水平，教育的效率会大为降低。因为人才的成长是遵照天资递减律的。儿童的天资，即生理条件，其潜在能力是随年龄的增长而递减的。这就是说，年龄小的时候，生理条件的作用大；年龄大了，这种作用就逐渐减少，甚至减到零。教育从本质说就是充分利用生理条件，大力开发天资潜能，在实践中将潜能发展成一种智慧。

大学语文素养的标准只能根据大学生的心理思维特点和专业学习的要求来制定。

大学生感情丰富，喜欢独立思考，感性思维和理性思维都已经成熟。他们的学科知识有了相当的积累，生活交往能力比较强，创造的精神和能力已经初步养成。他们的大学语文学习不仅是一门功课，还是为将来工作培养一种技能，甚至为一生的生活质量准备一种涵养。因此，大学语文学习的目标多元而且崇高。

在口语交际能力方面，能够平等自如地跟不同的职业不同阶层的人群深入交流，能够准确地了解对方的意见、清晰地表达自己的看法。善于劝说别人，用语言的力量组织人们一起工作。大学生应加大阅读量，增加积累，扩大文化视野，培养思想的逻辑性，掌握探究的方法，养成探究的习惯。在情感态度和价值观方面，高中阶段培养学生关心社会、思考人生、热爱人类、热爱生活、对各种文化现象能做出自己的价值判断及正确选择的热情和能力。大学则要在这个基础上养育成熟创造精神和创造能力，从而能够担当起自己的社会责任，自觉追求公平正义和文明进步，同时实现自己的人生价值。具体教学环节中语文素养目标的确定和实施，重要的是结合教材，抓住教育时机。结合教材要敏锐地捕捉、发掘教材中潜在的语文素养的目标因素。抓住教育时机要密切关注学生的心理需求。

二、方法的实践性和综合性

实践第一的观点是马克思主义哲学的基本观点。知识是从实践中来的，知识也唯有在实践运用中才能转化为能力，发挥它的作用。离开了实践，既不可能产生新的知识，连已有的知识也会成为一种漂亮而无用的装饰。因此，我们不可能仅仅依靠定理和原则来培养学生的语文素养，语文教学中的叮咛和告诫往往是无效的。应该在思维活动中发展思维，在情感活动中培养感情，在语言运用中锻炼言语能力。

语文素养又是一个多种因素构成的系统，各种因素密切联系、相互作用。任何一个因素都不可能孤立存在，也不可能独立前行。它们之间的这种制约关系决定了发展语文素养方法的综合性，这种综合是广泛的，既指语文素养内部各要素的结合，也指课堂内外的结合，还包括语文学科跟其他相关学科以及广泛的社会生活的结合。

大学语文学习要给学生提供事实（生活事实和言语事实），形成问题（语文活动的目标），说明方法（讨论、协商、交流），指导运用（生成学习成果），教师要善于采取实践性和综合性的教学形式，让学生参与其中，心感身受，做到语文的成长与人的成长同步。

三、途径的自主性和内发性

学生是学习的主体。这包含三层意思：一是学生都有好奇心，而且这种好奇心可以培养成求知的愿望；二是人都具有认知的潜能，而且这种潜能可以通过合适的教育方式加以开发利用；三是学生终究是要成长起来的，这种成长不仅仅指生理意义上的成长，更侧重于心理意义上的成长。这就是说，学生的主体性既为教育提供了可能和动力，也是教育的最高目标。它既是起点又是归宿。

马克思主义哲学认为，事物发展变化的动力在于事物内部矛盾的运动。内因是变化的根据，外因是变化的条件。夸美纽斯认为："在自然的一切作为里面，发展都是内发的。"[①] 所以，如果在教育中能够特别注意知识的根芽，即悟性，这种根芽不久就会把它的生命力输送给树干，即输送给记忆，最后输送给花儿和果实。意义唯有在主体的内部产生，不大可能由外部强加给主体。

人有发展的极大可能性，关键在于使人得到发展的机会与动力。首要的是吸引和鼓励，以此唤起学生求知的志愿。其次是给学生提供合适的阅读材料。教师应根据学生的兴趣和现实的需要，选择一些新鲜有趣、有价值的阅读材料供给学生，调动阅读的兴致，扩大阅读量。鼓励写读书笔记，凡读书时，皆做笔记。读书时的灵感式的随想，是智慧的火花，随手收拾起来，即可积攒为才华。多做读书笔记是语文学习的有效途径。以多种形式展览交流学习成果。语文学习的各种成果应及时展览和交流，以鼓舞学生的自信，激发学习的热情。结合阅读和生活，经常提出一些问题让学生思考，组织讨论，并提供必要的帮助，鼓励学生把思考的成果及时表达出来。

---

① 夸美纽斯. 大教学论［M］. 傅任敢，译. 北京：教育科学出版社，1999.

第九章 大学语文教学文学素养研究

近年来随着高等教育的迅速发展，大学语文逐渐处于边缘地带，各大高校越来越不重视学生的文学素养和思想内涵的培养。新文科的提出及时提醒了我们，文学素养对于培养合格的社会主义接班人具有不容忽视的重要作用。在建设新文科的背景下，高校应意识到大学语文教学改革的必要性与重要性；加强教学质量评估；培养教师提升学生文学素养的意识与能力，组建新型教师队伍。

第一节 大学语文教学中文学素养缺失及对策

"四新"建设计划近年来受到广泛关注，国家为此出台了许多政策，推进新文科、新工科、新医科和新农科的建设。2018年教育部《关于加快建设高水平本科教育全面提高人才培养能力的意见》推出了"六卓越一拔尖计划2.0"，标志着我国新文科建设的正式启动。教育部在2022年5月17日发布的《历史性成就，格局性变化——高等教育十年改革发展成效》中指出，深化新文科建设，明确构建世界水平、中国特色文科人才培养体系总体目标，设立新文科项目和学科交叉融合专业点，推进文理交叉、学科融合，文科教育与社会实务相结合。新文科担负着重大任务和使命，即"培养知中国、爱中国、堪当民族复兴大任的新时代文科人才；培育优秀的新时代社会科学家；构建哲学社会科学中国学派；创造光耀时代、光耀世界的中华文化"。

一、新文科背景下提高学生文学素养的必要性

（一）新时代、全球化的需求

随着大国地位的崛起，中国需要在国际学术舞台上发出具备自身特色的中国声音。全球新格局视野下，人才需求不断趋于国际化，传统文理科培养的人才已经无法满足新时代人才供给需求，我们急需培养一批具备国际视野、中国特色和多元知识技能的新型专业人才。

（二）高校可持续发展的需求

我国高校长期以来存在着分科过细、学科分离的问题。学科分离导致知识体系各自独立、互不相通，学生"文不通理""理不通文"成为常态。不同学科之间存在着极大的隔阂，知识无法相通，从而教育资源无法共享，专业发展空间狭小，整体教育质量无法提高，培养出来的人才在就业时具有强烈局限性。打破学科专业间的壁垒，建设起文理科专业之间和学科内部沟通的渠道已经是必要之举。

（三）人才全面发展的要求

在一个千百年来注重"文教""诗教"的国家，经历了百年变化，文学教育逐渐走向边缘化，存在感不断降低。从中小学教育开始，文学教育便受到"主课""应试"等的排挤，踪迹变得少之又少，到了高等教育阶段，孩子们的文学素养自然是"不堪一击"。文科专业应是优良文化和优秀文学的载体，承载着价值观培育的重要任务和功能，这与我国当前正在努力推进的"思政进课堂"行动具有同样深刻的意义。文科是大学的灵魂，理科人才同样需要接受文学的熏陶与引领，才能发展成为一个具备文学素养与科学素养的完整的人。

二、高校语文教学存在的问题

近年来我国高等教育蓬勃发展，入学人数不断增多，教育规模迅速扩大，但人才质量却出现下降趋势，说明高校人才培养存在突出问题。

（一）大学语文教学存在内容浅薄、形式固化的现象

步入高校，语文的学习内容层次突然拔高，阅读材料大多都是优秀文学作品，但学生们的文学素养并不与之匹配。高校教授大学语文的教师大多是博学多闻的高质量人才，但有时教学效果却不容乐观。尽管教师具备较高文学素养与内涵，却无法将其以适当的方式传授给学生。由于学生文学素养欠缺，与教师无法进行深层次的文学交流，导致教师教学积极性逐渐降低，教学方式通常为放映课件，教授内容逐渐浅显等。此外在理工科教学中，教师普遍采用开展实验教学，注重量化、数据分析等研究方法。除了大学语文和部分文科类选修课，学生并没有机会和足够的时间去阅读、去思考、去深入体会优秀文学的内涵、切身感受文学的美，文学素养普遍较缺乏。因此大学语文的边缘化也导致了教学内容浅薄、形式固化，从而忽视了学生文学素养的培养。

（二）培养文学素养意识显得淡薄

许多高校对非文科类学生的文学教育还只停留在设置一门"大学语文"公共课的层面，还有部分高校甚至没有开设这一课程。实际上高等教育的语文教学应是提高学生文学素养的重要途径，但其教授的仅是语言和相关考试的内容，并未引导学生深入思考文学的内涵，感受文学的魅力，因此收效甚微。从大学语文教授形式和教学内容来看，高校对学生的文学素养培养并未给予足够的重视。高校仅把文学教育相关的课程设置为选修，且课程教授内容不深入，导致教学资源浪费，学生学习体验感不佳，文学素养难以提高。从高校文学类课程设置、课程内容、教学方式可知，文学教育和文学素养的提高并未得到重视。

（三）大学语文教师的教学能力参差不齐

教师是学校的核心人物，在加强文化教育进程中扮演着主导作用。老师自身首先必须具有较高的文学素养，才能有机会对学生进行指导。现今在教育事业迅速发展下，高等学校对教师的要求也在日益提高，具有较高学历和丰厚的教学经历已是对高校教师的最普遍要求，某些院校教学或职业的"敲门砖"甚至要求老师具有博士学位或国外学习背景。但是，当教师步入高等学校后面临更严苛的课程和学术标准要求，是否有时间和精力研读文学作品，

感受文学对思想的熏陶，可能是一个令人尴尬的问题。另一方面，高校中的大学语文教师并不全部来自于汉语言文学等对口专业，有些教师为其他艺术领域的优秀人才，如书法家、古琴家等，这就造成教师的教学能力参差不齐。部分在擅长领域取得成就的教授在大学课堂开展教学时反而经常处于尴尬的境地，无法将自身所具备的欣赏、感受和思考的能力传授给学生。这导致学生面对如此高质量的教材和教师，却无法获得真正的知识与能力。

三、大学语文加强文学教育的路径

（一）全面提高文学教育意识，加强正确价值观培养

全面提高培养文学素养的意识，首先，政府与高校应坚持"以文化人""以文树人"的发展理念，明确大学语文和文学素养在高等教育中的重要地位，改进大学语文的教材和教师队伍。院校也应该把培养学生的文学素养作为未来的发展重心，改善大学语文逐渐边缘化的情况，进一步优化学校课程体系，并深入探索在文科文学类教育的教学方式上的革新。从发展现状来看，不得不承认的是，欧美一些西方国家的高等教育在多个方面都远远超越了我国发展现状，比如，班级设置、藏书资源、师生比例等，这些差距是我国短时间内无法逾越的。尽管如此，我国可以借鉴国外高校教学、课程等设计思路和实现形式，尝试"由点到面"的方式进行试点、实验从而直接有效地加强学生文学素养。

高校应打破职称评聘中的学科壁垒，更加合理地设置教师的绩效考核、教学评价制度，给予更多关注在大学语文教师的教学能力上，并给予教师时间专注于提高自身文学素养。最后，学习的主体是学生，其自身需要发挥主观能动性，将被动接受教育转化为主动寻求素质的提高。要想大学语文取得良好的教学效果、大学生的文学素养得到有效提升，学生必须意识到文学素养是健全人格的重要组成部分，提高文学素养是自身全面发展的必然要求，在教师引导下主动阅读和学习优秀文学作品，将文学教育和提高文学素养深刻融入个人发展过程中长期坚持下去。同时，校园文化和氛围对学生文学素养的提高也有着潜移默化的作用。高校应推进以文学为主题的校园文化建设，将优秀文学作品、经典名著等融入校园，充分发挥校园文化对于育人的宣传促进作用。

（二）明确大学语文重要性

提高各领域人才文学素养，我国高校目前仍然采用文理分科教学形式。文科专业学生除了大学语文，还有其他文学类课程可以选择，因此其提高文学素养的途径较多。但大学语文的教学质量仍需加强，它在培养学生文学素养过程中发挥着重要作用。相较于文科专业的学生，理工科学生的文学素养更缺乏，文学类课程选择很少，因此大学语文对其更加重要。文学教育应走进理工科学生的课堂，提高其文学素养，实现全面发展。正如著名教育家张志公先生所说："文学教育是一种精神教育、思想教育、美学教育，同时它又是一种非常有利于智力开发的教育。"① 如上文所说，理科注重科学性与实践性，关注点多聚焦在"实验""证据""数据"等，导致缺乏文学性与思想性。此外，优秀的文学作品作为人文精神与思想教育资源的最直接载体，对学生文学素养的提升起着最有效的作用。通过阅读文学作品，学生的人生态度、价值观、世界观以及创新思考能力都会受到熏陶，实现优质飞跃。鲁迅先生在《摩罗诗力说》中写道："盖世界大文，无不能启人生之机，而直语其事实法则，为科学所不能言者。所谓机，即人生之诚理是已。"② 意为，世界上伟大的文学作品，都能发掘人生的奥秘，揭示人生的本质和规律，这是科学做不到的。而所谓奥秘，也就是人生的真理。通过影响人的精神世界对整个社会的环境与风气都能够起到积极的作用。大学语文不应仅仅是带领学生浏览文学作品的背景和语言，更重要的是实现文学中所蕴含的精神、思想、道德的传承与延续。经典文学承载着我国优秀文化，作品中常常有着明确的伦理道德倾向，或者蕴含着对真善美的宣传与颂扬，让读者在生活实践中探索与感受生命之美，从而灵魂得到了净化。因此，高校应明确大学语文的重要性，尤其强调理工科人才文学素养的提升，合理设置大学语文教学内容，加强对教师的教学评估，同时举办各类文学作品赏析、探讨活动，帮助文理科同学互相学习、共同进步。

（三）加强大学语文教师教学评估，组建新型师资队伍

1. 重视教师教学质量评估

当前我国高校大学语文的教学质量令人担忧。教师擅长领域不同、教

---

① 张志公. 名师导学：初中语文综合讲座［M］. 北京：北京工业大学出版社，1995.
② 鲁迅. 国学杂谈［M］. 北京：北京理工大学出版社，2020.

学能力有高有低，造成整体教学质量不高。因此，高校应加强对大学语文教师的教学结果评估，监测其课堂教学情况、学生课堂反馈情况，从而对教师教学进行建议或调整。高校应减少盲目安排高水平的艺术家或教授来教学大学语文，术业有专攻，教师的教学能力应是更加重要的方面，否则高水平人才无用武之地，反而教师和学生都感觉挫败。其实，大学语文涉猎较广，但逃不开对文学作品的欣赏与感悟，因此，高校应聘请较为专业且教学能力突出的人才来教授大学语文这门课程。如若安排了教学能力较弱的专家进行教授，高校要格外注意其教学质量，另外，可以设立专门团队对其进行针对性培训，帮助其提高教学能力，充分发挥优秀人才的作用。在对大学语文教学质量评估时应减少记忆性内容的考察，更加注重学生是否掌握了体会文学魅力的能力，具备欣赏优秀文学作品的素养。

2. 构建多主体、全方面、个性化的教师培训机制

疫情当前，我国高校发展逐渐显现出孤立封闭的危险态势。学校本就是社会的组成部分，而不是独立于社会之外的孤岛。教师培养需要解决的重要问题就是上级下级联通和校内校外联动。

高校教师培训不能局限于课堂上、校园内，应积极鼓励教师走出去，以及高校引进来，如其他高校、组织的优秀人才、先进理念与研究成果等。教师培训的主体应该是多样的，如政府组织、学校组织、自发组织、社会组织等要连成一线，互联互通，形成贯穿的教师培训链条，并因地制宜制订培训计划，做好教师文学素养、教学能力、教学成果的考核工作。同上文所说，教师思维模式上的转变是首要的。要想自然而然地提高大学语文教师对学生文学素养的重视，就需要进行全方位的培训与熏陶。教学上，大学语文教师的教学内容、教学方法、教学理念、教学风格都需要进行改造。教师的教学风格各不相同，因此在进行培养时要提出个性化，发现不同类型教师面临的困境，有针对性地进行指导培训。教学成果最能够反映教师对提高学生文学素养的理解。教师是否在语文教学中帮助学生深入探讨文学的内涵，细细品味文学的美妙滋味，都可以在教学成果中展现出来。总之，大学语文教师的培养主体不只是高校，应是政府、高校、个人三位一体，培养内容也不只是教学方面的能力，而是素养与能力两手抓，培养方式不是统一标准的，而是富有个性、具有针对性、因人而异的，形成上下贯通，多主体、全方面、个性化的教师跨界培养机制。

　　总之，在高等教育蓬勃发展的今天，大学语文不应被遗忘在大学课程中不为人知的角落，新文科的提出及时提醒了我们，语文是大学教育的灵魂，是我们千百年来的历史积淀，文学素养是一个合格大学生理应具备的道德品质。大学语文教师应不断改进教学，创新教学，开展各式活动，切实提高学生的文学素养。唯有将文学素养与科学素养放于平等地位，全面提高大学生文学素养，才能培养出真正的高质量的中华优秀传统文化的接班人，实现中华民族伟大复兴。

第二节　教师文学素养在语文教学中的体现

一、新时期文学素养对于语文教师的重要意义

　　新时期，我国已经进入互联网＋的新时代，人们的日常工作与生活正在发生着潜移默化的变化。互联网资源十分丰富，因此，有人说不需要记忆更多的文化知识，需要时在互联网上进行检索就可以了。然而，事实并非想象的那样简单。网络信息毕竟是松散的，如果没有记忆在大脑之中，则是虽存在却不为我所用的状态。因此，提升国民文学素养对于提升国民素质有着重要意义。语文课程无论在小学还是大学，都是一门重要的基础性课程，其在培养学生语言表达能力、文学修养、民族自豪感、文化自信、人生观价值观形成等方面都有着十分重要的意义。

二、教师文学素养在语文教学中的体现

（一）底蕴深厚，充分展示文化自信

　　新时期，语文教师在教学中的文学素养将充分展示文化自信。党的十八大以来，习近平主席无论在政府报告还是对外访谈中多次提及中华传统文化。比如，在亚信第五次峰会上的讲话中引用《论语·学而》中"君子务本，本立而道生"的传统名言；在会见香港、澳门各界庆祝国家改革

开放 40 周年访问团时的讲话中引用汉代典籍《韩诗外传》中"任重而道远者，不择地而息"；在第二十三届圣彼得堡国际经济论坛全会上的致辞中引用清代金缨《格言联璧》一书中的"志之所趋，无远弗届"。习主席的讲话展现了中国政府与人民在新时期的文化自信。

　　文化自信是一个东方大国崛起的文化自我认知的过程。语文教师承担着文化传承的重任。教师具有良好的文学素养，在语文教学中就会充分体现文化自信。教学中引经据典、博古论今，以中华传统文化浇灌青少年，让他们沐浴在诗词雅韵的雨露中，感受传统文化的博大精深、意境深远。只有热爱中华传统文化的教师才能培养出热爱中国文化的学生。中小学生承担着我国文化传承的重任，是未来的建设者与接班人。语文教师的文学素养体现了充分的文化自信，可以指导学生们在对民族文化充分认同的基础上，以包容开放的心态接受外来文化，批判地借鉴外来文化，以中华传统文化武装头脑，为国家建设、民族复兴积极奉献力量。

（二）语言精彩，积极促进学生文学素养的提升

　　青少年学生文学素养的提升对祖国未来的建设有着至关重要的作用。正所谓"随风潜入夜，润物细无声"，语文教师的文学素养在语文教学中的运用，可以充分促进学生的文学素养提升。其出口成章、谈古论今，可以引起学生对于古今中外文化不断探索的热情。兴趣是最好的老师，当学生们由最初的崇拜上升为对文学的喜爱，再由喜爱转变为主动获取文化知识的行动，这样就起到了促进学生文学素养提升的重要作用。

（三）正确导向，有效促进学生正确人生观与价值观的形成

　　在我国，人们曾经对西方文化的追逐热情甚至超过对传统文化的热爱，这是极其不正常的，不利于国家的发展与文化的传承。新时期，我国已经从发展中国家过渡成为国际新兴强国，西方国家已经开始向中国学习与借鉴。新时期，中国发展的新道路规划需要向中国传统文化学习。在中国改革开放以来，西方思潮不断涌入，既有精华又有糟粕。西方文学中也有很多精华所在，教师可以通过正确的引导，让学生正确认识与吸引西方文化之精髓，并能够识别糟粕、去除糟粕。其中，利己主义、拜金主义、自我主义、功利主义等十分不利于学生思想发展。西方思潮过分强调自我，以自我为中心，突出自我、强调自我、释放自我，淡漠亲情、友情与社会责

任。这些观念在我国青少年学生之间也产生了极其不良的影响。语文教师可以利用其文学修养影响、引导广大青年学生，用中国传统文化思想武装青年人头脑，使他们形成正确的人生观与价值观。如"抱怨短，报恩长"的豁达情怀；"修身、齐家、治国、平天下"的人生规划；"家和万事兴"的家庭观；"苟利国家，不求富贵"的爱国精神；"和以处众，宽以接下，恕以待人，君子人也"的处事之道；"锲而不舍，金石可镂"的奋进精神；"人固有一死，或重于泰山，或轻于鸿毛"的生死观；"勿以善小而不为，勿以恶小而为之"的行为规范；"富贵不能淫，贫贱不能移"的气节等。

引导学生正确看待世界文化。如文化教养、社会担当等。文化教养，抵御物欲主义的诱惑，不以享乐为人生目的，培育高贵的道德情操与文化精神。社会担当，作为社会精英，严于自律，珍惜荣誉，扶助弱势群体，担当起社区与国家的责任。自由灵魂，有独立的意志，在权力与金钱面前敢于说不。而且具有知性与道德的自主性，能够超越时尚与潮流，不为政治强权与多数人的意见所奴役。

（四）全面渗透，有利于学生沉浸于良好文化的氛围之中

语文教师的良好文学素养在课上，可以通过语言、行为、课件等传达给学生；而课后，教师也可以利用互联网平台有效地为学生创造良好的文化氛围。例如，课后教师可以通过在教学资源平台分享文学作品、书画作品等提升学生文学素养；还可以通过在朋友圈分享推荐文学作品，让学生感觉到文化的魅力，让学生沉浸于良好文化氛围之中。

语文教师的文学素养就像一股清泉能够为学生的学习生活注入一份清新，让学生不仅喜欢文学，同时激发其主动追求文学的热情，最终指导他们学习与生活的方向。因此，语文教师一定要加强自身文学素养，不仅要有传统文化的底蕴，同时对于世界文化也要积极学习、不断探索、全面提升，这样才能在教学中更好地为学生服务。

第三节 语文教师的文学素养与文学教育

文学是人文科学，表达人们对自然的理解和感受，表达人性和生命。文学为学生开辟了一个了解自然和生活的世界，展现了对真、善、美的欣赏的审美领域。文学也是一门艺术。它塑造形象，创造意境，具有强烈的情感色彩和吸引力，营造一种培养情感，完善人性的艺术环境。文学作品的第一要素是语言，语言艺术使学生能够学习优秀的文学作品。他们将欣赏语言艺术的精髓，并获得丰富的语言细节。因此，学生思想感情的发展需要文学教育。它的功能是体现中国主体的工具性和人文主义，因此，文学素养是人类各种品质的每一个人类文化素养的核心部分。

中国教育的目的不仅是让学生掌握一种工具，而且是培养具有民族行为和思想精神的人。因此，世界各国的母语教育都在加强文学教育。这是一个大趋势。实施文学教育，就是培养优秀人才。语文教育和语文教师的文学素养起着至关重要的作用。只有有了良好的文学修养，教师才能含蓄地、艺术地教育学生从优秀的作品中把握时代精神，获取相关的自然知识和社会知识，提高他们对生活的感知能力，净化他们的心灵。

随着我国社会经济形势和教育形势的迅速发展，语文教师对中外文学名著有了深刻的了解，具有良好的文学素养；对文学教育有了相关的知识；对世界文学的发展有了新的认识。文学作品确实很优秀，适合学生阅读，向学生适当推荐，引导学生阅读和学习出色的作品是教师完成教育任务的基础。早在 1942 年，叶圣陶先生就说要发展阅读和写作的能力。从这个角度来看，中文教学将得到彻底改善。这里的文学是我们强调的文学教育。1986 年的中国教学大纲将被忽视 30 多年的文学教育纳入中国教育的重要内容。文学作品对学生精神成长的推动，已成为基础教育界乃至整个社会的共识。并且逐步落到实处，优秀文学作品成为语文教材的主体。素养对人的事业成功具有极为重要的意义。文学素养就是语文教师的教书育人的灵魂，语文教师的文学素养包含如下内容：

首先，情操的高尚和人格的完善是语文教师取得良好文学修养的重要因素。完善人格的重要任务是国际社会评价一个国家繁荣发展的标准，不再仅仅是一个简单的经济增长指标和数字。民族精神、民族性格、社会精神文明和民主的健全程度也是评价其发展水平的重要标准。这使得个体精神和人格塑造尤为重要。然而，精神和人格的塑造不是一蹴而就或自发完成的，也不能在通识传授和能力培养的过程中完成。培养精神和人格是影响人格的重要因素。由于语言学科本身的原因，语言教师具有人文性、思想性和移情性的特点。这些特点使他们在塑造学生良好人格的过程中肩负着更加重要的责任。每一位教师都应该尽力使自己成为真、善、美的典范，引导学生向往真理、善良和美丽，挖掘真理、善良和美丽，形成高尚的情操。因此，具有高尚的精神和完美的人格是教师文学成就的第一要务。

其次，关注文学的发展和对文学现象的研究是语文教师良好的文学素质之一。教师不仅是知识的传播者，也是知识的建设者和创造者。尽管大多数教师都达到了学术水平，但他们必须时刻关注自己的职业发展和文学现象的特点。自从他们进入教师职位以来，一些教师对文学的发展失去了兴趣。他们不知道或不想了解文学创作的新情况和文学研究的新进展。他们的一些文学发展知识甚至落后于学生，使文学作为一个巨大的宝库未被使用。当他们教授文学作品时，他们习惯于现有的结论。所有这些都是基于教学参考。他们不愿意，也不会认真地品味文学语言。很难想象，这样一个缺乏文学素养、忽视文学教育的语言教师，能使语文课变得雅致、美观。但所谓的职业瘫痪和懒散的闲谈问题，以及对独创性的充分诠释，都不能触动学生的心灵，不能激发学生的联想和想象，不能激发学生对文学、对真理、对善良、对美的心灵欣赏和追求。

再次，勤于阅读名著，树立审美观是教师文学修养的第三部分。要树立审美观念，就要从文学的特点出发，让美学回归到文学教学的课堂，使文学教学活动成为一种审美享乐活动、一种娱乐活动，让文学作品充满生命激情，激发学生的兴趣。学生喜欢具有广博知识和高文学素养的教师。当一名具有审美和文学品位的教师得到学生的认可时，广泛阅读中外经典是他专业素养的基础。教师阅读实践越丰富，教师自己解读文本的能力就越强。只有对古代和现代中外文学经验有深入了解的教师才有智慧在课堂上借鉴。教师远离浏览和精读文学作品。在汉语教学中，他们必然会围绕着文本，他们的教学语言枯燥乏味、知识浅薄。当一个教师成为精神世界的美食家时，他可以在他所建立的丰富的精神世界中为他的学生建立一个审美世界。因此，语文教师应积极克服时间少、作业量大、课堂任务重、各种复杂训练的困难，通过广泛阅读书籍、努力阅读名著，培养其文学素养的基本技能。美的概念可以在语文课堂上营造出一种微妙的氛围，用巨大的语言张力进行叙述，捕捉到优美的诗情画意，提炼出深邃的哲学理论，让学生陶醉在意境画面中，让学生沐浴在文学的亮光中，从而达到艺术的境界，从而激发他们对语言和文学的真挚热爱。

最后，愿意写作，勤于写作，努力成为学生写作的榜样，是教师第四个良好的文学修养。写作是一种生活运动、一种自我充实和自我发展的过程，以及对人类思维和语言的全面训练。如果教师有良好的文学素养和保持专业优势，就应该特别注意愿意写作和勤奋写作，不断提高写作水平。这是教师专业技能的基本要求。我们不仅要写小作文、教学论文，还要写散文甚至小说。只有当我们感受到写作的艰辛和欣赏写作的秘诀时，才能引导学生有一个明确的目标，从而说服学生，出口成章。在实现这一目标的过程中，教师可以带头树立榜样。他们的主导作用无疑是巨大的。

到目前为止，我们对语文教师的文学素养有了清晰的认识。苏霍姆林斯基是 20 世纪苏联著名的教育家，他曾说过，语言教育的首要任务是培养学生的语言素养，这是语言教育和文学教育共同承担的不可推卸的责任。[①]要成为一名优秀的语言教师，必须努力培养自己的内在技能：培养高尚的情操和完善的人格；关心文学的发展，培养新的专业知识；努力阅读名著，树立美学观念；愿意学习和学习写作，保持语文教师的优势，不断提高语文素养。

---

① B.A. 苏霍姆林斯基 . 给教师的建议［M］. 马琳，译 . 成都：四川文艺出版社，2021.

参考文献

［1］杨小波.语文教育教学实践探索［M］.北京：中国原子能出版传媒有限公司，2021：11.

［2］阿布都外力·克热木.高校语文教育教学新论［M］.北京：光明日报出版社，2021：6.

［3］文智辉.大学语文教育与教学研究［M］.长沙：湖南大学出版社，2019：12.

［4］周一贯，俞慧琴.语文智慧教育的教学智慧［M］.宁波：宁波出版社，2015：3.

［5］于漪.语文教育微思考：构建灵动的语文课堂教学［M］.上海：复旦大学出版社，2014：9.

［6］孙立华.基于核心素养的语文教学实践［M］.北京：线装书局，2022：1.

［7］蔡伟，李莉.现代语文教学方法案例分析［M］.银川：宁夏人民教育出版社，2021：10.

［8］邓钗.互联网时代大学语文教学策略创新研究［M］.北京：九州出版社，2021：8.

［9］肖建云.语文课程体系新构想［M］.北京：中国书籍出版社，2021：6.

［10］张玉波.优化语文课堂教学艺术［M］.长春：吉林人民出版社，2021：5.

［11］徐礼诚.传统文化与语文教学［M］.长春：吉林人民出版社，2020：11.

［12］赵长河.语用化语文教学［M］.武汉：长江文艺出版社，2020：11.